MUJERES
de la BIBLIA

MUJERES
de la BIBLIA

Un devocional de estudio para un
año sobre las mujeres en las Escrituras

Ann Spangler
Jean E. Syswerda

La misión de Editorial Vida es proporcionar los recursos necesarios a fin de alcanzar a las personas para Jesucristo y ayudarlas a crecer en su fe.

MUJERES DE LA BIBLIA
Edición en español publicada por
Editorial Vida – 2008
Miami, Florida

© 2008 por Ann Spangler and Jean Syswerda

Originally published in the U.S.A. under the title:
Women of the Bible
Copyright © 2007 by Ann Spangler and Jean Syswerda
Published by permission of Zondervan, Grand Rapids, Michigan

Traducción: *Silvia Himitian*
Edición: *Erma Lovell Swindoll de Ducasa*
Diseño interior: *Words for the World, Inc.*
Diseño de cubierta: *Grupo Nivel Uno, Inc.*

ISBN: 978-0-8297-5126-0

Categoría: Vida cristiana / Devocional

Impreso en Estados Unidos de América
Printed in the United Sates of America

23 24 25 26 27 LBC 24 23 22 21 20

A Judy Weaver
Tu fe ha fortalecido la mía.
—ANN SPANGLER

⌘

A mis hijas
Holly y Shelly
He visto en ustedes la belleza de las mujeres jóvenes de Dios
—JEAN E. SYSWERDA

Contenido

Índice temático

Índice alfabético de las mujeres

Índice de tópicos de trasfondo

Introducción

$\mathscr{P}$oco después de haber publicado *Mujeres de la Biblia* por primera vez, un colega editor me confesó lo sorprendido que estaba por el éxito inmediato alcanzado por el libro. Al descubrirlo en una librería local, predijo con convicción que jamás se vendería. Sonreía al contarnos eso, sintiéndose feliz por nosotros al comprobar que su predicción había resultado errónea. Creo que nuestro colega cometió un error muy comprensible. Había subestimado las ansias que tienen las mujeres por las historias auténticas de otras mujeres en las que se ven reflejadas sus propias luchas por vivir en fe y esperanza.

La Biblia es mucho más que una árida recopilación de genealogías, profecías y leyes. Se trata de la historia de la relación más importante del mundo: la de Dios con su pueblo. El marco de dicha historia se traslada rápidamente desde el paraíso a un mundo caído, y culmina, luego de mucha insensatez y sufrimientos, en el mismo cielo. Revela lo que fue, lo que es y lo que será. A medida que se desarrolla la historia, pone en evidencia la índole de nuestros problemas más profundos y las raíces de nuestros peores padecimientos. A través de los diversos personajes, logramos reconocer el tira y afloja que ocurre en nuestra propia alma en su lucha por responder a Dios.

A veces se logra comprender cualquier época histórica de manera más provechosa y agradable al aprender los relatos de sus hombres y mujeres más famosos, personas cuya vida refleja y a la vez influye en la época vivida. Y eso es precisamente lo que se ve en la popular serie televisiva *Biografías*. Dicha serie se promociona mediante un eslogan intrigante que afirma que «Cada vida tiene una historia». Por cierto se podría decir lo mismo de las mujeres de la Biblia, dado que sus vidas revelan mucho acerca del carácter de Dios y de su estrategia para salvarnos.

Si bien nos resultan conocidos Adán, Abraham, Noé, Moisés, Sansón, Saúl, David y Pedro —algunos de los hombres más notables de la Biblia— a muchos nos resultarían desconocidas Agar, Miriam, Débora, Noemí y Ester, y ni hablemos de Jael, Rizpa o Juana. Sabemos de qué modo encajan los hombres dentro de la historia de la salvación, pero, ¿qué se sabe de las mujeres? ¿Qué nos cuentan sus historias con respecto al amor de Dios y de nuestra propia manera de responderle?

ESTRUCTURA DEL LIBRO

Mujeres de la Biblia considera la vida de cincuenta y dos mujeres que aparecen en las Escrituras, algunas prominentes y otras no tanto, y nos ofrece una perspectiva renovada de la historia de la salvación. El elenco de personajes es extenso y colorido, e incluye todo un desfile de prostitutas, reinas malvadas, profetisas, mujeres ricas, mujeres maltratadas, casadas y solteras, y hasta viudas jóvenes y ancianas. Lejos de ser personajes unidimensionales; se trata de mujeres reales que luchan por superar la tragedia, aunque en ocasiones la crean. Dichas mujeres arriesgan la vida y reputación por el bien de otros, y su compasión y sabiduría a menudo han evitado situaciones difíciles. Pese a que nuestra cultura es completamente diferente de la de ellas, compartimos muchas de sus reacciones emocionales y de sus preocupaciones. Nos desesperamos ante la infertilidad, nos preocupamos por nuestros hijos, anhelamos recibir un poco de afecto, nos esforzamos por adquirir sabiduría, y a veces damos cabida a algunas dudas con respecto a las verdaderas intenciones de Dios para con nosotras. Sus historias revelan mucho acerca de la gracia de Dios, su persistente amor y su habilidad creativa para producir cosas buenas a partir de las circunstancias más desesperadas.

La presente edición actualizada y ampliada de *Mujeres de la Biblia* ofrece a las lectoras varios cambios y mejoras. Teniendo en cuenta que muchas mujeres usan los estudios del día miércoles en un marco grupal, los cincuenta y dos estudios correspondientes se han revisado haciéndolos más dinámicos, a fin de que resultaran útiles para grupos e individuos por igual. También agregamos varios apéndices al final del libro. Dichos índices y cuadros agregan información y describen el trasfondo de otras mujeres más cuya vida constituye una parte sumamente vital de las Escrituras.

A fin de interpretar la trascendencia de las historias de estas mujeres, hemos desarrollado un programa devocional que les permitirá a las lectoras reflexionar acerca de la vida de una mujer cada semana durante un año entero. Cada tema devocional combina cinco elementos principales: inspiración, información sobre el contexto, estudio bíblico, promesas bíblicas y oración. He aquí el desarrollo semanal:

Lunes: Su historia: un retrato inspirador de la vida de una mujer.

Martes: Su vida y su época: información sobre el contexto cultural de su época.

Miércoles: Su legado en las Escrituras: un breve estudio bíblico sobre su vida, más una aplicación a la nuestra.

Jueves: La promesa que recibe: promesas bíblicas que se aplican tanto a su vida como a la nuestra.

Viernes: Su legado de oración: cómo orar a la luz de su historia.

Al centrar la atención en cada una de estas mujeres durante cinco días consecutivos, esperamos poder ofrecerles un programa devocional singular, que fomenta la lectura, la reflexión, el estudio y la oración, centrados en los principales personajes femeninos de la Biblia. Deliberadamente preparamos las lecturas de los jueves y viernes de modo que fueran más breves que las demás, a fin de brindarle más tiempo para reflexión y oración.

CÓMO UTILIZAR ESTE LIBRO

Sugeriríamos que comenzara con el retrato que describimos el lunes para lograr una buena comprensión de los elementos principales que conforman la historia de la mujer. A continuación, quizá le interese leer las escrituras específicas que se refieren a su vida, las que aparecen como «Escrituras clave» en la introducción que se encuentra inmediatamente antes de la historia. A pesar de que la narración de los lunes, destinada a inspirar, a veces se apoya en técnicas usadas en el género de la ficción a fin de poner de manifiesto las diferentes dimensiones de una historia y las reacciones emocionales de los personajes, hemos hecho el mayor esfuerzo por mantenernos fieles al texto original y derivar implicaciones razonables a partir del relato de las Escrituras. La reflexión de los martes permite observar de cerca algún aspecto en particular de la vida y la cultura de la mujer que estudiamos. El estudio del miércoles tiene el propósito de equilibrar el relato inspirador del lunes, al conducirnos directamente a la Biblia a fin de que podamos entender y aplicar las Escrituras a nuestra propia vida. Las promesas del jueves nos hacen avanzar un paso más, al proporcionar versículos bíblicos en los que podemos meditar, los cuales también se pueden memorizar o copiar en tarjetas que se pueden colocar como ayuda memoria en nuestro lugar de trabajo o en el hogar. Las oraciones del viernes tienen el propósito de edificar sobre todo lo estudiado y reflexionado durante la semana. Al incluir un equilibrio entre alabanza, acción de gracias, confesión y petición como base para la oración, esta sección procura que profundicemos nuestra comunión con Dios. Tal vez algunas prefieran saltear las secciones de estudio, en tanto que otras quizá deseen detenerse más tiempo en ellas. No hay una manera correcta o incorrecta de usar el presente libro. Esperamos que se permitan leerlo de la forma que mejor le resulte a cada una.

Ann escribió los textos de los lunes y viernes y Jean los correspondientes a los martes, miércoles y jueves. Esperamos que en su conjunto resulte una herramienta que pueda usarse tanto para el estudio bíblico y la oración personal, como dentro del contexto de los grupos pequeños. Cualquiera sea el enfoque elegido al abordar *Mujeres de la Biblia*, las lecturas diarias tienen el propósito de ayudarnos a aminorar la marcha y empaparnos de las Escrituras, de modo que lleguemos a saborear sus riquezas, y logremos una nueva comprensión acerca del modo en que Dios actúa, valiéndose de maneras maravillosas y sorprendentes para acercarnos a él.

Tenemos una especial deuda de gratitud con nuestros editores: con Sandy Vander Zicht, por su perspicacia, aliento y apoyo; con Rachel Boers, por su trabajo experto y esmerado sobre el manuscrito original; y con Verlyn Verbrugge, por la cuidadosa labor en la tarea de actualizar esta edición. También agradecemos a nuestro agente, Robert Wolgemuth, a Sue Brower, Sherry Guzzy y a su equipo de mercadeo creativo que les permitió captar la visión de este libro. Agradecemos además a Leanne Van Dyk por su revisión en cuanto a las perspectivas teológicas y por sus comentarios. Pocos libros pueden alcanzar el éxito sin contar con personas que luchen a su favor, y estamos agradecidas de que estas estuvieran de nuestro lado.

Por supuesto, solo nosotras somos responsables de cualquier deficiencia que encuentren en el libro. Sean las que fueren, esperamos que no les impidan lograr una apreciación más profunda de todas las mujeres de la Biblia, las que nos han precedido viviendo a la luz de la presencia de Dios.

ANN SPANGLER
JEAN SYSWERDA
2007

Eva

SU NOMBRE SIGNIFICA

«Dadora de vida» o «Madre de todos los que tienen vida»

Su Carácter:	Vino al mundo en perfecta paz con su Dios y con su marido, la única otra persona que habitaba el planeta. Vivió en el paraíso, y todo placer imaginable le pertenecía. Nunca supo el significado de la vergüenza, el desacuerdo, el dolor, los desvíos, la envidia, la amargura, el luto ni la culpa hasta que escuchó a su enemigo y comenzó a dudar de Dios.
Su Dolor:	Ser desterrada junto con su marido del paraíso y de la presencia de Dios, y que su hijo mayor fuera un asesino, siendo la víctima su segundo hijo.
Su Gozo:	Haber gustado alguna vez del paraíso, y que Dios le prometiera que su descendencia en el futuro destruiría a su enemigo.

Escrituras Clave: Génesis 1:26–31; 2–4

Lunes

SU HISTORIA

La mujer se despertó y se estiró; su piel era tersa y flexible como la de un recién nacido. Primero un dedo, luego otro se movieron con suavidad al explorar el suelo que la acunaba. Podía percibir cierta calidez que la llenaba y cosquilleaba en su garganta al intentar salir, desbordando en el sonido fuerte y agradable de la risa. Se sintió rodeada como si miles de alegrías y luego un toque la calmaran sin disminuir su gozo.

Al abrir los ojos percibió un Resplandor; sus oídos oyeron una Voz. Y luego una voz más pequeña, como en un eco de alborozada respuesta: «Esta sí es hueso de mis huesos y carne de mi carne. Se llamará "mujer" porque del hombre fue sacada». Adán la abrazó, y la risa de ambos se encontró como arroyos convergentes.

El hombre y la mujer caminaban desnudos, sin avergonzarse, en el paraíso. Ninguna sombra se extendía sobre el Edén, ni desorden alguno ni discordia ni temor.

Luego, un día, una serpiente le preguntó a la mujer: «¿Es verdad que Dios les dijo que no comieran de ningún árbol del jardín?... ¡No es cierto; no van a morir! Dios sabe muy bien que, cuando coman de ese árbol, se les abrirán los ojos y llegarán a ser como Dios, conocedores del bien y del mal».

La mujer escuchó. Recordó el Resplandor y la voz de Dios que la habían llenado de gozo. ¿Podría verdaderamente ser como Dios? Muy presionada por ese deseo, tomó la fruta y luego la compartió con su marido. De pronto la oscuridad se extendió sobre el Edén. No venía de afuera sino de adentro, llenando al hombre y a la mujer de sombras, ansias y sufrimiento. El orden cedió ante el desorden, la armonía ante la discordia, la confianza ante el temor.

Muy pronto Adán y Eva escucharon el sonido de su Creador que caminaba en el jardín y se escondieron. Dios llamó a Adán y le dijo:

—¿Dónde estás?

Adán le contestó:

—Escuché que andabas por el jardín, y tuve miedo porque estoy desnudo. Por eso me escondí.

El pecado había metido una cuña en el corazón de ellos, y Dios los expulsó del Edén, pronunciando palabras de juicio primero sobre la astuta serpiente que había tentado a la mujer, y luego sobre ella y su marido. A la maldición emitida sobre la serpiente agregó la siguiente promesa: «Pondré enemistad entre tú y la mujer, y entre tu simiente y la de ella; su simiente te aplastará la cabeza, pero tú le morderás el talón». A la mujer Dios le dijo: «Multiplicaré tus dolores en el parto, y darás a luz a tus hijos con dolor. Desearás a tu marido, y él te dominará».

Entonces Dios advirtió a Adán que tendría una vida de penosos trabajos, y que su fortaleza disminuiría hasta que el mismo polvo del que Dios lo había formado envolviera finalmente su cuerpo. La maldición de la muerte cayó de repente sobre el nuevo mundo.

De modo que el hombre y su esposa se vieron obligados a huir del paraíso, y Adán le puso por nombre Eva, porque sería la madre de todos los vivientes. Pero su primogénito, Caín, se convertiría en un asesino, y su segundo hijo, Abel, en su víctima.

Al pasar los años, un sufrimiento siguió a otro dentro del corazón de la primera mujer, y la última percepción que tenemos de ella nos lleva a imaginarla no como una criatura llena de frescura que surge de la mano de Dios, sino como una mujer en angustias que da a luz otro hijo. Su piel ahora se extiende como pergamino gastado sobre sus miembros, sus manos se prenden como garras a un suelo pedregoso, intentando encontrar algo a lo que se pueda aferrar, cualquier cosa que alivie su dolor. Puede sentir al niño que lleva en su interior, que la llena, y nota que su cuerpo presiona en busca de una vía de escape. Las exclamaciones de madre e hijo se unen como arroyos convergentes. Y nace Set.

Finalmente, al acunar a su hijo contra su pecho, el alivio comienza a esbozarse en el rostro de Eva. Con el descanso, retorna su esperanza; se le dibuja una sonrisa, y finalmente la risa brota de sus labios. Por más que lo intente, no puede contener su gozo. Porque recuerda el Resplandor, la Voz y la promesa que Dios le dio: Tarde o temprano, a pesar de muchos sufrimientos, su simiente aplastará a la serpiente. Al final, la mujer vencerá.

Martes

SU VIDA Y SU ÉPOCA

PARTO

*E*va fue la primera mujer en concebir un hijo, la primera en albergar un óvulo fertilizado en su seno. ¿Comprendía el milagro que ocurría en su interior a medida que su vientre se agrandaba y su hijo comenzaba a moverse? ¿Entendía el milagro del amor por un hijo que aún no nació? La Biblia no nos da esas respuestas. Pero sí nos dice que Eva reconocía que la vida estaba bajo el control de Dios. Al nacer Caín exclamó: «¡Con la ayuda del SEÑOR he tenido un hijo varón!» (Génesis 4:1).

El juicio que Dios pronunció sobre Eva («darás a luz a tus hijos con dolor») sin duda fue exactamente lo que Eva experimentó al dar a luz a su primer hijo. Se trata del proceso al que apropiadamente llamamos trabajo de parto. Lo más probable es que Eva haya soportado el dolor y haya pasado por todo el proceso de parto solo con la ayuda de Adán.

Con el tiempo, las mujeres hebreas recibirían la ayuda de parteras experimentadas que sabían cómo remediar los problemas más comunes en un alumbramiento. La responsabilidad de las parteras luego del parto incluía cortar el cordón umbilical, lavar al recién nacido, frotarlo con sal para limpiarlo y luego envolverlo en pañales.

El taburete de parto* que se menciona en Éxodo 1:16 probablemente fuera un banquillo pequeño sobre el que la parturienta se sentaba en cuclillas a fin de permitir que la fuerza de gravedad ayudara en el proceso del parto. La partera, y posiblemente otras parientes cercanas, sostenían las manos de la madre para brindarle comodidad y también estabilidad al pujar.

Las mujeres han sufrido durante siglos a causa del pecado de Eva. El dolor que sufren al dar a luz a sus hijos las une en el vínculo común de una experiencia compartida. La experiencia consiste en la combinación inusual de lo terrenal y lo sobrenatural. Los dolores, los jadeos, la confusión y el desorden que se relacionan con el nacimiento de un niño pertenecen a lo terrenal, a lo propio de Eva. Pero lo que se da a luz, y el vínculo que se forma entre la madre y el hijo, es sobrenatural, algo que solamente el Creador de la vida puede forjar.

---

* N. del T.: Dicho taburete se menciona en la Biblia en inglés pero no aparece en el español.

Miércoles
SU LEGADO EN LAS ESCRITURAS

Léase Génesis 2:18–25.

1. ¿Qué necesidades tiene Adán que solo una mujer puede satisfacer?

2. ¿Qué significa ser «una sola carne» en un matrimonio, tanto en lo físico como en lo espiritual?

Léase Génesis 3:1–24.

3. ¿A cuáles deseos y temores apela la serpiente cuando trata de tentar a Eva?

4. ¿Cuáles deseos y temores la vuelven vulnerable ante la tentación?

5. Cuando Eva se ve descubierta después de su pecado ¿de qué modo vive las siguientes experiencias?

>Vergüenza
>Culpa
>Dolor

Jueves

LA PROMESA QUE RECIBE

*P*lantada en medio de la misma maldición que se pronuncia sobre Eva a causa de su pecado hay una promesa maravillosa. Dios le promete a ella y a las generaciones subsiguientes: «Darás a luz a tus hijos» (Génesis 3:16). La gracia y la misericordia de Dios se hacen evidentes de un modo asombroso incluso cuando emite su juicio. Promete que la raza humana continuará a la vez que anuncia que la muerte ahora será inevitable.

A lo largo de las Escrituras, la gracia de Dios a menudo se hace evidente en toda su hermosura dentro de los juicios que emite. Cuando el mundo estaba tan lleno de pecado que tuvo que destruirlo, la gracia de Dios salvó a Noé y a su familia. Cuando los israelitas se rebelaron de manera tan absoluta que el cautiverio resultó inevitable, la gracia de Dios les prometió restauración. Mientras el juicio de Dios caía sobre David por el pecado cometido con Betsabé, la gracia de Dios les dio a Salomón como hijo y sucesor.

Cuando estamos en nuestro punto más bajo, de rodillas ante el juicio de Dios, nunca olvidemos que su gracia aún obra. Y eso es verdaderamente asombroso.

Promesas en las Escrituras

De su plenitud todos hemos recibido gracia sobre gracia.

—JUAN 1:16

Pero allí donde abundó el pecado, sobreabundó la gracia, a fin de que, así como reinó el pecado en la muerte, reine también la gracia que nos trae justificación y vida eterna por medio de Jesucristo nuestro Señor.

—ROMANOS 5:20–21

Viernes

SU LEGADO DE ORACIÓN

Y Dios creó al ser humano a su imagen; lo creó a imagen de Dios. Hombre y mujer los creó.

—GÉNESIS 1:27

REFLEXIONE SOBRE: Génesis 2:15 — 25:3

ALABE A DIOS: Porque la creó a su misma imagen, y la hizo una mujer capaz de reflejar su amor, verdad, fortaleza, bondad, sabiduría y belleza.

DÉ GRACIAS: Porque plantada en medio del mismo juicio de Dios a Adán y Eva está la promesa de un Redentor que aplastará la cabeza de nuestro enemigo, el diablo.

CONFIESE: Su propia tendencia a desdibujar la imagen de Dios en usted al preferir su propia voluntad y no la de él.

PÍDALE A DIOS: Que la ayude a rendirle su vida, a fin de que él pueda cumplir en usted el propósito que tuvo al crearla.

Eleve el corazón

Busque un ambiente apacible, rodeado de la belleza de la creación, para meditar sobre lo que debe de haber sido la vida en el jardín del Edén. Piense en cómo sería su vida si experimentara paz en todas sus relaciones, si nunca padeciera dolor físico o emocional, si nunca se sintiera confundida, avergonzada o culpable, y si siempre pudiera experimentar el amor y la amistad de Dios. Permita que su imaginación corra libremente al completar los detalles del propósito original de Dios para su vida y para las personas que ama.

Luego considere lo siguiente: Usted fue hecha para el paraíso. Las alegrías que hoy disfruta son ínfimas en comparación con las que la esperan en el cielo, porque «Ningún ojo ha visto, ningún oído ha escuchado, ninguna mente humana ha concebido lo que Dios ha preparado para quienes lo aman» (1 Corintios 2:9).

Padre, dame una mayor comprensión de tu plan original para nuestro mundo. Ayúdame a visualizar su belleza, de modo que pueda vivir constantemente con la conciencia de que intentas restaurar al paraíso a todos los que te pertenecen. Que yo pueda rendir todo pecado y todo dolor a ti, confiando en que tú cumplirás tu propósito para mi vida. Lo pido en el nombre de Jesús. Amén.

Sara

SU NOMBRE SIGNIFICA

«Capitana» o «Princesa»

SU CARÁCTER: Hermosa como para atraer a algunos gobernantes del mundo antiguo; podía ser de carácter fuerte y también celosa. Sin embargo, a Sara se la consideró una esposa leal que hizo lo correcto y no se entregó al miedo.

SU DOLOR: El haber permanecido sin hijos durante la mayor parte de su vida.

SU GOZO: Haber dado a luz a Isaac, el hijo de la promesa, a la edad de noventa años.

ESCRITURAS CLAVE: Génesis 12:1–20; 16:1–8: 17:1–22; 18:1–15; 21:1–13; Gálatas 4:22–31

Lunes
SU HISTORIA

*S*ara tenía sesenta y cinco años, edad a la que muchas de nosotras nos jubilamos, cuando comenzó un viaje que la llevaría a un territorio espiritual inexplorado. Dejando atrás su patria, ella y su marido Abraham se trasladaron cientos de kilómetros hacia el sur, a Canaán, una tierra cargada de promesas de Dios pero carente de todo lo que les era preciado y conocido. Dios había prometido dicha tierra a Abraham y a su descendencia. A partir de él no surgiría una simple familia, un clan o una tribu, sino una nación entera, un pueblo que pertenecería a Dios como ningún otro.

La promesa se expandió como las ondas que genera una piedra lanzada al agua. Si Abraham iba a ser el padre de una nueva nación, con seguridad Sara sería su madre. Sin embargo, ella no anhelaba dar a luz una nación sino a un niño pequeño que ella pudiera besar y acunar.

Al principio a Abraham y a Sara les resultó difícil lograr el sustento en su nueva tierra. Muy pronto una hambruna les hizo tan difícil la vida que decidieron trasladarse a Egipto, donde Abraham, por temor al faraón, sugirió una maniobra engañosa para salvar el pellejo: «Yo sé que eres una mujer muy hermosa. Estoy seguro que en cuanto te vean los egipcios, dirán: "Es su esposa"; entonces a mí me matarán, pero a ti te dejarán con vida. Por favor, di que eres mi hermana, (ella era su medio hermana, en realidad) para que gracias a ti me vaya bien y me dejen con vida».

Así que Sara hizo lo que su marido le pidió, y el faraón pronto la anexó a su harén de bellas mujeres. Por ese privilegio le pagó a Abraham con la moneda de la época: una buena cantidad de ovejas, vacas, asnos, camellos y sirvientes. Pero aunque los dos hombres parecían satisfechos por el buen negocio, Dios no lo estaba. Procedió entonces a castigar al faraón y a su familia con enfermedades. El gobernante egipcio con presteza mandó llamar a Abraham para exigirle una explicación. En cuanto supo la verdad, permitió que Sara y Abraham se fueran, llevándose las riquezas obtenidas en Egipto.

De modo que esta pareja se trasladó nuevamente a su hogar. Ya para ese entonces habían pasado varios años desde que Abraham y Sara recibieran la extraordinaria promesa de Dios, pero todavía no tenían un hijo. Así que Sara decidió meter mano en el asunto. Imitando una costumbre común en el mundo antiguo, le dio permiso a Abraham para que durmiera con Agar, su esclava egipcia. La esclava de Sara se convertiría en la madre sustituta del hijo prometido.

Al poco tiempo nació Ismael. Pero el niño solo produjo discordia entre las dos mujeres.

Un día, varios años después, el Señor se le apareció a Abraham mientras estaba sentado a la entrada de su tienda.

—¿Dónde está Sara, tu esposa?

—Allí en la carpa —respondió Abraham.

Entonces el Señor le dijo:

—Dentro de un año volveré a verte, y para entonces tu esposa Sara tendrá un hijo.

Sara, que había estado escuchando secretamente adentro de la tienda, se rió y dijo:

—¿Acaso voy a tener este placer, ahora que ya estoy consumida y mi esposo es tan viejo?

Pero el Señor le dijo a Abraham:

—¿Por qué se ríe Sara? ¿No cree que podrá tener un hijo en su vejez? ¿Acaso hay algo imposible para el SEÑOR? El año que viene volveré a visitarte en esta fecha, y para entonces Sara habrá tenido un hijo.

Sara tuvo miedo, y mintió al decirle:

—Yo no me estaba riendo.

Pero el SEÑOR le replicó:

—Sí, te reíste.

Un año después Sara dio a luz a Isaac, cuyo nombre significa «risa». Por supuesto que esa madre de noventa años de edad supo apreciar el humor de la situación, porque exclamó: «Dios me ha hecho reír, y todos los que se enteren de que he tenido un hijo, se reirán conmigo».

Pero el buen humor le duró poco a Sara.

Estalló la discordia una vez más entre ambas madres, hasta que Sara obligó a Agar e Ismael a abandonar la casa de Abraham, lo cual hizo que anduvieran errantes por el árido desierto. Si bien Dios hizo provisión para los dos parias, fue a través de Isaac que él mantendría su promesa de levantar una nueva nación y un libertador para su pueblo.

Sara murió a la edad de ciento veintisiete años y fue enterrada en Hebrón. Entre el nacimiento de Isaac y la muerte de ella habían transcurrido treinta y siete años, tiempo más que suficiente para reflexionar sobre la aventura que había sido su vida con Dios. ¿Se sentía avergonzada por el tratamiento que le había dado a la infortunada Agar? ¿Recordaba que se había reído cuando Dios le dijo a Abraham que ella tendría un hijo a la edad de noventa años? ¿Percibió el eco irónico en la risa del joven Isaac? ¿Tuvo la noción siquiera de que un día sería venerada como la madre de Israel, en efecto, que sería símbolo de la promesa, del mismo modo en que Agar pasaría a ser símbolo de la esclavitud bajo la ley? Las Escrituras no lo dicen. Pero resulta alentador darnos cuenta de que Dios lleva a cabo sus propósitos a pesar de nuestra fragilidad, nuestra poca fe y de nuestra confianza arraigada en nosotros mismos.

Por cierto, el intento pragmático de Sara por ayudarle a Dios a cumplir su promesa fue causa de mucha angustia. (Aun en nuestros días, las luchas entre Israel y sus vecinos árabes derivan de las antiguas disputas entre aquellas dos mujeres y los hijos que dieron a luz.) Con todo, y a pesar de sus celos, ansiedad y escepticismo con respecto a la capacidad de Dios para cumplir sus promesas, no podemos negar que Sara fue una mujer que con decisión aceptó correr riesgos, alguien que dijo adiós a todo lo conocido para viajar a una tierra que le era completamente extraña. Era la clase de mujer real, de carne y hueso, capaz de vivir una aventura más extenuante que la de cualquier heroína de cuento de hadas, una aventura que comenzó con una promesa y acabó entre risas.

Martes

SU VIDA Y SU ÉPOCA

NOMBRES

*E*n los tiempos bíblicos los nombres tenían un significado que a menudo no tienen hoy. Los nombres que los padres y las madres de aquella época les ponían a sus hijos nos permiten echar un vistazo a sus vivencias personales, y a veces reflejaban su reacción emocional ante una situación dada. Cuando Sara tenía noventa años, Dios le dijo que ella y Abraham finalmente tendrían el hijo que ella tanto había anhelado. ¡Y Sara apenas lo podía creer! «¿Acaso voy a tener este placer, ahora que ya estoy consumida y mi esposo es tan viejo?» (Génesis 18:12). Cuando nació su hijo, Sara le puso por nombre Isaac, que significa «él se ríe», y dijo: «Dios me ha hecho reír, y todos los que se enteren de que he tenido un hijo, se reirán conmigo» (Génesis 21:6).

Quizá una de las escenas más conmovedoras de la Biblia sea aquella en la que Raquel, en medio de gran dolor y sabiendo que estaba a punto de morir, llamó a su hijo Ben-Oni, que significa «hijo de mi aflicción». Pero Jacob, el padre del niño, aun en medio de su dolor, por amor a ese pequeñito, le cambió el nombre a Benjamín, que quiere decir «hijo de la mano derecha» (Génesis 35:16-20). Cuando nació el hijo de Ana, ella le puso el nombre de Samuel, que suena parecido a la palabra hebrea que significa «Dios me ha oído», porque Dios había escuchado su clamor por un hijo (1 Samuel 1:20). Muchos de los profetas del Antiguo Testamento tenían nombres que se referían a su misión: el nombre de Isaías quiere decir «el SEÑOR salva», el de Abdías significa «siervo del SEÑOR», el de Nahúm, «consuelo», y el de Malaquías, «mi mensajero».

A través de las Escrituras, Dios da a su pueblo nombres que ilustran lo que ellos significan y valen para él. Somos su «propiedad exclusiva» (Éxodo 19:5; Malaquías 3:17), «el pueblo de su propiedad» (Deuteronomio 4:20), los «hijos del Dios viviente» (Oseas 1:10). Somos sus «amigos» (Juan 15:15). No importa cuál sea el nombre que te hayan dado, Dios lo conoce. Por amor él te llama por tu nombre para que te acerques, porque tú le perteneces (Isaías 43:1).

Miércoles

SU LEGADO EN LAS ESCRITURAS

Léase Génesis 12:10–20.

1. Imagina que eres Sara en Egipto. ¿Cuáles son tus sentimientos hacia Abraham en los distintos momentos de esta situación? ¿Y hacia Dios? ¿Y con respecto a tu propia persona como mujer?

Léase Génesis 16:1–6.

2. ¿Qué impresión recoges con respecto a Sara en este episodio? ¿Qué es lo que ella desea? ¿Qué es lo que teme? ¿De qué modo se relaciona con la gente?

Léase Génesis 18:10–15; 21:1–7.

3. ¿Qué te dicen estas escenas con respecto a Sara?

4. Dios obró a través de la vida de Sara a pesar de sus fracasos. ¿De qué manera puede usarte a ti a pesar de tus imperfecciones?

5. ¿Tu situación presente se parece a la de Sara antes de que Dios cumpliera su promesa, o a la de ella luego de recibir lo prometido? Explícalo.

Jueves

LA PROMESA QUE RECIBE

¡*Qué* difícil fue para Sara (y también lo es para nosotras) recordar las promesas de Dios y esperar que él las cumpliera. Las promesas de Dios nos son reveladas y cumplidas en el tiempo de él, que normalmente obedece a un calendario muy diferente del nuestro.

Esperar pacientemente a que Dios obre puede resultar una de las experiencias más difíciles de nuestro andar cristiano. Vivimos en la época de la inmediatez. Creemos que esperar en quietud es de alguna manera menos valioso y hasta un poco perezoso. Somos los reyes del «hazlo por ti mismo», pero muchas veces interferimos con Dios cuando tomamos las cosas en nuestras manos.

¿Estás esperando que Dios haga algo por ti? ¿Le has pedido la salvación de tu marido? ¿O tal vez la de algún otro integrante de la familia? ¿Estás orando para que un hijo rebelde regrese al hogar? Cualesquiera sean las circunstancias, el tiempo de Dios es el más oportuno. Cuando te sientas tentada a intervenir y hacer que las cosas sucedan, acuérdate de Sara. Sus intentos por lograr que se cumpliera la promesa de Dios a través de un hijo de su sierva Agar produjeron resultados desastrosos. Recuerda que Dios tiene su propia agenda, y descansa en la seguridad de que él te ama y cumplirá las promesas que te hizo.

Promesas de las Escrituras

Pon tu esperanza en el SEÑOR;
  ten valor, cobra ánimo;
¡pon tu esperanza en el SEÑOR!

—SALMO 27:14

Espero al SEÑOR, lo espero con toda el alma;
  en su palabra he puesto mi esperanza.

—SALMO 130:5

Por eso el SEÑOR los espera, para tenerles piedad;
  por eso se levanta para mostrarles compasión.
Porque el SEÑOR es un Dios de justicia.
  ¡Dichosos todos los que en él esperan!

—ISAÍAS 30:18

Pero yo he puesto mi esperanza en el SEÑOR;
  yo espero en el Dios de mi salvación.
¡Mi Dios me escuchará!

—MIQUEAS 7:7

Viernes

SU LEGADO DE ORACIÓN

También le dijo Dios a Abraham:

—A Saray, tu esposa, ya no la llamarás Saray, sino que su nombre será Sara. Yo la bendeciré, y por medio de ella te daré un hijo. Tanto la bendeciré, que será madre de naciones, y de ella surgirán reyes de pueblos.

—GÉNESIS 17:15–16

REFLEXIONE SOBRE: Génesis 17:1–22

ALABE A DIOS: Porque él cumple sus promesas.

DÉ GRACIAS: Porque Dios tiene un plan para usted que proviene de su gracia y que se llevará a cabo en su tiempo, y a su manera.

CONFIESE: Su ansiedad y su confianza en sí misma.

PÍDALE A DIOS: Que la ayude a esperar con oído atento y un corazón dispuesto a cumplir su voluntad.

Eleve el corazón

Dios le da a entender su propósito para usted al plantar sueños dentro de su corazón. El sueño de Sara era dar a luz un hijo. Busque un lugar tranquilo y pasa algún tiempo concentrándose en sus sueños. Pregúntese qué sueños son los que ha dejado de perseguir a causa de haber estado demasiado ocupada, demasiado temerosa o demasiado desilusionada. Anótelos y ore por cada uno de ellos. Dios tal vez le está pidiendo que espere, o quizá le está dando vía libre para que procure hacer realidad alguno de ellos en particular. Si es tiempo de dar el paso decisivo, es posible que encuentren eco en usted las palabras de Sara en Génesis 21:6: «Dios me ha hecho reír».

Padre, gracias por amarme a pesar de que mi alma todavía contiene sombras que en ocasiones bloquean la luz de tu Espíritu. Te pido que con el correr de los años pueda confiar en ti más plenamente en cuanto a esos sueños que me has implantado en el alma, esas promesas que me has hecho. Y que, al igual que Sara, me vea rodeada de risa a causa de la forma maravillosa en que cumples tu propósito a pesar de mi debilidad. En el nombre de Jesús. Amén.

Agar

SU NOMBRE (EGIPCIO) PUEDE SIGNIFICAR

«Fugitiva» o «inmigrante»

SU CARÁCTER: Agar, que era extranjera y esclava, permitió que el orgullo se apoderara de ella cuando se convirtió en la mujer de Abraham. Dadas sus características de mujer sola y de escasos recursos, sufrió un castigo severo a causa de su error. Sin embargo obedeció a la voz de Dios en cuanto la oyó y recibió la promesa de que su hijo se convertiría en el padre de una gran nación.

SU DOLOR: El haber sido sacada de su propia tierra para convertirse en esclava en suelo extranjero, donde recibió malos tratos durante muchos años.

SU GOZO: Saber que Dios se preocupaba por ella, que él vio su sufrimiento y oyó su clamor, y que la ayudó cuando más le hizo falta.

ESCRITURAS CLAVE: Génesis 16; 21:8–21; Gálatas 4:22–31

Lunes

SU HISTORIA

A pesar de ser una esclava egipcia y la rival más enconada de Sara, Agar tuvo a su favor algo que a su ama nunca le tocó disfrutar: una revelación personal de Dios, quien intervino amorosamente en su favor, y no una vez sino dos. Sucedió cuando ella estaba sola y asustada, sin un centavo en su haber... pero eso sería adelantarnos mucho en la historia.

Recordemos que Abraham, al que honramos como padre de la fe, mostró muy poca evidencia de tener fe cuando él y Sara llegaron por primera vez a Egipto, escapando de una hambruna en Canaán. Al tener la certeza de que los egipcios lo matarían en cuanto vieran a su bella mujer, él le advirtió a Sara que debía hacerse pasar por su hermana. Y muy rápidamente el faraón la incorporó a su harén, recompensando a Abraham con una cantidad importante de camellos, ovejas, ganado vacuno, asnos y sirvientes. Pero Dios castigó tan eficazmente al faraón por su error involuntario, que cuando descubrio que Sara era en realidad la esposa de Abraham, ordenó que los dos abandonaran Egipto con todas sus pertenencias. Posiblemente Agar haya sido parte del botín que Abraham y Sara se llevaron con ellos, un presente que más adelante iban a lamentar haber recibido.

Sin embargo, de las tres personas que participaron en el plan para convertir a Agar en madre sustituta, quizás haya sido ella la única inocente, dado que era una esclava con muy poca posibilidad de negarse a ello. Cuando Sara le pidió a Abraham que durmiera con su sierva, le abrió las puertas a una catástrofe espiritual. En cuanto Agar descubrió que estaba embarazada, comenzó a mirar con desprecio a su dueña, sin duda una decisión poco acertada, considerando que era una joven extranjera enfrentada a una mujer afianzada en el amor de su marido.

De hecho, Sara le hizo la vida tan imposible que Agar huyó al desierto, en lo que constituyó la acción desesperada de una mujer encinta que se hallaba demasiado lejos de su hogar. No se había alejado mucho cuando oyó una voz que la llamaba: «Agar, esclava de Saray, ¿de dónde vienes y a dónde vas? ... Vuelve junto a ella y sométete a su autoridad». Pero luego, como para suavizar la orden, recibió una palabra de aliento: «Darás a luz un hijo, y le pondrás por nombre Ismael, porque el SEÑOR ha escuchado tu aflicción».

Resulta notable que Agar no discutió; sino que volvió junto a Abraham y Sara. Como arroyo de agua en el desierto, la palabra de Dios había penetrado la aridez de su corazón. Dios había visto todo lo que le pasaba: su esclavitud, su amargura, su ansiedad con respecto al futuro. Él conocía al niño que llevaba en su vientre, y lo había llamado Ismael, que significa «Dios oye». En los años venideros, cada vez que Agar estrechara contra su pecho a su hijo, que lo viera jugar, o se preocupara por su futuro, recordaría que Dios estaba cerca, atento al clamor del niño. No es de sorprenderse que ella respondiera a la voz que escuchó en el desierto llamando al Señor «El Dios que me ve».

Unos dieciséis años después, Agar se encontraría de nuevo en el desierto, en esta ocasión habiendo sido forzada a ello y no por elección. Al aumentar su rencor hacia la joven rival, Sara había expulsado a Agar e Ismael de su hogar. A punto de morir de sed, Agar colocó a su hijo debajo de un arbusto y se alejó de él, porque no podía presenciar su agonía.

Su llanto pronto fue interrumpido por la voz de un ángel, que le dijo: «No temas, pues Dios ha escuchado los sollozos del niño. Levántate y tómalo de la mano, que yo haré de él una gran nación.» De ese modo el ángel del Señor abrió los ojos de Agar para que ella descubriera un pozo de agua allí cerca, con el cual salvaría la vida de su hijo.

En la última imagen que se nos presenta de Agar ella vive en el desierto de Parán, en la península de Sinaí, donde se ocupa de encontrarle una esposa a Ismael, forjándole así un futuro. Dios había abierto camino en el desierto para una mujer sola y su hijo, que no contaban con la ayuda de amigos, familia o recursos. Él vio, él oyó y por cierto fue fiel.

Martes
SU VIDA Y SU ÉPOCA

ESCLAVITUD

*L*á esclavitud era una práctica común en la cultura del antiguo Medio Oriente; tan común, que las leyes de Dios regulaban su práctica, de modo que fuera justa y segura; pero no previeron su destrucción. Los esclavos se obtenían de distintas maneras: los prisioneros de guerra se convertían en esclavos, en particular las mujeres vírgenes (Números 31:7-32); hombres y mujeres junto con sus niños se hacían esclavos a fin de pagar deudas (Levítico 25:39); los esclavos podían comprarse (Levítico 25:44); incluso en ocasiones la esclavitud era voluntaria, como cuando un esclavo varón que quedaba libre prefería mantenerse en servidumbre para permanecer junto a su esposa a la que amaba (Éxodo 21:2-6).

Agar, la egipcia, probablemente se convirtió en esclava de Abraham y Sara cuando salieron de Egipto (Génesis 12:20). Al abandonar su propia tierra, se volvió útil y demostró ser confiable, por lo que se transformó en la sierva personal de Sara, un puesto de cierta importancia dentro de la casa.

Sara le debe haber tenido cierta confianza a Agar, y hasta quizá sentía afecto por ella para haberla elegido como madre sustituta de su hijo. Tales costumbres resultaban bastante comunes en aquellos días. Las mujeres infértiles instaban a su marido a tomar a sus siervas para tener un hijo con ellas y lograr así un heredero para la familia. Las esclavas con frecuencia se convertían en las concubinas, o mujeres, de sus dueños o de alguno de sus hijos. Los niños pasaban a ser propiedad del amo y en ocasiones se convertían en herederos de sus amos. Al ser esclavas, no les quedaba otra alternativa. Estaban solas, sin derecho alguno y sin nadie que las defendiera.

Muchas mujeres hoy se encuentran en una posición semejante a la de Agar. Tal vez no sean realmente esclavas, pero se hallan en una posición de debilidad, y no tienen a nadie que las defienda. Es decir, nadie salvo el Señor. El mismo Dios que defendió a Agar y escuchó el llanto de su hijo en el desierto escucha el llanto de las mujeres indefensas y de sus hijos hoy también. Cuando nos hallaos en nuestro momento de mayor debilidad, Dios se presenta con mayor fuerza, listo para intervenir y decirnos, tal como le dijo a Agar: «No temas» (Génesis 21:17).

Miércoles

SU LEGADO EN LAS ESCRITURAS

Léase Génesis 16:1–16.

1. La propuesta de Sara era una costumbre de esa época. ¿Cuál cree que hayan sido las reacciones de Agar cuando Sara le pidió que fuera la madre sustituta del niño?

2. ¿De qué modo reacciona usted ante situaciones que escapan a su control? ¿De qué manera puede ayudarle Dios cuando se encuentra en dichas situaciones?

3. Agar huyó hacia un páramo escasamente poblado. ¿Alguna vez estuvo así de desesperada? Si fue así, ¿cuáles fueron las circunstancias?

4. ¿Qué impresión acerca de Dios recoge de esta historia?

Léase Génesis 21:8–21.

1. ¿En qué se parece este incidente al anterior? ¿En qué difieren?

2. ¿Se halla usted o alguien de su grupo en una situación desesperada en este momento? Vuelva a leer Génesis 21:19. Acaso habrá algún «pozo» que pudiera sustentarla si tan solo pudiera verlo. Ore a solas o en grupo pidiéndole a Dios que le abra los ojos tal como se los abrió a Agar y la ayudó en su desesperación.

Jueves

LA PROMESA QUE RECIBE

*U*na mujer joven y delgada está acurrucada en el asiento delantero de su automóvil. Se cubre los oídos para no escuchar el sonido que produce su pequeño niño que lloriquea de frío en el asiento posterior. Su marido los abandonó a ella y al muchachito dos meses antes. Al quedar sin recursos, pronto la echaron de su apartamento. El automóvil es ahora su único hogar. Ya hace mucho que consumió hasta la última gota de gasolina, de modo que el deteriorado interior del vehículo les proporciona muy poca protección de los vientos invernales que soplan afuera.

Esta moderna Agar no está más lejos de las promesas de Dios que lo que estuvo la otra cuando dio rienda suelta a todo su dolor en el desierto. Dios ve su dolor del mismo modo en que vio el de Agar. Aun cuando no esté tan desesperada como Agar o su equivalente moderno, tal vez haya experimentado momentos en su vida que le hicieron temer por el futuro. Aunque viva en un páramo de pobreza, soledad o dolor, las promesas de Dios en cuanto a brindarle amor y protección están tan disponibles para usted como lo estuvieron para Agar.

Promesas en las Escrituras

En paz me acuesto y me duermo,
porque sólo tú, SEÑOR,
me haces vivir confiado.

—SALMO 4:8

Este es mi consuelo en medio del dolor:
que tu promesa me da vida.

—SALMO 119:50

Aunque pase yo por grandes angustias,
tú me darás vida;
contra el furor de mis enemigos extenderás la mano:
¡tu mano derecha me pondrá a salvo!

—SALMO 138:7

Viernes

SU LEGADO DE ORACIÓN

«¿Qué te pasa, Agar? No temas, pues Dios ha escuchado los sollozos del
niño. Levántate y tómalo de la mano, que yo haré de él una gran nación».

—GÉNESIS 21:17–18

REFLEXIONE SOBRE: Génesis 21:8–21

ALABE A DIOS: Porque él es un Padre que todo lo sabe y oye el clamor de sus
hijos. Nada de lo que nos sucede puede jamás escapar de su
conocimiento.

DÉ GRACIAS: Porque el Señor va en búsqueda de los indefensos a fin de
mostrarles su misericordia y el plan de bendiciones que ha
proyectado para la vida de ellos.

CONFIESE: Todo orgullo, egoísmo y cualquier otro pecado que haya
contribuido a aumentar las dificultades de su vida.

PÍDALE A DIOS: Que abra sus ojos para que vea cómo la protege y provee tanto para usted como para sus hijos. Pídale que la ayude a vivir
cada día no como una esclava de la ley sino como una hija de
la gracia.

Eleve el corazón

*I*nvite a dos parejas de amigos cercanos a compartir un banquete del Medio Oriente con aceitunas, higos, pan árabe, nueces, hummus, taboule
y la bebida que prefiera. Haga una oración especial de agradecimiento a Dios
por proveer para usted de manera tan abundante aun cuando sintió que atravesaba un período de desierto en su vida. Cuéntense unos a otros historias sobre
la provisión de Dios aun cuando no tenía la seguridad de que él le escuchaba las
oraciones.

Hummus

En la procesadora de alimentos mezclar dos tazas de garbanzos hervidos o de
lata, escurridos, junto con ⅔ de taza de pasta de sésamo (tahine), ¾ de taza de
jugo de limón, sal y pimienta recién molida a gusto, y dos dientes de ajo pelados.
Añadir revolviendo ¼ de taza de cebollines finamente picados. Rinde unas tres
tazas. Es una buena pasta para untar pan, papas fritas o vegetales frescos.

Taboule

1. Colocar ¾ de taza de trigo molido fino en un recipiente de vidrio y cubrir con agua fría durante 30 minutos; luego escurrirlo completamente. (Para conseguir una textura más suave, se lo puede cubrir con agua hirviendo y dejarlo reposar durante una hora antes de escurrirlo.)

2. Agregar 1½ tazas de perejil picado, 3 tomates medianos picados, 5 cebollas de verdeo finamente picadas (con las hojas verdes) y 2 cucharadas de hojas de menta picadas (o 2 cucharaditas de té de menta seca triturada).

3. En un recipiente separado, mezclar ¼ de taza de aceite de oliva, ¼ de taza de jugo de limón, ¾ cucharadita de sal y ¼ cucharadita de pimienta. Colocar sobre la mezcla del trigo molido y revolver.

4. Tapar y refrigerar por lo menos una hora. Servir con guarnición de hojas de menta. Rinde 6 porciones de ¾ de taza cada una.

Señor, a veces me siento abandonada, como si nadie me comprendiera o se preocupara por mí. Por favor, muéstrame que realmente estás cerca y que ves y oyes todo lo que sucede. Refréscame con tu presencia aun cuando me toque pasar por una experiencia de desierto. Y ayúdame, a mi vez, a poder reconfortar a otros cuando se sienten solos y sin esperanzas. En el nombre de Jesús. Amén.

La mujer de Lot

SU CARÁCTER: Era una mujer próspera que debe de haber mostrado mayor inclinación por la buena vida que por lo que le convenía. Aunque no hay ninguna indicación de que hubiera participado del pecado de Sodoma, su historia nos lleva a concluir que había aprendido a tolerarlo y que, como consecuencia, tenía el corazón dividido.

SU TRAGEDIA: Que la decisión de su corazón la llevara a experimentar juicio en lugar de misericordia, y que en última instancia rechazara los intentos de Dios por salvarla.

ESCRITURAS CLAVE: Génesis 18:16–19:29; Lucas 17:28–33

Lunes
SU HISTORIA

A la mujer de Lot le quedaban apenas horas de vida, aunque ella nunca lo sospechó. Debe de haber atendido sus cosas como siempre, limpiando la casa, cocinando y parloteando con los vecinos, sin tener conciencia de la tragedia que se abatiría sobre ella.

Años atrás, se había casado con el sobrino de Abraham, y los dos habían amasado una fortuna en tierras y ganado. Con el tiempo, se establecieron en Sodoma, incómodamente cómodos en una ciudad de tal maldad que el mismo cielo debió enviar ángeles para investigar los alegatos en su contra.

Y sucedió que Lot estaba a las puertas de la ciudad en el momento en que llegaron los ángeles. Al saludar a los desconocidos, inmediatamente les imploró que pasaran la noche en su casa, preocupado por lo que podría sucederles una vez que cayera la tarde.

La mujer de Lot también habrá recibido con gusto a los forasteros, porque la hospitalidad era un deber sagrado en el mundo antiguo. Luego, justo antes de ir a dormir, ella seguramente oyó las voces. Al principio, unas pocas palabras apagadas, luego las risotadas sonoras y finalmente la horrible gritería cuando el grupo de hombres rodeó la casa. Se oyeron voces ásperas gritándole a su marido que abriera la puerta y entregara a sus huéspedes para el deleite de ellos.

—Por favor, amigos míos, no cometan tal perversidad —les respondió Lot en voz alta. Pero la multitud estaba furiosa y decidida a salirse con la suya. Luego Lot intentó ofrecerles un trato espantoso:

—Tengo dos hijas que todavía son vírgenes; voy a traérselas para que hagan con ellas lo que les plazca, pero a estos hombres no les hagan nada, pues han venido a hospedarse bajo mi techo. —Pero los hombres de Sodoma no iban a permitir que se frustraran sus planes, de modo que se lanzaron contra la puerta a fin de derribarla.

De pronto, los ángeles extendieron los brazos, volvieron a meter a Lot en la casa, e hirieron con ceguera a los hombres agolpados a la puerta. Luego se volvieron a Lot y lo instaron a la acción:

—¿Tienes otros familiares aquí? Saca de esta ciudad a tus yernos, hijos, hijas, y a todos los que te pertenezcan, porque vamos a destruirla.

Pero los yernos de Lot pensaron que él bromeaba y se negaron a abandonar el lugar.

Al amanecer, otra vez los ángeles le insistieron a Lot que se apresurara para que él, su mujer y sus hijas no perecieran con el resto de la ciudad. Todavía, la familia titubeaba, hasta que finalmente los ángeles los tomaron de la mano y los arrastraron fuera de allí, a la vez que insistían:

—¡Escápate! No mires hacia atrás, ni te detengas en ninguna parte del valle. Huye hacia las montañas, no sea que perezcas.

Cuando Lot y su familia llegaron a la pequeña ciudad de Zoar, el sol ya había salido sobre la tierra y toda Sodoma estaba envuelta en sulfuro ardiente. Hombres, mujeres, niños y ganado fueron totalmente aniquilados. Un juicio terrible a causa de un pecado terrible.

Pero el juicio resultó aun peor de lo que Lot y sus hijas imaginaron en un principio. Cuando finalmente estuvieron a salvo, debieron volverse los unos hacia los otros, aliviados por haber conseguido escapar. Pero volvieron a quedar horrorizados al darse cuenta que faltaba uno de ellos. Seguramente buscaron, contra toda esperanza, hasta que finalmente divisaron contra el horizonte esa silueta blanca de sal, como monumento solitario en forma de mujer vuelto hacia Sodoma.

Si alguna vez vieron fotografías de la antigua Pompeya, destruida por la erupción del monte Vesuvio en el año 79, habrán notado figuras humanas que han sido preservadas hasta el día de hoy por la lava que las detuvo en su marcha, matándolas. Podemos, entonces, imaginar el desastre que se abatió sobre la mujer de Lot.

¿Por qué se volvió a mirar a pesar de la clara advertencia del ángel? ¿Todavía estaba su corazón ligado a todo lo que dejaba detrás en aquella ciudad: una vida confortable, comodidades y placer? ¿Todavía quedaban miembros de su familia atrapados en la ciudad? ¿O la fascinaba el trágico espectáculo que ocurría a sus espaldas, como un conductor que contempla boquiabierto la sangrienta escena de un accidente? Quizá una combinación de todas estas cosas fue como un pegamento que hizo lenta su marcha; luego hizo que le girara la cabeza y el cuerpo fuera alcanzado por el castigo del que Dios quiso librarla. Por decisión propia —la última que tomó— determinó que su suerte fuera juicio y no misericordia.

Jesús instó a sus seguidores a recordar a la mujer de Lot: «Así será el día en que se manifieste el Hijo del hombre. En aquel día, el que esté en la azotea y tenga sus cosas dentro de la casa, que no baje a buscarlas. Así mismo el que esté en el campo, que no regrese por lo que haya dejado atrás. ¡Acuérdense de la esposa de Lot! El que procure conservar su vida, la perderá; y el que la pierda, la conservará» (Lucas 17:30–33). Palabras serias para evocar una historia grave. Palabras dirigidas a sacarnos de nuestras ilusiones pecaminosas compulsivas y ponernos a salvo en los brazos de la misericordia.

Martes
SU VIDA Y SU ÉPOCA

SAL

*N*o nos ha dejado un gran legado, ¿verdad? A la mujer de Lot no se la recuerda tanto por lo que fue: esposa, madre, hija, hermana, sino por aquello en lo que se convirtió: una estatua de sal. Apenas una mirada prohibida, pero irresistible, dirigida a lo que sucedía a sus espaldas, y se convirtió en sal. ¡Sal! Una de las sustancias químicas más comunes y usadas del mundo.

En efecto, Palestina poseía ricos depósitos de sal, los cuales explican algunos de los nombres de lugares de dicha región, por ejemplo el Mar Salado (también conocido como Mar Muerto), el Valle de la Sal, y la Ciudad de la Sal. Es posible que los romanos consideraran a Israel una valiosa conquista simplemente por la cantidad de sal que había disponible en ese lugar.

Los hebreos utilizaban la sal para sazonar los alimentos: «¿Puede comerse sin sal la comida desabrida?» (Job 6:6). Las mujeres hebreas frotaban a sus bebés recién nacidos con sal, o los bañaban con ella: «El día en que naciste no te cortaron el cordón umbilical; no te bañaron, no te frotaron con sal, ni te envolvieron en pañales» (Ezequiel 16:4). La sal era un complemento exigido en cualquier ofrenda de granos del Antiguo Testamento: «Todas las ofrendas de cereal las sazonarán con sal» (Levítico 2:13).

Se usa la palabra *sal* varias veces en el Nuevo Testamento, todas ellas en forma simbólica. Jesús nos insta a que recordemos que los creyentes somos la sal del mundo (Mateo 5:13; comparar con Marcos 9:50 y Lucas 14:34). Nuestras actitudes y acciones pueden limpiar, sazonar y purificar nuestro entorno. Cuando respondemos con gracia a alguien poco amable, sazonamos nuestro mundo con sal. Cuando tratamos a un niño irritado con bondad, sazonamos nuestro hogar con sal. Cuando procuramos reconfortar a los que sufren, consolar a los solitarios, animar a los desalentados, o calmar a los inquietos, sazonamos nuestro mundo con sal. Como seguidores de Cristo, somos saleros (¡espero que llenos!), ocupados en rociar sobre nuestro mundo la sal que le da sabor a la vida.

Miércoles

SU LEGADO EN LAS ESCRITURAS

Léase Génesis 19:1–26.

1. Según la cultura antigua, cuando Lot recibía huéspedes en su casa, debía garantizar no solo su comodidad sino también su seguridad. El honor de la familia estaba en juego. A su parecer, ¿cuáles habrán sido los pensamientos y las emociones de la esposa cuando Lot ofreció a sus hijas a los atacantes en lugar de sus invitados?

2. Teniendo en cuenta la fisonomía de Sodoma, ¿por qué dudó la esposa de Lot en abandonarla?

3. Aunque se le advirtió que no lo hiciera, no pudo resistir la tentación de mirar hacia atrás. ¿Por qué piensa que se volvió a mirar?

4. En la esposa de Lot podemos ver que nosotras mismas miramos hacia atrás, al arrepentirnos por decisiones tomadas, lamentar oportunidades perdidas o añorar alguna relación del pasado. ¿Dedica mucho tiempo a mirar hacia atrás? Si lo hace, ¿de qué modo afecta su forma de vivir en el presente?

5. ¿Qué implica para usted dejar atrás el pasado en este momento?

Jueves

LA PROMESA QUE RECIBE

*A*nteriormente, Dios le había prometido a Abraham que perdonaría a la ciudad de Sodoma si tan solo pudiera encontrar diez personas justas dentro de la misma, pero ni siquiera encontró diez. Así que el Señor envió a sus ángeles a Sodoma a rescatar a Lot y su familia (Génesis 18) de la destrucción que se avecinaba. Como ellos titubearon hasta último minuto, los ángeles tuvieron que tomar a Lot, su mujer y sus dos hijas de la mano y conducirlos fuera de la ciudad.

¿Sabía Dios que Abraham pensaba en Lot cuando rogó para que las ciudades fueran perdonadas si cincuenta, cuarenta y cinco, treinta, veinte o apenas diez justos se encontraran en ellas? ¿La misericordia de Dios le fue extendida a Lot por amor a él o por amor a Abraham? No lo sabemos. Pero sí sabemos que la misericordia de Dios estuvo a disposición de Lot y su familia. Y su misericordia está disponible para usted también, aun en los peores momentos, en las situaciones más difíciles, en las circunstancias más duras. Él está presente, y le tiende su mano para conducirla a lugar seguro.

Promesas en las Escrituras

Como Lot titubeaba, los hombres lo tomaron de la mano, lo mismo que a su esposa y a sus dos hijas, y los sacaron de la ciudad, porque el Señor les tuvo compasión.

—Génesis 19:16

De ese modo el Señor... te tratará con misericordia y compasión.

—Deuteronomio 13:17

Acuérdate, Señor. de tu ternura y gran amor,
que siempre me has mostrado.

—Salmo 25:6

No te miraré con ira
—afirma el Señor—.
No te guardaré rencor para siempre,
porque soy misericordioso
—afirma el Señor—.

—Jeremías 3:12

Viernes

SU LEGADO DE ORACIÓN

Como Lot titubeaba, los hombres lo tomaron de la mano, lo mismo que a su esposa y a sus dos hijas, y los sacaron de la ciudad, porque el SEÑOR les tuvo compasión. Cuando ya los habían sacado de la ciudad, uno de los ángeles le dijo:

—¡Escápate! No mires hacia atrás, ni te detengas en ninguna parte del valle. Huye hacia las montañas, no sea que perezcas.

—GÉNESIS 19:16–17

REFLEXIONE SOBRE: Génesis 19:1–26

ALABE A DIOS: Porque aunque aborrece el pecado, también ama la misericordia.

DÉ GRACIAS: Por la manera en que Dios le ha mostrado misericordia tanto a usted como a otros integrantes de su familia.

CONFIESE: Toda tendencia que tenga a ignorar la voz de Dios por preferir seguir andando a su manera.

PÍDALE A DIOS: La gracia de nunca volverse rígida a causa del apego que le tiene a su pecado.

Eleve el corazón

En una sociedad como la nuestra es raro encontrar alguien que no esté apegado a las comodidades personales. Pruebe su propio nivel de apego mediante un ayuno de televisión, periódicos, revistas, catálogos y centros comerciales durante una semana. En su lugar, dedique un tiempo y un lugar de su casa, aunque solo sean unos pocos minutos en un rincón o dentro de un ropero, a la oración silenciosa y a la alabanza. Pídale a Dios que le revele cualquier apego desordenado o rigidez que se pueda haber desarrollado en su espíritu. Dígale que desea ser una mujer suficientemente libre y flexible como para responder rápidamente a su conducción.

Señor, me llamas a vivir en el mundo sin abrazar la manera de vivir del mundo. Ayúdame a vivir de un modo que conserve mi libertad de seguirte a donde quieras llevarme y de la forma en que quieras hacerlo. Si llego a dejar un monumento detrás de mí, que les sirva a los demás como recordatorio de fe y no de necedad.

Rebeca

SU NOMBRE PROBABLEMENTE SIGNIFIQUE

«Lazo» o «ligadura»

SU CARÁCTER:	Generosa y trabajadora, su fe fue tan grande que la llevó a dejar para siempre su hogar a fin de casarse con un hombre al que nunca había conocido ni visto. Sin embargo, manifestó favoritismos hacia sus hijos y no confió plenamente en Dios en cuanto a la promesa que él les había dado.
SU DOLOR:	Que no fuera fértil durante los primeros veinte años de su vida matrimonial, y que nunca volvió a ver a Jacob, su hijo predilecto, después de que este huyera de su hermano Esaú.
SU GOZO:	Que Dios hubiera recorrido distancias extraordinarias para buscarla e invitarla a formar parte de su pueblo y de sus promesas.

ESCRITURAS CLAVE: Génesis 24; 25:19–34; 26:1—28:9

Lunes

SU HISTORIA

El sol se ocultaba por debajo del borde occidental del cielo, cuando la joven se acercó al pozo que había en las afueras de la ciudad de Najor, más de setecientos kilómetros al noreste de Canaán. A las mujeres les tocaba la tarea de acarrear agua fresca cada atardecer, y Rebeca se echó al hombro el cántaro lleno hasta casi desbordar, aceptando con gusto su toque refrescante contra la piel.

Cuando se volvió para irse, un desconocido la saludó, y le pidió que le diera de beber. Con amabilidad, ella se ofreció a sacar agua también para sus camellos. Rebeca notó la expresión placentera de sorpresa que apareció en el rostro del hombre. A ella le constaba que diez camellos podían consumir mucha agua. Pero si hubiera escuchado la oración que él había susurrado hacía apenas unos instantes, su asombro habría superado el de él: «SEÑOR y Dios de mi amo Abraham, te ruego que hoy me vaya bien, y que demuestres el amor que le tienes a mi amo. Aquí me tienes, a la espera junto a la fuente, mientras las jóvenes de esta ciudad vienen a sacar agua. Permite que la joven a quien le diga: "Por favor, baje usted su cántaro para que tome yo un poco de agua", y que me conteste: "Tome usted, y además les daré agua a sus camellos", sea la que tú has elegido para tu siervo Isaac».

Una acción sencilla. Una respuesta generosa. Y el futuro de una joven mujer quedó modificado en un instante. El hombre que Rebeca había encontrado junto al pozo, un siervo de Abraham, se hallaba en una misión sagrada: encontrarle esposa a Isaac dentro del pueblo al que pertenecía Abraham y no de entre los cananitas que los rodeaban. Como lo había hecho su tía abuela Sara anteriormente, Rebeca también emprendería el viaje hacia el sur para abrazar un futuro que difícilmente podía visualizar. Prometida a un hombre que la doblaba en edad, cuyo nombre significaba «risa», sintió que surgía en ella un repentino aturdimiento. El Dios de Abraham y Sara la buscaba, la llamaba precisamente a ella y a ninguna otra, a fin de ofrecerle una participación en la promesa. Dios empezaba a forjar una nueva nación que se convertiría en su propio pueblo.

Isaac tenía cuarenta años cuando vio por primera vez a Rebeca. Quizás su corazón hizo eco del gozo que manifestó el primer hombre: «¡Esta sí es hueso de mis huesos y carne de mi carne!» Así que Isaac y Rebeca entraron a la tienda que había sido de su madre Sara, e hicieron el amor. Y la Biblia dice que Rebeca consoló a Isaac de la muerte de su madre.

Rebeca era tan hermosa y fuerte como Sara; sin embargo, no tuvo hijos durante los primeros veinte años de su vida con Isaac. ¿Sufriría como Sara la maldición de la infertilidad? Isaac oró, Dios lo escuchó y le dio a ella no solo un hijo sino dos, que luchaban ya desde el vientre materno. Y Dios le dijo: «Dos naciones hay en tu seno; dos pueblos se dividen desde tus entrañas. Uno será más fuerte que el otro, y el mayor servirá al menor».

Durante el parto, Jacob se tomó del talón de su hermano Esaú, como si estuviera compitiendo por el primer lugar. Aunque fue el segundo en nacer, fue el primero en el afecto de su madre. Pero su padre amó más a Esaú.

Años después, cuando Isaac ya había envejecido y estaba prácticamente ciego, mandó a llamar a su primogénito, Esaú. Le dijo:

—Toma, pues, tus armas, tu arco y tus flechas, y ve al campo a cazarme algún animal. Prepárame luego un buen guiso, como a mí me gusta, y tráemelo para que me lo coma. Entonces te bendeciré antes de que muera.

Pero la astuta Rebeca lo escuchó y llamó rápidamente a Jacob, sugiriéndole un plan para engañar a Isaac y lograr la bendición. Disfrazado de Esaú, Jacob se presentó ante su padre para lograr la tan codiciada bendición.

Así fue que Isaac bendijo a Jacob, pensando que bendecía a Esaú: «Que te sirvan los pueblos; que ante ti se inclinen las naciones. Que seas señor de tus hermanos; que ante ti se inclinen los hijos de tu madre. Maldito sea el que te maldiga, y bendito el que te bendiga».

Isaac había levantado su mano y le había pasado la bendición más especial a su hijo menor, recordando de esta manera las palabras pronunciadas con respecto a los dos niños que se empujaban a fin de obtener la mejor posición desde el vientre de Rebeca. La bendición, una vez dada, no se podía retirar, a pesar del engaño, a pesar de las lágrimas de Esaú y de su juramento de matar a su hermano Jacob.

Temerosa de que Esaú se vengara, Rebeca persuadió a Isaac de que enviara a Jacob al norte, a buscar esposa de entre las hijas de Labán, el hermano de ella.

Con el paso de los años, con seguridad Rebeca anheló poder abrazar a su hijo menor, y tener el privilegio de envolver con sus brazos a los hijos que tuviera. Pero pasarían más de veinte años antes del regreso de Jacob. Y aunque Isaac viviría para darle la bienvenida a su hijo, Rebeca no tuvo la misma suerte.

Cuando Rebeca era apenas una jovencita, Dios la invitó a desempeñar un papel trascendente dentro de la historia de su pueblo. La buscó con ahínco. Al igual que Sara, se convertiría en una matriarca del pueblo de Dios, y también como Sara su corazón se debatiría entre la fe y la duda, al creer que la promesa de Dios requería de su intervención. Dado que le resultaba difícil descansar en la promesa que Dios le había hecho, recurrió al engaño para darle cumplimiento.

El resultado, como si reflejara su propio corazón, también fue mixto. Si bien Jacob se convirtió en el heredero de la promesa, se vio obligado a abandonar su hogar y a su madre, que tanto lo amaba. Además, tanto él como sus descendientes permanecerían enfrentados para siempre a Esaú y a su pueblo, los edomitas. Dos mil años después, Herodes el Grande, que procedía de Idumea (el nombre que dieron a Edom los griegos y los romanos) realizaría una matanza de muchos niños inocentes en un intento por destruir al niño Jesús.

Sin embargo, Dios seguía obrando para cumplir sus propósitos, y usaría para ello, por pura gracia, a una mujer cuya respuesta a él fue mucho menos que perfecta.

Martes

SU VIDA Y SU ÉPOCA

JOYAS

«Yo le puse un anillo en la nariz y pulseras en los brazos» ... *Luego sacó joyas de oro y de plata, y vestidos, y se los dio a Rebeca.*

—GÉNESIS 24:47, 53

¡Un anillo en la nariz! Aunque ahora lo interpretamos como una señal de rebeldía en los jóvenes, el anillo en la nariz constituía un tipo de adorno aceptable en tiempos antiguos. Cuando el siervo de Abraham se dio cuenta de que Rebeca era la mujer que se iba a casar con Isaac, inmediatamente sacó las joyas que había traído con él para la ocasión. Le dio dos brazaletes de oro y un anillo de oro para la nariz. A Rebeca le brillaron los ojos; rápidamente se colocó las joyas y corrió hacia su casa a contarle a su familia lo que había sucedido.

El anillo en la nariz solo se menciona en otras dos ocasiones en las Escrituras: en Proverbios 11 y en Ezequiel 16. En Ezequiel 16, Dios describe en términos alegóricos su gran amor por la ciudad de Jerusalén. Amorosamente, la baña, la viste de ropa fina y hermosa y la calza con finas sandalias de cuero. Luego, con ternura la adorna con joyas: «Te puse pulseras, collares, aretes, un anillo en la nariz y una hermosa corona en la cabeza. Quedaste adornada de oro y plata» (Ezequiel 16:11–13).

El Antiguo Testamento menciona las joyas en numerosas ocasiones. Tanto los hombres como las mujeres usaban aros en las orejas (Éxodo 32:2). También se ponían «brazaletes, cadenas, sortijas, pendientes y collares» (Números 31:50). Los israelitas obtuvieron la mayor parte de sus joyas de otros pueblos a través de las guerras; al describir el botín obtenido en una campaña, a menudo se mencionaban oro, plata y piedras preciosas. De acuerdo con 2 Samuel 8:11, David consiguió cantidades enormes de oro, plata y bronce cuando conquistó las naciones que rodeaban a Israel. Él lo dedicó todo al Señor, y su hijo Salomón lo utilizó para construir el fabuloso templo de Jerusalén. Créase o no, Salomón contaba con tantas riquezas en su reino que «hizo que la plata y el oro fueran en Jerusalén tan comunes como las piedras» (2 Crónicas 1:15).

En la NVI, la palabra griega correspondiente a varios adornos femeninos se traduce solo una vez como «joyas». Al hablar a las esposas, Pedro las insta a prestar más atención a la belleza interior que a la exterior. «Que la belleza de ustedes no sea la externa, que consiste en adornos tales como peinados ostentosos, joyas de oro y vestidos lujosos —les dice—. Que su belleza sea más bien la incorruptible, la que procede de lo íntimo del corazón y consiste en un espíritu suave y apacible. Esta sí que tiene mucho valor delante de Dios» (1 Pedro 3:3–4). Por lo visto, las mujeres de la época del Nuevo Testamento quedaban tan fascinadas ante las joyas como las mujeres del Antiguo Testamento, y como las mujeres de nuestros días. ¡Qué fácil nos resulta mirarnos al espejo a fin de evaluar nuestra apariencia externa, y mientras tanto no dedicamos tiempo alguno al examen de nuestra apariencia interior!

Mañana por la mañana, cuando te coloques anillos en los dedos, ponte también un espíritu apacible. Cuando te pongas aros en las orejas, hazlo con actitud alegre. Cuando abroches tu collar, abróchale también un espíritu dulce a tu corazón. Las joyas que uses no revestirán mayor importancia en tu día, en cambio el espíritu del que te vistas, sí.

Miércoles

SU LEGADO EN LAS ESCRITURAS

Léase Génesis 24:15–27.

1. ¿Qué notas con respecto a la apariencia y carácter de la joven Rebeca?

Léase Génesis 24:67.

2. Estas son algunas de las expresiones más dulces referidas al matrimonio que encontramos en la Biblia. Describa en sus propias palabras cómo piensa que era el matrimonio de Isaac y Rebeca en esos días del principio.

Léase Génesis 25:21–28.

3. El versículo 28 contiene algunas de las palabras más tristes que encontramos en la Biblia referidas a la paternidad. ¿De qué modo le parece que este favoritismo de los padres afectó a Jacob y Esaú?

Léase Génesis 27:1–13

4. ¿Por qué le parece que Rebeca recurrió al engaño para obtener lo que Dios le había prometido cuando estaba embarazada?

5. ¿Se identifica en algo con la historia de Rebeca? ¿En qué sentido se parece o se diferencia de ella?

Jueves

LA PROMESA QUE RECIBE

Rebeca escuchó al siervo de Abraham describir el modo en que había orado y la seguridad que tenía en cuanto a que ella era la mujer que Dios había destinado para Isaac. Dios mismo había orquestado divinamente los acontecimientos. Rebeca parecía saberlo y, cuando se le preguntó si estaba dispuesta a ir, de manera sencilla respondió: «Sí».

¿Tenía Rebeca plena conciencia del plan de Dios para ella? ¿Estaba dispuesta a obedecer dicho plan? ¿O acaso estaría fascinada por las ideas románticas de una joven en busca de su príncipe azul? Cualquiera haya sido su motivación, a los acontecimientos, en efecto, *los planeó* Dios, y él podía y deseaba seguir cumpliendo con fidelidad sus promesas a través de ella.

La fidelidad de Dios, a pesar de nuestra rebeldía y desobediencia, resulta evidente tanto a lo largo de Escrituras como a lo largo de nuestra vida. Él será fiel; así lo promete.

Promesas en las Escrituras

Reconoce, por tanto, que el SEÑOR tu Dios es el Dios verdadero, el Dios fiel, que cumple su pacto generación tras generación, y muestra su fiel amor a quienes lo aman y obedecen sus mandamientos.

—DEUTERONOMIO 7:9

Fiel es el SEÑOR a su palabra
y bondadoso en todas sus obras.

—SALMO 145:13

Mantengamos firme la esperanza que profesamos, porque fiel es el que hizo la promesa.

—HEBREOS 10:23

Viernes

SU LEGADO DE ORACIÓN

Hermana nuestra: ¡que seas madre de millares! ¡Que dominen tus descendientes las ciudades de sus enemigos!

—GÉNESIS 24:60

REFLEXIONE SOBRE: Génesis 27

ALABE A DIOS: Porque, a diferencia de Isaac que solo contaba con una bendición para dar a sus hijos, Dios tiene bendiciones especialmente diseñadas para cada uno de nosotros.

DÉ GRACIAS: Porque Dios no espera hasta que seamos perfectas para incluirnos en su programa de actividades.

CONFIESE: Cualquier tendencia que tenga en cuanto a tratar de controlar el futuro en lugar de confiar en que Dios le dé forma de acuerdo con su programa de actividades.

PÍDALE A DIOS: Que le impida practicar el favoritismo entre sus hijos, y que la ayude a confiar en que él tiene un plan generoso para cada uno de ellos.

Eleve el corazón

Esta semana dedique algunos minutos a escribir una tarjeta de bendición para cada uno de sus hijos. Use una simple ficha y, si lo desea, decórela con figuras autoadhesivas, plantillas de dibujos o con trazo de líneas. (Si no tiene hijos propios, puede confeccionarlas para una sobrina o un sobrino, o cualquier otro niño que resulte especial para usted.)

Comience orando por cada niño, y pídale a Dios que bendiga la vida de ellos. Luego escriba las bendiciones que usted sienta que Dios desea para ellos. Coloque las tarjetas con bendiciones debajo de sus almohadas o cerca de sus platos durante la cena. Dígales que esas son algunas de las maneras en que usted le pide a Dios que los bendiga. Asegúrese de guardar para usted misma una copia de cada tarjeta a fin de convertir dichas bendiciones en un tema frecuente de oración.

Señor, danos la capacidad de bendecir a nuestros niños a través de nuestro ejemplo, nuestras enseñanzas, nuestro amor y nuestras oraciones. Que nuestros niños nos sobrepasen a nosotros en fe. Que puedan sentirnos cercanos en todas sus luchas, y que su gozo se renueve cada mañana. Que cada uno de ellos se convierta en la clase de persona que atrae a otros hacia ti. Te lo pido en el nombre de Jesús. Amén.

Raquel

SU NOMBRE SIGNIFICA

«Oveja»

SU CARÁCTER: Fue manipulada por su padre, y era poco lo que podía opinar en cuanto a las circunstancias y relaciones de su propia vida. Pero en lugar de enfrentar de manera creativa una situación difícil, Raquel se comportaba como víctima perpetua, reaccionaba ante el pecado con más pecado, y empeoraba aun más la situación al competir con su hermana y engañar a su padre en venganza.

SU DOLOR: Que su anhelo de tener hijos finalmente desembocó en su muerte al dar a luz.

SU GOZO: Que su marido la valoraba y hacía lo que fuera que estuviera a su alcance para hacerla feliz.

ESCRITURAS CLAVE: Génesis 29 — 35; Jeremías 31:15; Mateo 2:18

Lunes

SU HISTORIA

¿*Qué era mejor, ser amada y no tener hijos, o no ser amada y a pesar de ello ser madre de una casa llena de hijos varones?* Dicha pregunta sacudía a Raquel como un fuerte viento que golpea la misma puerta una y otra vez.

Lea acababa de dar a luz a su cuarto hijo, Judá. En su alegría había exclamado: «Esta vez alabaré al SEÑOR». El nombre de su primogénito, Rubén, significaba «miren, un hijo»; Simeón, «el que oye»; y Leví, «unido», ¡como si Jacob pudiera de alguna manera sentirse unido a su esposa poco atractiva! Raquel estaba harta de la costumbre que tenía su hermana de ponerles nombres a sus hijos de tal manera que enfatizaran la esterilidad de Raquel.

Lea se había convertido en esposa de Jacob por la traición de su padre, pero Raquel le había cautivado el corazón desde su primer encuentro junto al pozo en las afueras de Jarán. Con cada toque le transmitía su favoritismo. Sin embargo, el favoritismo no podía engendrar hijos, así como el mero deseo no engendra riquezas. Raquel debió ser su primera y única esposa, de la misma manera en que la tía Rebeca fue la única esposa del tío Isaac.

El padre de Raquel, Labán, se la había prometido a su sobrino Jacob, si es que trabajaba para él durante siete años. Siete años era mucho esperar por una esposa; sin embargo, Jacob lo consideró un buen trato. Y eso hizo que Raquel lo amara aun más.

Pero al acercarse el día de la boda, Labán tramó un plan para engañar a Jacob y lograr siete años más de servicio de su parte. El día de su felicidad se desvaneció para Raquel en el momento en que Labán instruyó a Lea, su hermana mayor, que se disfrazara con las ropas nupciales de Raquel.

Después de que oscureció, condujo a Lea, con un velo sobre el rostro, hasta la tienda de Jacob, y los dos durmieron como marido y mujer. Al deslizarse la luz del amanecer sobre el piso de la tienda, Jacob intentó acercarse otra vez a Raquel, pero encontró a Lea a su lado. La traición de Labán lo golpeó. No lo podía creer. Aún así, a pesar de las lágrimas y las recriminaciones, no era posible deshacer el matrimonio.

Pero Raquel se sentía destruida; su bendición le había sido arrebatada furtivamente. Sin embargo, el intrincado plan de Labán seguía en pleno desarrollo. Cerró otro trato con Jacob mediante el cual le entregaba a Raquel la semana siguiente a cambio de otros siete años de trabajo. De modo que a partir de ese momento, las dos hermanas vivieron juntas e incómodas, con los hijos de Lea como irritante recordatorio de que Raquel, la segunda esposa, aun seguía defraudada.

«¡Dame hijos! Si no me los das, ¡me muero!». le gritó Raquel a Jacob un día, como si él pudiera tomar el lugar de Dios y abrirle la matriz. Así que ella le entregó a Bilhá, su criada, la cual concibió y dio a luz dos hijos. Cuando nació Neftalí, el segundo, Raquel proclamó delante del que quisiera oírla: «He tenido una lucha muy grande con mi hermana, pero he vencido». Sin embargo, la lucha entre Raquel y Lea estaba lejos de haber terminado.

El encono de Raquel volvió a calmarse cuando ella misma dio a luz un hijo al que llamó José, que significa «quiera el Señor darme otro hijo», y esto fue una oración profética que declaraba que Dios añadiría otro niño a su descendencia.

Luego, un día Dios le habló a Jacob y le dijo que retornara a la tierra de Isaac, su padre. Más de veinte años antes Jacob le había arrebatado a Esaú la bendición y luego había huido de su ira asesina. ¿Esos largos años le habían cobrado el doble de lo que había sido su mala acción? ¿La actitud traicionera de Labán y las contiendas y luchas entre Raquel y Lea le recordaban acaso la puja con su hermano? ¿Consideraría Dios —y Esaú— que ya estaban a mano? Solo el Señor podía protegerlo en este asunto pendiente con su hermano.

Mientras Jacob juntaba sus rebaños, sus sirvientes y sus niños, preparándose para partir, Raquel robó los ídolos familiares de su padre, unos pequeños ídolos que se pensaba que le aseguraban prosperidad. Luego de diez días de camino, Labán los alcanzó en los montes de Galaad, y acusó a su yerno de robo. Dado que desconocía el engaño de Raquel, Jacob invitó a Labán a que revisara el campamento, y prometió que le quitaría la vida a cualquiera que tuviera en su posesión los ídolos.

Dado que había aprendido unas cuantas trampas de su astuto padre, Raquel escondió los ídolos debajo de la montura del camello y se sentó sobre ella. Cuando Labán entró en la tienda, lo saludó con una artimaña femenina, diciéndole: «Por favor, no se enoje mi padre si no puedo levantarme ante usted, pero es que estoy en mi período de menstruación». Su treta dio resultado de manera similar a la de Jacob cuando engañó a su propio padre, y Labán finalmente abandonó la búsqueda. Tiempo después, Jacob se aseguró de que todos los viejos ídolos fueran eliminados de su hogar.

En su cruce por el desierto Jacob se enfrentó a su hermano Esaú, y ambos se reconciliaron. Pero la tragedia pronto se abatió sobre ellos al esforzarse Raquel por dar a luz a su segundo hijo varón, que era la respuesta a sus muchas oraciones. Irónicamente, la mujer que cierta vez había dicho que moriría a menos que tuviera hijos, moría ahora a causa de dar a luz un hijo. Las últimas palabras de Raquel: «Se llama Benoní, el hijo de mi aflicción», captaron la angustia vivida al nacer dicho hijo.

Pero Jacob tomó al bebé en brazos y con la ternura de un padre le cambió el nombre a Benjamín, o sea «hijo de mi mano derecha».

Al igual que su marido, la bella Raquel urdió intrigas, pero también fue víctima de intrigas. Al ser engañada por su propio padre, percibió a los hijos como armas en la lucha contra su hermana. Y como suele suceder, dichas lecciones de traición y competencia pasan de generación en generación. El propio hijo de Raquel, José, padecería extrema aflicción como resultado de esto, y sería vendido como esclavo por sus medio hermanos, los hijos de Lea.

Sin embargo, Dios permanecería fiel. A través de una notable serie de giros y vueltas, ese José de Raquel gobernaría un día Egipto, proporcionando así un refugio para su padre y sus hermanos en medio de una hambruna. Paso a paso, de maneras imprevisibles, se desarrollaba el plan de Dios, un plan para eliminar las divisiones, poner fin a las luchas y restaurar la esperanza. Al usar a las personas con motivaciones mezcladas y deseos confusos (la única clase de gente que existe), él revelaba su gracia y misericordia, sin traicionar jamás su promesa.

Martes

SU VIDA Y SU ÉPOCA

CICLOS MENSTRUALES

*R*áquel le dijo a su padre: «Por favor, no se enoje mi padre si no puedo levantarme ante usted, pero es que estoy en mi período de menstruación. Labán buscó los ídolos, pero no logró encontrarlos» (Génesis 31:35). Las palabras de Raquel en este pasaje son la única mención en las Escrituras acerca de un ciclo menstrual mensual, aparte de las leyes ceremoniales referidas a la menstruación que encontramos en Levítico y a las que se hace mención otra vez en Ezequiel.

Raquel sabía que sin duda su estratagema tendría éxito en detener a su padre. Al declarar que estaba con su período, no solo podía quedarse con los falsos dioses que había robado, sino que se mantenía con vida, dado que Jacob había prometido matar a cualquiera que hubiera robado los ídolos de Labán.

Durante el tiempo en que una mujer hebrea estaba con el período se la consideraba «impura», lo que no resulta sorprendente considerando la naturaleza poco higiénica del flujo menstrual, en especial en esos días, mucho antes de que se inventaran los productos sanitarios femeninos. Pero las leyes eran más mucho más estrictas, y no se limitaban a cubrir la naturaleza netamente personal de un período mensual. Los que tocaban a una mujer durante dicho tiempo, aunque fuera por casualidad, se volvían impuros hasta la noche. El lugar en que la mujer durmiera o se sentara también se volvía impuro. Cualquiera que tocara sus ropas de cama o su asiento era considerado impuro hasta que se bañase, lavase sus ropas y esperase la caída de la noche.

A una mujer se la consideraba impura durante siete días, o sea durante el lapso normal de duración de un período menstrual. Después, según la costumbre, se bañaba para purificarse. Probablemente ese fuera el baño que se daba Betsabé cuando la descubrió el rey David (2 Samuel 11:2–4). Dado que ella acababa de salir de su período, David podía estar seguro de que el niño de Betsabé era suyo cuando ella le dijo que estaba encinta (su marido era un soldado ausente a causa de la guerra).

El flujo natural del período de una mujer no requería de sacrificios para la purificación; bastaba con que se bañara y esperara el tiempo estipulado. Los períodos más largos y menos naturales, generalmente ocasionados por alguna infección o enfermedad, requerían de un sacrificio para que la mujer se purificara. Ninguno de ellos implicaba alguna falta moral de parte de la mujer, pero como se consideraba que la sangre era la fuente de la vida, cualquier cosa relacionada con ella se convertía en una parte importante de la ley ceremonial.

Muchas mujeres consideran su período menstrual, incluyendo la incomodidad y la irritación que acompañan al mismo, como una prueba mensual, algo que deben soportar, y del cual los hombres, criaturas afortunadas, han sido dispensados. Sin embargo, solo mediante dicha función particular de su cuerpo puede una mujer reproducirse y llevar un hijo en su seno. A pesar de que a veces resulta engorroso, en ocasiones se convierte en una molestia y en algunos momentos resulta absolutamente doloroso, dicho proceso le brinda a la mujer una oportunidad que no se le ha concedido a ningún hombre: la de dar a luz nueva vida. Y al hacerlo, establecer un singular vínculo con el Creador de toda vida.

Miércoles

SU LEGADO EN LAS ESCRITURAS

Léase Génesis 29:26—30:24.

1. ¿Cómo piensa que reaccionaría la mayoría de las mujeres ante una situación como la debió enfrentar Raquel al principio de su matrimonio (Génesis 29:30)? ¿Cómo trataría a la otra esposa, que también es su hermana?

2. Muchas mujeres a través de los siglos han pasado por el sufrimiento que expresa Raquel en Génesis 30:1. ¿De qué modo la relación tan cercana de Raquel con Lea aumentó su dolor? ¿Cómo podría la relación entre ellas haber aliviado su dolor en lugar de aumentarlo?

3. El descontento es engañoso. Nos hace caer en la trampa de pensar que lo que en un momento fue suficiente, ya no lo es. Sin embargo, es normal anhelar cosas como recibir amor o tener hijos. ¿Qué cosas anhela que aún no alcanzó? ¿Cómo puede darse cuenta si su anhelo se pasó de la raya y dejó de ser un buen deseo para convertirse en un descontento dañino?

Léase Génesis 35:16–20.

1. Dado que estaban de camino, ¿cómo describiría la situación en la que probablemente Raquel tuvo que dar a luz?

2. Lo que Raquel más deseaba —un hijo— le costó la vida. Piense acerca de lo que usted anhela. ¿Qué precio pagaría por ello? ¿Qué precio resulta demasiado alto tanto para usted como para los demás?

Jueves

LA PROMESA QUE RECIBE

*G*énesis 30:22 dice: «Pero Dios también se acordó de Raquel; la escuchó y le quitó la esterilidad». Dios *se acordó* de Raquel, pero nunca en realidad la había olvidado. Cuando la Biblia usa el término *acordarse*, no implica que Dios se haya olvidado y de repente vuelve a recordar, como si el omnisciente, todopoderoso Dios del universo de pronto se golpeara la frente con la mano y dijera: «¡Ah!, me había olvidado completamente de Raquel. ¡Más vale que haga algo rápido!»

No. Cuando la Biblia dice que Dios se acuerda de algo, esto expresa el amor y la compasión de Dios por su pueblo. Nos recuerda la promesa que Dios nos hizo de nunca abandonarnos o dejarnos sin apoyo o alivio. Él nunca nos va a abandonar. Nunca se olvidará de nosotros. Siempre *se acordará* de nosotros.

Promesas en las Escrituras

Pero Dios también se acordó de Raquel; la escuchó y le quitó la esterilidad.

—Génesis 30:22

Acuérdate, Señor, de tu ternura y gran amor,
que siempre me has mostrado.

—Salmo 25:6

Tú comprendes, Señor, ¡acuérdate de mí, y cuídame!

—Jeremías 15:15

El Poderoso ha hecho grandes cosas por mí. ¡Santo es su nombre!

—Lucas 1:49

Viernes

SU LEGADO DE ORACIÓN

Pero Dios también se acordó de Raquel; la escuchó y le quitó la esterilidad.

—GÉNESIS 30:22

REFLEXIONE SOBRE: Génesis 30:1–24

ALABE A DIOS: Porque no se olvida de nosotros ni por un instante. Está presente y atento, consciente de nuestros deseos más profundos, aun cuando tengamos la impresión de que nos ha perdido el rastro.

DÉ GRACIAS: Porque solo Dios es el Creador. Por causa de él, toda vida humana es sagrada.

CONFIESE: Que a veces usamos a nuestros hijos, a nuestros maridos, nuestros hogares, o aun la cifra del cheque de sueldo que cobramos para competir con otras mujeres.

PÍDALE A DIOS: Que la ayude a desarrollar una amistad leal y profunda con otras mujeres a fin de que experimente el gozo que proviene de ser hermanas en Cristo.

Eleve el corazón

*P*iense en una mujer que usted desearía llegar a conocer mejor durante los próximos meses. Luego tome el teléfono y programe un encuentro para almorzar, o invítela a una obra de teatro, una película o un concierto. Asegúrese de dejar un poco de tiempo para conversar, de modo que puedan comenzar a construir una relación. Según dijo un experto, se requiere un promedio de tres años para desarrollar una amistad sólida. ¡No pierda ni un solo instante!

Padre, perdóname por permitir que mi identidad descanse en el hecho de ser la esposa o la madre de alguien, o en la clase de trabajo que realizo. No quiero considerar a otras mujeres como mis rivales sino como amigas potenciales y hasta como compañeras del alma. Por favor, condúceme a las amistades que deseo tener, y ayúdame a ser paciente durante el proceso. Amén.

Lea

SU NOMBRE PUEDE SIGNIFICAR

«Impaciente» o «vaca salvaje»

Su Carácter: Capaz de un amor firme y duradero, fue una esposa y madre fiel. Manipulada por su padre, se volvió celosa de su hermana, con la cual, según parece, nunca se reconcilió.

Su Dolor: Que le faltara la belleza de su hermana y que su amor por su esposo no fuera correspondido.

Su Gozo: Haberle dado a Jacob seis hijos y una hija.

Escrituras Clave: Génesis 29 — 35; Rut 4:11

Lunes

SU HISTORIA

Hoy enterramos a mi hermana Raquel. Pero ella todavía sigue viva. Puedo percibirla en el corazón destrozado de Jacob, en los ojos oscuros de José y en los chillidos del pequeño Benjamín, sus hijos favoritos. Los hijos de Raquel. Puedo escuchar cómo llora mi bella y testaruda hermana en voz alta por los hijos que podría haber tenido, rehusándose tenazmente a ser consolada. En cambio, ¿quién toma en cuenta mis lágrimas? Si las mismas inundaran el desierto, nadie lo notaría.

Rubén, Simeón, Leví, Judá, Isacar, Zabulón, Dina, y también Gad y Aser, por medio de mi criada, son los hijos que Dios me dio y que yo le di a mi amado Jacob. Y aun así él la prefiere a ella. Aunque mi marido y yo viviéramos cien años más, nunca sería su única esposa.

Contrariamente a lo que Lea pudiera sentir, Dios *sí* había tomado en cuenta su dolor. Sabiendo con certeza que el corazón de Jacob constituía un espacio demasiado restringido como para cobijar a Raquel y Lea, él hizo que Lea fuera madre no una vez, sino de siete, lo que amplió su influencia en la casa de Jacob.

Con el nacimiento de cada uno de sus hijos, la desdichada Lea esperaba afirmar el cariño de su marido. Pero en cada ocasión aumentó su desilusión. Percibía que más bien se afirmaba la antigua maldición: «Desearás a tu marido, y él te dominará» (Génesis 3:16).

Quizá Jacob aún albergaba resentimiento hacia Lea por haberlo engañado la noche de la boda, al hacerse pasar por su amada Raquel. Seguramente el amor de Lea había sido suficientemente apasionado como para mantenerlo engañado hasta la mañana. Ella se sentía feliz y a la vez culpable por el papel que le tocó jugar; aunque, en honor a la verdad, no le quedaba otra alternativa que obedecer a su padre Labán en dicha situación. Y le agradecía a Dios cada día por permitirle que diera a luz los hijos de Jacob. Sin embargo, los hijos a menudo le causan a una madre indecible sufrimiento.

Dina, su única hija, fue violada por un príncipe de la localidad al regresar a la tierra natal de Jacob. Lea no encontraba cómo consolarla. Para colmo de males, sus hijos Leví y Simeón, con el propósito de vengar a su hermana, asesinaron de manera salvaje a todo un pueblo. Luego Rubén cayó en deshonra al acostarse con Bilhá, la concubina de su padre.

¿Acaso Dios no había prometido protegernos al regresar a esta tierra prometida? ¿Cómo, pues, podían suceder tales cosas? —se preguntaba Lea. Es verdad, Dios había cuidado de ellos al enfrentarse a Esaú y a sus cuatrocientos hombres. Sin embargo, la alegría de Lea ante la reunión amistosa de los dos hermanos quedó eclipsada por la tristeza de descubrir una vez más que era la esposa menos amada. Jacob lo había hecho claro al colocar a Raquel junto con sus hijos en el último lugar de la larga caravana, lo que les permitiría tener las mejores posibilidades de escape si Esaú se mostraba violento.

Pero el amor de Jacob no pudo impedir que Raquel muriera en uno de los partos. Lea, y no Raquel, estaba destinada a ser su primera y última esposa. Junto a su marido, el padre de Israel, sería venerada como madre de Israel. En efecto, la promesa de un Salvador no se cumplió a través de José, el hijo de Raquel, sino a través de Judá, el hijo de Lea, entre cuyos descendientes estaría David, el gran rey de Israel, y Jesús, el largamente esperado Mesías. Al fin de sus días, Jacob fue sepultado en la cueva de Macpela, junto a su mujer Lea, y no al lado de Raquel, su esposa favorita, que estaba enterrada en el algún lugar cercano a Efrata.

Las dos hermanas, Raquel y Lea, nos recuerdan que la vida está cargada de dolor y de peligros, muchos de los cuales son causados por el pecado y el egoísmo. Ambas mujeres sufrieron, cada una a su manera, la maldición de Eva luego de ser expulsada de su paraíso. Si bien Raquel experimentó gran dolor al dar a luz sus hijos, Lea padeció la angustia de amar a un hombre que se mostraba indiferente a ella. Sin embargo, las dos mujeres se convirtieron en madres de Israel, al abandonar su tierra de origen para jugar un papel fundamental en la historia del gran plan de Dios para su pueblo.

Martes

SU VIDA Y SU ÉPOCA

COSTUMBRES EN CUANTO AL MATRIMONIO

*L*as costumbres en cuanto al matrimonio en los antiguos tiempos bíblicos difieren mucho de nuestras costumbres actuales. Raramente un hombre o una mujer se casaba por amor. Jacob constituye una notable excepción, ya que pudo expresar su amor por Raquel y su deseo de casarse con ella. Jacob se casó con Raquel y también con su hermana Lea, una costumbre que luego fue prohibida por la ley (Levítico 18:18).

En general, tanto la novia como el novio eran muy jóvenes cuando se desposaban. La novia solía tener alrededor de doce años y el novio unos trece. El matrimonio era arreglado por los padres, y no se solicitaba ni se exigía el consentimiento de los contrayentes. Aún así, muchos llegaron a ser matrimonios unidos por el amor, como en el caso de Isaac y Rebeca (Génesis 24:67).

En épocas del Nuevo Testamento, la ceremonia de casamiento generalmente era muy breve, pero los festejos relacionados con dicho acontecimiento podían durar muchos días. El novio se vestía con ropas coloridas y se dirigía, justo antes del anochecer, junto con sus amigos, asistentes y músicos, hacia la casa de los padres de la novia. Allí estaría esperándolo la novia, bañada, perfumada y engalanada con un vestido muy elaborado y joyas. A continuación, el novio y la novia encabezaban una procesión nupcial por las calles de la aldea, acompañados de músicos y portadores de antorchas, hacia la casa de los padres del novio. Los festejos y celebraciones comenzaban esa noche y por lo general continuaban durante siete días.

El plan de Dios en cuanto a que el matrimonio fuera entre *un* hombre y *una* mujer con frecuencia no se practicó durante las épocas bíblicas primitivas. Lea compartió a Jacob, su esposo, no solo con su hermana Raquel, sino con sus criadas Bilhá y Zilpá. Aunque la poligamia fue menos común después del éxodo de Egipto, Gedeón tuvo un buen número de esposas (Jueces 8:30), y, desde luego, Salomón tuvo también muchas (1 Reyes 11:3). Sin embargo, como lo indica el Nuevo Testamento, la unión entre un esposo y una esposa aún es el plan y el deseo de Dios (1 Timoteo 3:2, 12; Tito 1:6).

Miércoles
SU LEGADO EN LAS ESCRITURAS

Léase Génesis 29:20–35.

1. ¿Qué piensa que sintió Lea durante su noche de bodas, mientras Jacob era engañado?

2. ¿Cómo le parece que se sintió y se comportó Lea en relación a Jacob con el pasar de los años? ¿Cómo le parece que habrá reaccionado él?

3. Muchas mujeres hoy tienen maridos que aman otras cosas más que a sus mujeres: su trabajo, su posición, su dinero, los deportes. Otras han sentido falta de amor de parte de otras personas, por ejemplo los padres. ¿Alguna vez sintió que alguien no la amaba? Si fue así, ¿qué sintió y cómo se comportó?

4. Dios vio el sufrimiento de Lea y tuvo compasión de ella (Génesis 29:31). ¿En qué medida tiene conciencia de la compasión que Dios le tiene? ¿En qué aspecto de su vida percibe que está activa la compasión de Dios?

5. ¿Qué cosa le ayuda a recibir el amor de Dios, y qué cosa se lo impide?

Jueves

LA PROMESA QUE RECIBE

Cuando el SEÑOR vio que Lea no era amada, le concedió hijos.
—GÉNESIS 29:31

*E*l Señor *se dio cuenta* de la aflicción de Lea. Miró y vio una mujer solitaria y triste porque su marido amaba más a su otra esposa que a ella. Por lo tanto, para aliviar su tristeza, para proporcionarle consuelo, Dios le dio hijos ... hijos hermosos, inteligentes y fuertes, uno de los cuales establecería el linaje sacerdotal de Israel, y otro que sería uno de los antepasados de Jesús mismo.

El mismo Dios de Abraham, Isaac, Jacob y Lea es nuestro Dios. Él ve nuestros sufrimientos, sean pequeños o grandes. Él conoce nuestras circunstancias, nuestros sentimientos, nuestras heridas. Y, lo mismo que en la vida de Lea, está deseoso de intervenir en dichas circunstancias a fin de crear algo hermoso en nosotros y a través de nosotros.

Promesas en las Escrituras.

Me ha enviado a sanar los corazones heridos,
a proclamar liberación a los cautivos
y libertad a los prisioneros,
a pregonar el año del favor del SEÑOR
y el día de la venganza de nuestro Dios,
a consolar a todos los que están de duelo,
y a confortar a los dolientes de Sión.
Me ha enviado a darles una corona
en vez de cenizas,
aceite de alegría
en vez de luto,
traje de fiesta
en vez de espíritu de desaliento.

—ISAÍAS 61:1–3

Convertiré su duelo en gozo, y los consolaré;
transformaré su dolor en alegría.

—JEREMÍAS 31:13

Viernes

SU LEGADO DE ORACIÓN

Cuando el SEÑOR vio que Lea no era amada, le concedió hijos. Mientras tanto, Raquel permaneció estéril. Lea quedó embarazada y dio a luz un hijo, al que llamó Rubén, porque dijo: «El SEÑOR ha visto mi aflicción; ahora sí me amará mi esposo».

—GÉNESIS 29:31–32

REFLEXIONE SOBRE: Génesis 29:16–31

ALABE A DIOS: Porque aunque los seres humanos muchas veces juzgan por las apariencias externas, Dios siempre ve el corazón y juzga de acuerdo con él.

DÉ GRACIAS: Porque Dios se conmueve por nuestro dolor.

CONFIESE: Su tendencia a compararse con otras mujeres y juzgarlas a ellas e incluso a usted misma por las meras apariencias.

PÍDALE A DIOS: Que la capacite para que aprenda a fundamentar su identidad en su relación con él y no en lo que ve cuando se mira al espejo.

Eleve el corazón

Tómese cinco minutos cada día durante esta semana para regalarse usted misma un cumplido al agradecer a Dios por haberla hecho tal como es. Haga memoria de todo lo que le agrada de su propia persona: su peculiar sentido del humor, su amor por la buena literatura, su compasión por los demás, su cabello rizado, y hasta la forma de los dedos de los pies. Resista la tentación de pensar en lo que no le agrada. (¡Imagine por un instante cómo se sentirá Dios cuando escucha que nos quejamos por cómo nos hizo!) Decida más bien honrarlo por medio de su gratitud. Al final de la semana, agasájese con un almuerzo con alguna amiga o con un café especial en su confitería favorita para celebrar todos los dones naturales con los que Dios la ha bendecido.

Señor, no quiero ser crítica con respecto a la forma en que me hiciste, ni basar mi sentido de bienestar personal en lo que piensan otros de mí. Hazme una mujer que confía en que es digna de ser amada, no por su belleza exterior sino porque tú la has amado desde el mismo momento en que le diste vida. En el nombre de Jesús te lo pido. Amén.

Tamar

La nuera de Judá

SU NOMBRE SIGNIFICA

«Árbol de dátiles» o «palmera»

Su Carácter: Urgida por una necesidad irresistible, ella sacrificó su reputación y por poco su propia vida para lograr sus metas.

Su Dolor: Que los hombres de su vida fallaran en cumplir con su responsabilidad, dejándola como una viuda sin hijos.

Su Gozo: Que su procedimiento desafiante no resultó en su ruina sino en que sus esperanzas de dar a luz hijos se cumpliesen.

Escrituras Clave: Génesis 38; Mateo 1:3

Lunes

SU HISTORIA

*L*as genealogías difícilmente constituyan una lectura interesante a la hora de irse a la cama, o en cualquier otro momento, si viene al caso. Quizás las recibimos con un bostezo, o directamente las salteamos al leer la Biblia. Pero aun esas largas listas de nombres que nos dejan aturdidos pueden revelarnos algunas perspectivas interesantes acerca de los planes misteriosos de Dios. Esa es la forma en que las Escrituras operan, entregándonos riquezas ocultas en cada página.

Tomemos la genealogía del primer capítulo de Mateo, por ejemplo. Incluye una lista de un total de cuarenta y un ancestros masculinos de Jesús, comenzando desde Abraham, y apenas cinco antepasados femeninos, tres de las cuales tienen historias (me refiero a Tamar, Rahab y Betsabé) manchadas por ciertos detalles desagradables como el incesto, la prostitución, la fornicación, el adulterio y el asesinato.

Jesús, el perfecto Hijo del perfecto Padre, tuvo muchas ramas imperfectas en su árbol genealógico y unos cuantos personajes llamativos como para componer una moderna novela romántica. Que esas mujeres fueran mencionadas en su genealogía resulta sorprendente, sin mencionar que cuatro de las cinco quedaron encintas fuera del lecho matrimonial. Además, por lo menos tres de las mujeres eran extranjeras y no israelitas.

Tamar entra en las dos categorías. Su suegro, Judá, (hijo de Jacob y Lea), hizo los arreglos para que ella se casara con su primogénito, Er. Mitad cananeo y mitad hebreo, Er fue un hombre malvado, a quien Dios le dio la muerte por sus pecados. Eso es todo lo que sabemos de él.

Luego de Er venía Onán, el segundo hijo de Judá. Como era la costumbre de esos tiempo, Judá le dio a Onán la viuda de su hermano, instruyéndole que durmiera con ella para que tuviera niños que continuaran la línea de Er. Pero Onán era muy astuto en su propio beneficio. Dormía con Tamar, pero luego «derramaba el semen en el suelo», asegurándose de que continuara la infertilidad de Tamar. De ese modo él no tendría que cargar con la responsabilidad de hijos que continuarían el linaje de su hermano en lugar del suyo. Pero Dios tomó nota del asunto, y Onán también murió por su maldad.

Judá ya había perdido dos hijos casados con Tamar. ¿Debería arriesgar al tercero? Selá era el único hijo que le quedaba, y todavía no era adulto. Para calmar a Tamar, su nuera, Judá le aconsejó que volviera a la casa de su padre y viviera como viuda hasta que Selá tuviera una edad como para casarse. Pero el tiempo pasó lento como un río, y Tamar seguía usando ropa de luto a medida que Selá crecía.

Luego de que su esposa muriera, Judá un día inició una travesía hacia Timnat para esquilar sus ovejas. Al oír las noticias del viaje de su suegro, Tamar decidió llevar a cabo una acción desesperada y dramática. Si Judá no le daba su hijo más joven en matrimonio, ella haría lo mejor que podía para prolongar el nombre de la familia a su manera. Se quitó sus ropas de viuda, se disfrazó y se puso un velo para representar a una prostituta, y se sentó junto al camino a Timnat. Judá durmió con ella y le dejo su sello personal y un cordón junto con un bastón, como prenda de un pago futuro.

Alrededor de tres meses después, Judá se enteró de que Tamar estaba embarazada, sin saber siquiera que él era el responsable de su condición. Indignado porque ella se hubiera prostituido, ordenó que la quemaran viva. Pero antes de que la sentencia se pudiera llevar a cabo, Tamar le envió este impresionante mensaje: «El dueño de estas prendas fue quien me embarazó. A ver si reconoce usted de quién son este sello, el cordón del sello, y este bastón».

Aquel hombre que tan rápidamente había emitido juicio, prestando poca atención a su propia secreta aventura con una prostituta, de pronto quedó al descubierto. Debemos decir a su favor que él entonces dijo la verdad: «Su conducta es más justa que la mía, pues yo no la di por esposa a mi hijo Selá».

Seis meses después, Tamar daba a luz gemelos. Una vez más, como sucedió con Jacob y Esaú, los niños luchaban dentro de su vientre. Una pequeña mano se asomó y luego desapareció, pero no sin que antes la partera le atase un hilo rojo. Luego emergió un cuerpito resbaladizo, pero que no mostraba trazas del hilo rojo. Ellos le dieron el nombre de Fares al primer niño (que significa «abertura, brecha». Luego nació el otro pequeñito, y este llevaba el hilo rojo, y a este lo llamaron Zera (que significa «rojo»). Fares fue reconocido como el primogénito. De su linaje saldría el rey David, y finalmente, cientos de años después, Jesús de Nazareth.

Judá había mostrado poca preocupación en lo concerniente a la continuidad de su linaje. Pero Dios usó a una mujer, avergonzada por su esterilidad y determinada a sobreponerse a ella, para asegurarse de que la tribu de Judá no solo sobreviviera sino que un día fuera el canal a través del que llegara el Mesías al mundo.

Martes

SU VIDA Y SU ÉPOCA

PROSTITUCIÓN

*T*an abominable como nos parezca, la prostitución era en realidad una expresión de adoración en el antiguo Cercano Oriente. Los pueblos paganos con frecuencia creían que los dioses de la fertilidad aseguraban bendiciones a los que practicaban la prostitución ritual. Los sacrificios y el pago por el uso ritual de una prostituta proporcionaban grandes cantidades de dinero a los cofres del dios o la diosa a la que se adoraba. La relación sexual simbolizaba la fertilidad que esperaban, y también la abundancia de cosechas.

Judá, un viudo que se estaba recuperando después de su «tiempo de duelo» (Génesis 38:12), viajó a Timnat durante la temporada de esquila de las ovejas para ver que a sus ovejas se les trasquilara la lana. Puede ser que cuando él vio a Tamar la confundiera con una prostituta sagrada y que hubiera tenido relaciones con ella para asegurar una buena *cosecha* de lana. Eso no justifica la acción de Judá, pero puede arrojar luz sobre sus motivos.

Las prostitutas sagradas generalmente mantenían su rostro detrás de un velo pesado antes y durante el acto sexual, en el intento de crear en el participante la ilusión de que en realidad llevaba a cabo el acto sexual con la misma diosa. Esta práctica jugaba a favor de Tamar, y le proveía un disfraz perfecto, de modo que su suegro no pudiera reconocerla.

La prostitución era la imagen utilizada por los profetas bíblicos para describir el desvío de Israel, y su propensión a ir detrás de falsos dioses. Ellos veían a Dios como el marido de Israel, su guardador y su verdadero amor. Cada vez que los israelitas se alejaban del verdadero Dios para seguir a dioses falsos, se prostituían ellos mismos. Eso muestra un cuadro fuerte, pero muy real, de lo que era alejarse del Dios que verdaderamente los amaba y estaba dispuesto a cuidarlos y vigilarlos, si se mantenían fieles a él.

La historia de Tamar nos toma por sorpresa, y nos causa repulsión. Retrocedemos de los detalles sórdidos que tienen que ver con la prostitución y no encontramos en ello nada que nos inspire. Sin embargo, historias como la de Tamar son las que hacen a la Biblia tan creíble. ¿A quién se le ocurriría inventar semejante cosa, y luego registrarla no solo dentro de la narrativa histórica, sino al trazar el linaje del Mesías? Solamente al Dios de las eternas sorpresas. El Dios que toma a los que no son aptos, a los desesperados y a los profanos y los usa para alcanzar sus eternos y santos propósitos.

Miércoles
SU LEGADO EN LAS ESCRITURAS

Leer Génesis 38:1-30 y Mateo 1:3.

1. Se esperaba que Onán engendrara hijos a través de Tamar para su hermano Er. Se trata del mismo acto que el del «pariente redentor» que encontramos en el libro de Rut. El pariente más cercano debía engendrar un niño que continuara el linaje del marido muerto. Ninguno de los hombres de la vida de Tamar cumplieron con la responsabilidad que tenían para con ella, incluyendo a Judá, su suegro. Describa cómo piensa que se sentía Tamar a través de todo el curso de los acontecimientos.

2. En esa cultura, todo el valor de una mujer estaba en que diera a luz hijos que perpetuaran el linaje familiar. Una mujer que fallaba en ello no era nada. ¿Qué le hace sentir a usted que vale mucho o que no vale nada?

3. Cuando considera lo que Tamar hizo al ofrecerse disfrazada como una prostituta a su suegro, ¿las palabras de él en el versículo 26 le sorprenden? ¿Por qué? Explique lo que Judá quiso decir con esas palabras.

4. La historia de Tamar es difícil de digerir. Simplemente, no hay forma de asimilar lo que ella hizo según el pensamiento del día de hoy. Sin embargo, Mateo se empeña en mencionarla dentro del linaje de Cristo. ¿Qué cree que nos quiere decir Dios con su inclusión en la historia que aparece en las inspiradas Escrituras, al darle un lugar dentro de la herencia humana de Jesús?

5. ¿De qué modo ha transformado Dios en buenas las cosas malas que le han sucedido o que ha hecho?

Jueves

LA PROMESA QUE RECIBE

*L*a historia de Génesis 38 no revela nada con respecto a que Tamar tuviera conocimiento de que la mano de Dios operaba sobre los acontecimientos de su vida. Es muy probable que ella no tuviera la mínima conciencia del poder de Dios que estaba operando. Sin embargo, él obraba para producir bien a través de la tragedia y bendición a través de esas acciones mucho menos que honorables.

Allí reside la belleza de esta historia. El poder de Dios para producir cosas positivas de las situaciones negativas de nuestras vidas, aun de las pecaminosas, sigue operando hoy como lo hizo en el tiempo de Tamar. Puede ser que no lo veamos hoy o mañana (quizá nunca), pero podemos confiar en que el Dios al que amamos hará lo que le encanta hacer: bendecirnos aun a pesar de nosotros mismos.

Promesas en las Escrituras

Ustedes bien saben que ninguna de las buenas promesas del SEÑOR su Dios ha dejado de cumplirse al pie de la letra. Todas se han hecho realidad, pues él no ha faltado a ninguna de ellas.

—JOSUÉ 23:14

Santos, oh Dios, son tus caminos;
¿qué dios hay tan excelso como nuestro Dios?

—SALMO 77:13

Ahora bien, sabemos que Dios dispone todas las cosas para el bien de quienes lo aman, los que han sido llamados de acuerdo con su propósito.

—ROMANOS 8:28

Viernes

SU LEGADO DE ORACIÓN

Judá [fue] padre de Fares y Zera, cuya madre fue Tamar.
—MATEO 1:3 (GENEALOGÍA DE CRISTO)

REFLEXIONA SOBRE: Génesis 38

ALABA A DIOS: Porque él permitió que su propio Hijo se vinculara íntimamente con los seres humanos caídos, de los cuales era descendiente.

DÉ GRACIAS: Porque Dios puede usar a todas las personas y todas las cosas para lograr buenos resultados.

CONFIESA: Toda tendencia que tenga a juzgar a otros usando un doble código, como lo hizo Judá con Tamar.

PÍDELE A DIOS: Que le quite cualquier estado de desesperación por el que esté pasando y lo reemplace por la esperanza, llevándole a recordar el versículo de Jeremías 29:11, que dice: «Porque yo sé muy bien los planes que tengo para ustedes, afirma el SEÑOR —planes de bienestar y no de calamidad— a fin de darles un futuro y una esperanza».

Eleve el corazón

*S*i nunca ha dibujado su árbol genealógico, haga un esfuerzo por trazarlo, ya que es su patrimonio, retrocediendo por lo menos cuatro o cinco generaciones, y más, si es que tiene el tiempo y las energías. Pídale a sus parientes mayores que le provean toda la información posible acerca de sus antepasados. Preste especial atención a las mujeres de su árbol genealógico. Anote todo lo que descubra. Entonces transcriba toda la información en un álbum de recuerdos que pueda pasarles a sus hijos luego de que pase de esta vida. Incluya todas las fotos, recortes de diarios y otros elementos que pueda encontrar. Tal vez llegue a descubrir algunas cuestiones fascinantes en ese trasfondo familiar.

Señor, tú me has formado en el vientre de mi madre. Tú conocías entonces cómo sería cada día de mi vida. Tú viste las cosas buenas y las malas, el gozo y las tristezas. En este momento vengo delante de ti con esta situación (o recuerdo) con la que no me he reconciliado. Ayúdame a que, al mirar hacia atrás a las circunstancias dolorosas, pueda descubrir que tú estabas presente allí, en medio de ellas. Y ahora, al rendírtelas, ayúdame a sentir tu presencia sanadora en mi vida.

La esposa de Potifar

SU CARÁCTER: Esposa de un egipcio próspero e influyente, fue infiel y vengativa, pronta a mentir a fin de protegerse y arruinar así la vida de un hombre inocente.

SU DOLOR: Haber sido rechazada por un esclavo.

ESCRITURA CLAVE: Génesis 39

Lunes
SU HISTORIA

Ni siquiera conocemos su nombre. Simplemente se la presenta como la esposa caprichosa de un próspero oficial egipcio, una Cleopatra en miniatura, decidida a emplear sus encantos a fin de seducir a José, el joven y atractivo esclavo hebreo.

A la edad de diecisiete años, José fue vendido como esclavo por sus medio hermanos, los hijos de Lea. José, el hijo favorito de Raquel y Jacob, al parecer sin darse cuenta hizo todo lo posible como para ganarse la enemistad de sus hermanos. Incluso les contó un sueño que predecía que él, siendo el más joven de los hijos, algún día gobernaría sobre ellos. Por envidia, sus hermanos fingieron la muerte de José y con desprecio lo vendieron a unos mercaderes madianitas que iban rumbo a Egipto.

Allí Potifar, capitán de la guardia del faraón, compró al joven esclavo y gradualmente le confió todas las responsabilidades de su hogar. Aun en su exilio, todo lo que José tocaba prosperaba, y Potifar no pudo dejar de notarlo.

Sin embargo, el capitán de la guardia no fue el único egipcio que quedó impresionado ante José. También su mujer le había prestado atención, y ella expresó su deseo con claridad al invitar a José a compartir su lecho. El joven esclavo debe haber sorprendido a su acaudalada ama con su rápido rechazo: «Mi patrón no me ha negado nada, excepto meterme con usted, que es su esposa. ¿Cómo podría yo cometer tal maldad y pecar así contra Dios?»

Desde ese momento José hizo todo lo posible por evitarla. Pero, como era poco lo que le ocupaba el tiempo y requería de su atención, la mujer de Potifar simplemente se dedicó a esperar una próxima oportunidad, la que se le presentó cuando José entró un día a la casa para ocuparse de sus tareas. Sola con él, lo tomó del manto, y le volvió a susurrar: «¡Acuéstate conmigo!» Pero José no se dejó persuadir, y en cambio huyó de ella, dejando sola y con lujuria a la mujer que intentaba seducirlo, la cual se quedó apretando con furia el manto de José entre las manos.

Ella no perdió tiempo y lo acusó de intento de violación. Cuando su escuchó la noticia, se enfureció, e inmediatamente mandó a que echaran en la cárcel a su siervo favorito.

La historia de José y la manera en que Dios lo bendijo aun en su celda de la cárcel, que con el tiempo lo llevaría a convertirse en el gobernador de la nación a la que había entrado como esclavo, son bien conocidas por nosotros. Pero no tenemos ni la menor idea de lo que le sucedió a la esposa de Potifar. ¿Qué fue de ella? ¿Sospechaba su marido de la dualidad de su conducta? ¿Sería por eso que simplemente encerró a José en una cárcel en lugar de ejecutarlo, como era su derecho? Comparada con José, el protagonista de la historia, la mujer de Potifar era una mujer hueca cuya alma estaba en franca decadencia a causa del poder corrosivo de la lujuria y el odio. Pese a estar rodeada de lujos, estaba empobrecida en lo espiritual. Vacía de Dios, estaba completamente llena de sí.

Martes

SU VIDA Y SU ÉPOCA

VIDA EN EGIPTO

*E*n el mundo antiguo se consideraba a Egipto como el granero del mundo. El río Nilo regularmente desbordaba sus riberas, y depositaba rico limo y la humedad necesaria a lo largo del valle del río, convirtiéndolo en un lugar perfecto para el cultivo de abundantes cosechas. Sin embargo, la tierra fértil de Egipto se extendía solo hasta donde alcanzaba el río Nilo; produciéndose una división tan pronunciada, que uno podía, literalmente, pararse con un pie en suelo fértil y el otro en la arena.

Siempre que el hambre golpeaba a otras partes del Cercano Oriente, sus hambrientos habitantes corrían hacia Egipto en busca de alimento: «En ese entonces, hubo tanta hambre en aquella región que Abram se fue a vivir a Egipto» (Génesis 12:10). «Cuando Jacob se enteró de que había alimento en Egipto, les dijo a sus hijos: "¿Qué hacen ahí parados, mirándose unos a otros? He sabido que hay alimento en Egipto. Vayan allá y compren comida para nosotros, para que no muramos, sino que podamos sobrevivir"» (Génesis 42:1–2).

Además de funcionar como el granero del mundo, en Egipto se realizaron impresionantes proyectos edilicios. Algunos de los faraones construyeron enormes tumbas a las cuales debían ser llevados con sus familias una vez que pasaran de esta vida. Los egipcios creían que el cuerpo albergaba el alma por la eternidad; por lo tanto se volvieron expertos en la momificación, preservando así los cuerpos de los muertos de manera tan meticulosa que algunos permanecen intactos hasta hoy.

Los proyectos de construcción en Egipto se completaron a un tremendo costo humano. Los faraones sometieron a los hebreos a la esclavitud, y los usaron para construir sus templos y tumbas. Lo más probable es que la opresión de los hebreos haya ocurrido durante la decimonovena dinastía de Egipto, bajo el faraón Ramsés. Los funcionarios del faraón de esos tiempos dejaron anotaciones en los que se hace constar la cantidad de ladrillos que se hacían cada día, y asimismo mencionan la escasez de paja para elaborarlos.

Los templos y las tumbas se llenaban de muebles de ébano y marfil, vasijas costosas, herramientas de cobre y joyas y ornamentos de oro. Los artesanos pintaban aguafuertes que ilustraban escenas de la vida cotidiana sobre las paredes de las tumbas, a fin de proporcionar confort al que estaba enterrado en ese lugar.

Como esposa de un funcionario egipcio de alto rango, la mujer de Potifar probablemente llevara una vida cómoda, de cierta prosperidad. De acuerdo con la historia de Génesis 39, la casa de Potifar y sus asuntos comerciales prosperaban por el accionar de José, y «por causa de José, el SEÑOR bendijo la casa del egipcio Potifar a partir del momento en que puso a José a cargo de su casa y de todos sus bienes» (Génesis 39:5).

La historia del deseo y la seducción es larga y antigua. En las Escrituras no se documenta si a José le resultaba atractiva y deseable la esposa de Potifar. Ese detalle podría considerarse superfluo dado que él la rechazó diciendo: «¿Cómo podría yo cometer tal maldad y pecar así contra Dios?» Esa cínica mujer egipcia de mayor edad que él y sus deseos proporcionan un excelente telón de fondo para la pureza de José, y hacen que la decisión de este de andar en justicia se perciba aun más clara y atractiva.

Miércoles

SU LEGADO EN LAS ESCRITURAS

Léase Génesis 39:1–23

1. Imagine la vida que a usted le parece que llevaba la mujer de Potifar. ¿Qué cosa impulsaría a una mujer como ella a quedar tan consumida por la lujuria que intentara un acto de seducción tan descarado?

2. ¿Cómo habría sido la vida de José si hubiera cedido ante los avances de la mujer de Potifar?

3. En su propia vida, ¿qué legado le ha dejado el pecado, o el haberse rehusado a pecar?

4. ¿Por qué le parece que la mujer de Potifar inventó el cuento que le comunicó a su marido? ¿Qué le comunica dicha mentira en cuanto a ella como persona?

5. La tentación es un hecho que enfrentamos en la vida; aun Jesús fue tentado. ¿Qué tentaciones enfrenta usted? ¿De qué manera les hace frente?

Jueves

LA PROMESA QUE RECIBE

*L*a promesa de Dios se revela en esta historia no tanto a través de la mujer de Potifar sino a través de José y su manera de responder ante ella. Si consideramos superficialmente la situación de José dentro de esta historia, se podría pensar que él es meramente un títere en las intrigas que se dan en la casa de Potifar. Tal como ocurrió antes, él vuelve a ser rechazado y descartado. Parece ser el tonto, el perdedor. Sin embargo, la constante bendición de Dios permanece sobre José. Dentro del contexto de esta historia se podría pensar que José ha perdido. Mas en el contexto de toda su vida solo es un vencedor. Indirectamente —por medio de los avances sexuales de la mujer de Potifar— Dios revela su promesa de bendecir a los que lo siguen con rectitud (¡quizás esta palabra parezca anticuada, pero es buena!) e integridad.

Promesas en las Escrituras

> *Yo sé, mi Dios, que tú pruebas los corazones y amas la rectitud.*
>
> —1 Crónicas 29:17

> *Dichoso el hombre*
> *que no sigue el consejo de los malvados,*
> *ni se detiene en la senda de los pecadores*
> *ni cultiva la amistad de los blasfemos,*
> *sino que en la ley del Señor se deleita,*
> *y día y noche medita en ella.*
>
> —Salmo 1:1–2

Viernes

SU LEGADO DE ORACIÓN

Crea en mí, oh Dios, un corazón limpio,
y renueva la firmeza de mi espíritu.

—Salmo 51:10

REFLEXIONE SOBRE: Génesis 39

ALABE A DIOS: Porque él no solo nos muestra lo que es correcto, sino que nos da fuerza para resistir la tentación.

DÉ GRACIAS: Porque él nos invita a gozar de una relación íntima con él y a dejar de lado los placeres huecos que este mundo ofrece.

CONFIESE: Cualquier tendencia que tenga a involucrarse tanto emocional como físicamente en relaciones que están fuera de los límites correctos, o cualquier tendencia a codiciar lo que no le pertenece.

PÍDALE A DIOS: Que la ayude a romper con la costumbre de fantasear con relaciones que le gustaría tener.

Eleve el corazón

Sabemos lo que le sucedió a José luego de ser falsamente acusado, pero no sabemos qué ocurrió con la mujer de Potifar. Escriba un breve relato, producto de su imaginación, titulado: «¿Qué le habrá sucedido a la mujer de Potifar?» Puede darle un final feliz o triste; solo hágalo creíble. Trate de visualizar la historia desde adentro. Podría ser la mujer de Potifar, su madre, su criada, su pequeña hermana o cualquier otro personaje que se le ocurra. ¿Hay algo que le impacte al considerar cómo habrá concluido su historia?

Señor, no quiero que mi alma se alimente de placeres huecos por anhelar lo que le pertenece a otro. En lugar de eso, aumenta mi hambre por ti, y crea en mí un corazón puro que te resulte irresistiblemente bello.

Las madres de Moisés

Jocabed

SU NOMBRE SIGNIFICA

«El Señor es la gloria»

SU CARÁCTER: El valiente amor por su hijo, junto con su fe, le permitieron actuar de manera heroica en medio de gran opresión.

SU DOLOR: Vivir en la atadura de la esclavitud.

SU GOZO: Que Dios no solo protegió al hijo que ella le entregó, sino que se lo devolvió.

ESCRITURAS CLAVE: Éxodo 2:1–10; Hebreos 11:23

La hija del faraón

SU CARÁCTER: El pueblo judío honra a hombres y mujeres que ellos llaman «gentiles justos». Se trata de personas que, a pesar de no ser creyentes, han brindado ayuda al pueblo de Dios de algún modo significativo. Sin duda, la hija del faraón debiera encabezar la lista de los gentiles justos, dado que con valentía y compasión libró a un niño de la muerte, un niño que un día sería el gran libertador de Israel.

SU DOLOR: Que su hijo adoptivo, del que se había ocupado durante cuarenta años, tuviera que huir de su hogar en Egipto a fin de escapar de la ira del faraón.

ESCRITURA CLAVE: Éxodo 2:1–10

Lunes

SU HISTORIA

*T*rescientos años después de la muerte del patriarca José, nació en Egipto un niño, cuyo sonoro llanto apagaban los sollozos de una mujer. En el corazón de Jocabed se entrelazaban el gozo y el temor. Este hijo, cuyos deditos formaban un pequeño puño contra su seno, era un niño tan llamativo que apenas podía creer que fuera de ella. Con ternura levantó esa pequeña mano hasta su boca, y sintió su calidez en los labios. Ese gesto los calmó a los dos. Ella sintió que se le aflojaba la rigidez de la espalda y que sus músculos se relajaban al observar cómo se desvanecían las sombras de la noche ante la luz del amanecer.

Aunque era una esclava, todavía era una levita, una mujer que pertenecía al Dios de Abraham y Sara, de Isaac y Rebeca, de Jacob, Raquel y Lea. Conocía las historias. Creía en las promesas. Dios era fiel. ¿No había crecido acaso su pueblo hasta llegar a ser tan numeroso como la arena del mar, tal como él lo había dicho?

A decir verdad, los israelitas eran tan numerosos que los faraones temían que algún día recibirían con gusto a algún ejército invasor y traicionarían a la nación desde adentro. Con el paso del tiempo, los egipcios habían ejercido un control más férreo sobre los israelitas, hasta convertirlos finalmente en esclavos, hasta que la paranoia del faraón produjo una maldad aún mayor: ordenó matar a todo hijo varón hebreo al momento de nacer. Pero las parteras hebreas temían a Dios más que al rey y se negaron a seguir sus órdenes, y se disculpaban al declarar que las mujeres hebreas eran más fuertes que las egipcias, porque daban a luz antes de que las parteras pudieran llegar a atenderlas.

De modo que el faraón ordenó a sus soldados que buscaran a todo bebé varón recién nacido y lo ahogaran en las aguas del Nilo. Jocabed escuchaba con regularidad que los gritos de las madres hacían eco por el campamento de los hebreos cuando sus hijos les eran arrebatados. Los brazos de Jocabed rodeaban con fuerza a su propio hijo mientras este dormía tranquilamente contra su pecho. Ella prometió que ese niño nunca sería alimento para el dios egipcio del río. Ella y su marido Amirán orarían. Planearían algo. Y confiarían en que Dios los ayudaría.

Por tres meses, lo máximo que se atrevió, escondió al bebé, arreglándoselas para que Miriam y Aarón (de tres años de edad este último) se mantuvieran en silencio con respecto a su hermanito. Finalmente, puso en práctica una idea que le había surgido en la cabeza. Faraón había ordenado que entregara su hijo al río Nilo. ¡Muy bien entonces! Sus propias manos pondrían al niño dentro del agua.

Recordando el modo en que Dios había salvado al niño Isaac de la muerte en el monte del sacrificio, ella se inclinó y colocó a su hijo en un cesto de papiro impermeabilizado con brea y asfalto. Luego, con una oración susurrada y una última caricia, se secó las lágrimas, y le rogó a Dios que protegiera a su bebé de los cocodrilos que pululaban por el río.

No podía soportar ver cómo el niño era arrastrado, alejándolo de ella. Así que, en lugar de ella, se quedó Miriam para vigilar la cesta y seguirla desde cierta distancia a fin de ver lo que sucedía.

Muy pronto llegó la hija del faraón a la orilla del río, junto con sus doncellas. Al descubrir el cesto entre los juncos, envió a su esclava para que lo recogiera. En cuanto vio al bebé de ojos pardos, lo amó. El río le había traído un niño al que ella amaría como si fuera propio. No le era posible salvar a todos los inocentes niños, pero sí podía salvar al hijo de una de las madres.

¿Se habrá asombrado cuando Miriam, una niña esclava, se le acercó a fin de preguntarle si quería que le buscara una mujer hebrea para que fuera la nodriza del niño? ¿Habrá sospechado la verdad cuando Jocabed tomó al niñito en sus brazos, ahora como su nodriza?

Sean cuales fueren sus pensamientos, la hija del faraón le puso al niño el nombre de Moisés, diciendo: «¡Yo lo saqué del río!» Durante los siguientes cuarenta años lo educó como príncipe dentro de la corte del mismo faraón.

Dios mantuvo a Moisés a salvo en medio de extraordinarios males y peligros, primero en las aguas infestadas de cocodrilos y luego mientras crecía delante de las narices del faraón. Y el Señor usó a los egipcios para protegerlo y educarlo de una manera que seguramente hizo que Moisés fuera aun más eficaz en su futuro papel de libertador de su pueblo.

Año tras año, con seguridad Jocabed habrá reflexionado acerca de la maravillosa fidelidad de Dios. Su ingenuidad, valor y fe debieran servir de inspiración incluso a las más pusilánimes de entre nosotras.

Las dos mujeres, una esclava y una princesa, protegieron la vida del futuro libertador de Israel, salvando así a toda la raza judía.

Martes

SU VIDA Y SU ÉPOCA

CESTOS

*U*n objeto sumamente común que se usó para un propósito tan extraordinario. Imagínese con cuánto amor y cuidado Jocabed habrá untado ese cesto de papiro con asfalto y brea antes de colocar a su precioso hijo dentro de él. Pocos cestos a lo largo de los siglos habrán recibido un toque tan lleno de amor y cuidado.

Los canastos eran sencillamente uno de los muchos tipos de recipientes que se usaban para guardar o acarrear distintas cosas en el mundo antiguo. En el hogar, las mujeres usaban los cestos para guardar cosas como fruta o pan. Los que hacían ladrillos transportaban la arcilla en canastos. Los viajeros los utilizaban para transportar los suministros necesarios para la travesía. Los sacerdotes en Israel utilizaban cestos para colocar el pan y las obleas que formaban parte de la adoración en el tabernáculo (Éxodo 29:3, 23, 32).

Comúnmente se confeccionaban las cestas con algún material vegetal —fueran hojas, ramas o cañas— y se hacían de formas y tamaños variados. Las más pequeñas podían cargarse con una mano. Las que eran un poco más grandes se acarreaban en la espalda o sobre la cabeza y muchas veces se utilizaban para transportar provisiones durante un viaje. Los discípulos usaron doce de estas canastas grandes para reunir el sobrante de la alimentación de los cinco mil (Mateo 14:20). Un cesto aun más grande se usó para permitirle a Pablo escapar por una ventana del muro de Damasco (Hechos 9:25), de modo que debe haber sido bastante grande y fuerte.

El uso que da Dios a las cosas comunes a fin de producir lo extraordinario se hace tan evidente aquí, en los primeros acontecimientos de Éxodo, como en cualquier otra parte de las Escrituras. Su tendencia a llevar a cabo su voluntad por medio de objetos comunes, gente común y sucesos corrientes opera tanto en la actualidad como en los tiempos de Jocabed. Si buscamos signos de su presencia, sin duda los descubriremos.

Miércoles

SU LEGADO EN LAS ESCRITURAS

Léase Éxodo 2:1–10 y Hebreos 11:23.

1. ¿Qué se puede aprender sobre Jocabed como persona a partir de lo que hizo en cada etapa de esta historia?

2. ¿Por qué cree que la hija del faraón deseaba quedarse con el bebé como si fuera suyo propio?

3. ¿Por qué piensa que su padre, el faraón, (y posiblemente su esposo, si es que lo tenía) le permitieron quebrantar la ley y adoptar a ese bebé extranjero?

4. Según Hebreos 11:23 los padres de Moisés actuaron «por fe». ¿Qué papel desempeña la fe en la crianza de los hijos? Como madre, ¿en qué casos tuvo que optar por la fe o el temor?

5. ¿Dónde estaba Dios en esta historia? ¿Qué le dice eso con respecto a Dios en su propia historia?

Jueves

LA PROMESA QUE RECIBIERON

Jocabed, la madre de Moisés, solo pensaba en una cosa al esconder a su hijo y dejarlo en un cesto en el río. Su meta era salvarle la vida un día más, una hora más, un instante más. No tenía manera de saber de qué modo planeaba Dios obrar en su vida o en la de su hijo. Tampoco imaginaba que el Señor comenzaba a poner en marcha un plan divino a fin de rescatar a su pueblo de la misma opresión a la que ella se resistía.

Los caminos de Dios son sumamente hermosos. Él usa el amor devoto e intenso de una madre por su hijo para brindar libertad a toda una raza. Al igual que Jocabed, nuestra meta debiera ser esperar y confiar en que Dios ya ha puesto en marcha su propio propósito y que tanto nosotros como nuestros hijos formamos parte del mismo.

Promesas en las Escrituras

Pero los planes del SEÑOR quedan firmes para siempre;
los designios de su mente son eternos...
Pero el SEÑOR cuida de los que le temen,
de los que esperan en su gran amor.

—SALMO 33:11, 18

«Porque yo sé muy bien los planes que tengo para ustedes», afirma el SEÑOR, «planes de bienestar y no de calamidad, a fin de darles un futuro y una esperanza. Entonces ustedes me invocarán y vendrán a suplicarme, y yo los escucharé. Me buscarán y me encontrarán cuando me busquen de todo corazón. Me dejaré encontrar», afirma el SEÑOR.

—JEREMÍAS 29:11–14

Viernes

SU LEGADO DE ORACIÓN

Cuando ya no pudo seguir ocultándolo, preparó una cesta de papiro, la embadurnó con brea y asfalto y, poniendo en ella al niño, fue a dejar la cesta entre los juncos que había a la orilla del Nilo.

—Éxodo 2:3

REFLEXIONE SOBRE: Éxodo 2:1–10

ALABE A DIOS: Porque aun los peores enemigos con los que nos encontramos son débiles en comparación con él.

DÉ GRACIAS: Por el poder de Dios para salvar.

CONFIESE: Cualquier falla que tenga en lo que hace a confiar en Dios con respecto a la vida de sus hijos.

PÍDALE A DIOS: Que la ayude para ser de aliento a otras madres que estén preocupadas con respecto al bienestar de sus hijos.

Eleve el corazón

Escoja alguna otra madre que conozca, quizás alguna mamá adolescente o alguna amiga que tenga problemas con sus hijos en este momento. Prepare un cesto de regalo para ella; llénelo de pequeños presentes como una vela aromática, fruta seca, una taza para café y algunas tarjetas en las que haya escrito versículos de aliento tomados de las Escrituras. Dígale que orará por cada uno de sus hijos por su nombre cada día durante los próximos dos meses. No tenga la expectativa de que ella le cuente sus problemas, pero si lo hace, valore lo que le dice al mantener la confidencialidad, y permita que sirva para dar forma a sus oraciones.

Padre, gracias por el don de la maternidad y tu llamado a él. Ayúdame a recordar que mi amor por mis hijos es apenas un reflejo de tu amor por ellos. Al tener eso en cuenta, dame tu gracia para rendir mi ansiedad. Reemplázala por un sentir de confianza y calma a medida que aprendo a depender de ti para todo. Amén.

Miriam

SU NOMBRE PUEDE SIGNIFICAR

«Amargura»

SU CARÁCTER: Aun de muchachita, mostró fortaleza y sabiduría. Como líder dentro del pueblo de Dios en un momento decisivo de su historia, ella condujo la celebración tras cruzar el Mar Rojo, le comunicó al pueblo palabras de parte de Dios, y compartió con ellos la travesía de cuarenta años por el desierto.

SU DOLOR: Que le haya sobrevenido lepra a causa de su orgullo e insubordinación, y también que se le negara la entrada a la tierra prometida.

SU GOZO: El haber desempeñado un papel instrumental en cuanto a la liberación del pueblo de Dios, nación a la que amaba.

ESCRITURAS CLAVE: Éxodo 2:1–10; 15:20–21; Números 12:1–15

Lunes

SU HISTORIA

*S*iete días debo permanecer fuera del campamento de mi pueblo, siendo ya anciana, cercada por los recuerdos de lo que ya fue.

· ¿Cómo podría olvidar nuestros años en Egipto, los clamores de las madres cuyos niños fueron asesinados o los lamentos de nuestros hermanos que trabajaban hasta morir? Me basta cerrar los ojos para ver todo lo que pasó: la muralla de agua, los soldados que nos perseguían a por el mar, el estrépito que produjeron al ahogarse, y finalmente el silencio y la paz. ¡Cómo extraño el canto de las mujeres que dirigí ese día al danzar a orillas del mar alabando a Dios por haber lanzado a nuestros enemigos a las aguas profundas, con la certeza de que no volveríamos a verlos jamás!

Pero sí los volvimos a ver; vimos a nuestros enemigos, si bien no eran egipcios. Permitimos que la ingratitud nos acechara y nos robara la bendición. Preferimos el ajo y los puerros de Egipto, el alimento de nuestra esclavitud, al maná que el buen Dios nos dio. Esclavizados por el temor, nos rehusamos a entrar en la tierra de promisión.

Vez tras vez Moisés, Aarón y yo exhortamos al pueblo a que se mantuviera firme, a que tuviera fe, a que obedeciera a Dios. Pero llegó el día en que Aarón y yo ya no pudimos respaldar a nuestro hermano. En vez de eso, hablamos contra él y contra su esposa cusita. ¿Qué parte tenía ella en la promesa, dado que era ajena a nuestros sufrimientos? Así que desafiamos a Moisés. ¿Acaso solo había hablado el Señor a través de él? Todo Israel lo sabía bien. Nosotros merecíamos una medida de autoridad que igualara la de él, una voz de igual peso en cuanto a la conducción del pueblo.

Pero el Señor que habla, también escuchó nuestra queja y nos convocó para que los tres nos presentáramos delante de su presencia ante la Tienda de reunión. Y se dirigió a Aarón y a mí con palabras terribles.

Cuando la nube de su presencia finalmente se levantó, yo estaba leprosa. Podía percibir el horror en cada rostro vuelto hacia mí. Aarón le rogó a Moisés que nos perdonara a los dos. Y Moisés le rogó al Señor que me sanara.

El Señor le respondió: «Si su padre le hubiera escupido el rostro, ¿no habría durado su humillación siete días? Que se la confine siete días fuera del campamento, y después de eso será readmitida». Por lo menos supe que mi destierro sería temporal; mi enfermedad sería sanada.

Ahora comprendo que mis enemigos no solo se hundieron en el mar, sino que también fueron enterrados en mi corazón. Aun así, Dios me permitió seguir con vida, y creo que me sanará. Aunque él nos traiga aflicción, también nos mostrará compasión. Una cosa sé, él ha arrojado mi orgullo al mar, y por eso también le cantaré alabanzas.

Aunque las Escrituras no dan a conocer los pensamientos o la actitud del corazón de Miriam luego de ser castigada por quejarse contra Moisés, no resulta irrazonable suponer que se arrepintió durante los siete días de su destierro. Después de todo, es difícil que una persona de fe, por muchas fallas que tenga, escuche que Dios le habla como si le escupiera el rostro y aun así permanezca firme en su error.

Quizá tanto a Miriam como a la nación misma les hacía falta una reprimenda que los sacudiera para poder darse cuenta de la seriedad de ese pecado que amenazaba la unidad del pueblo de Dios.

Tal vez nos preguntemos por qué Aarón no fue afectado del mismo modo por su pecado. Quizá porque Miriam parecía ser la cabecilla. O bien es posible que Dios no quisiera que el culto en el tabernáculo quedara interrumpido por la ausencia del sumo sacerdote Aarón.

Lo último que se nos dice acerca de Miriam es que murió y fue enterrada en Cades Barnea, en el desierto, a poca distancia del lugar en el que Agar, otra mujer esclava, se encontró con un ángel muchos años antes. Al igual que sus hermanos Moisés y Aarón, Miriam murió poco antes de que los israelitas cumplieran su estadía de cuarenta años en el desierto. A ella también se le impidió entrar en la tierra prometida.

Sin embargo, al igual que ellos, Miriam es una de las grandes heroínas de la fe. Cuando era una muchachita, ayudó a salvar al bebé Moisés, el futuro libertador de Israel. Ella misma fue una profetisa que exhortó y alentó al pueblo de Dios y condujo el cántico del primer salmo documentado en las Escrituras. Sin embargo, a pesar de su fortaleza, al igual que todos nosotros, pecó contra Dios y sufrió un castigo cuyo propósito fue llevarla al arrepentimiento.

Martes

SU VIDA Y SU ÉPOCA

LA DANZA

*E*n los tiempos bíblicos, la gente danzaba para celebrar acontecimientos felices y para alabar a Dios. La danza en las Escrituras siempre se relaciona con gozo y felicidad. La presencia del lamento significa ausencia de danza (Lamentaciones 5:15), y hay un tiempo para cada uno de ellos (Eclesiastés 3:4).

La primera mención de la danza en las Escrituras se refiere a cuando Miriam dirigió a las mujeres israelitas en una danza para celebrar la milagrosa derrota de los egipcios en el Mar Rojo. Imaginemos, si podemos, la emoción de dichas mujeres al caminar (¿o tal vez correr?) entre las dos murallas de agua del Mar Rojo, con los carros egipcios pisándoles los talones. Temerosas por sus vidas, llegaron a la costa oriental sin aliento, y se volvieron para ver cómo las aguas impetuosas ahogaban a los egipcios y a sus caballos... una huida milagrosa y atemorizante.

Entonces, rápidamente, el temor dio lugar a un intenso entusiasmo. ¡Eran libres! Cuando Miriam salió por ahí con un tamboril, cantando una canción de alabanza a Dios, los pies de las mujeres se comenzaron a mover a su ritmo, sus voces se unieron en el cántico, ¡y empezaron a bailar!

Los hebreos danzaban en señal de adoración, a menudo para alabar a Dios por haberlos librado de sus enemigos (1 Samuel 18:6; Salmo 149:3). Bailaban para celebrar los acontecimientos felices como las bodas y el regreso de sus seres queridos (Lucas 15:25). Hombres y mujeres hebreos no danzaban juntos. Generalmente los hombres realizaban su danza solos, como lo hizo David delante del arca (2 Samuel 6:14), en tanto que las mujeres danzaban juntas.

Hay evidencias de que la danza formaba parte de la adoración de los cristianos en la iglesia primitiva. Pero, según varios escritores cristianos, muy pronto se degeneró y ya no expresaba una alabanza pura para el Señor. Al poco tiempo, se la prohibió.

Así como Miriam y las mujeres no pudieron evitar bailar con regocijo, hay ocasiones en las que tampoco nosotros, al realizar Dios una obra maravillosa en nuestra vida, podemos dejar de reaccionar de una manera semejante: en nuestro rostro aparece una sonrisa, nuestras manos se levantan, ¡y nuestros pies no se pueden quedar quietos! Ciertamente el Dios que ha creado el cuerpo humano se deleita en el uso puro de dicho hermoso instrumento para ofrecerle alabanza.

Miércoles

SU LEGADO EN LAS ESCRITURAS

Léase Éxodo 15:19–21.

1. Describa lo que imagina que pensaban y sentían Miriam y las otras mujeres de Israel al cruzar a pie el Mar Rojo. ¿Por qué danzaron?

2. ¿Alguna vez sintió una alegría como esa? Si fue así, ¿cuándo? ¿Cómo expresó su alegría? Si no lo hizo, ¿por qué supone que fue así?

Léase Números 12:1–15.

3. ¿Por qué le parece que Miriam y Aarón atacaron a Moisés? ¿Cuáles otras cuestiones había entre ellos más allá de la esposa cusita (no hebrea) de Moisés?

4. ¿Qué supone que haya pensado y sentido Miriam cuando le tocó estar fuera del campamento durante esos siete días? ¿Qué pensamientos se le ocurrirían a usted en dicha situación?

5. Aun cuando se nos perdone, a veces tenemos que pagar un precio por nuestro pecado. ¿Por qué pecado le ha tocado sufrir un castigo? ¿Cómo se siente ahora con respecto a dicha situación: ¿Perdonada? ¿Todavía culpable? ¿Airada?

Jueves

LA PROMESA QUE RECIBE

*L*a historia de Miriam nos brinda un ejemplo extraordinario de la buena disposición de Dios a perdonar a los que pecan. Aunque debió sufrir las consecuencias de sus acciones —siete días de exclusión del campamento, alejada de todos los que la amaban— fue readmitida en el campamento en calidad de mujer perdonada. Cientos de años después, todavía la recuerda el profeta Miqueas como una líder de Israel junto con Moisés y Aarón (Miqueas 6:4).

Tal perdón liberador está a nuestra disposición, así como lo estuvo para Miriam. Dios mira nuestros pecados con juicio, luego espera pacientemente a que nos arrepintamos, y entonces nos ofrece prontamente su perdón y aceptación. Somos admitidos nuevamente a la comunión con él, renovados, limpios y perdonados. Nuestro arrepentimiento transforma una herencia de juicio y castigo en una herencia de perdón y dignidad delante de Dios.

Promesas en las Escrituras

Alaba, alma mía al SEÑOR,
   y no olvides ninguno de sus beneficios.
Él perdona todos tus pecados.

—SALMO 103:2-3

¿Qué Dios hay como tú, que perdone la maldad y pase por alto el delito?

—MIQUEAS 7:18

Si confesamos nuestros pecados, Dios, que es fiel y justo, nos los perdonará y nos limpiará de toda maldad.

—1 JUAN 1:9

Viernes

SU LEGADO DE ORACIÓN

Canten al Señor, que se ha coronado de triunfo arrojando al mar caballos y jinetes.

—Éxodo 15:21

REFLEXIONE SOBRE: Números 12:1–15

ALABE A DIOS: Porque él disciplina a los que ama, a cada uno de los hijos que le pertenecen.

DÉ GRACIAS: Porque la ira de Dios dura apenas un instante, pero su favor perdura para siempre.

CONFIESE: Cualquier arrogancia que pueda haberle entrado sigilosamente en el corazón, en especial si se relaciona con el papel que le toca cumplir en la iglesia o en el trabajo.

PÍDALE A DIOS: Que la ayude a recordar que la disciplina es una expresión de su amor por sus hijos.

Eleve el corazón

Si una mujer como Miriam pudo actuar de una manera que le desagradó tanto a Dios, ciertamente nosotros también somos capaces de pecar, sin que importe lo que hayamos hecho por él en el pasado. Esta semana dediquemos un tiempo a la introspección sincera. Si descubrimos algo desagradable delante de Dios, pidamos su perdón. No susurremos una rápida oración para darlo por acabado; hagámosle saber que nuestro arrepentimiento es sincero. Consideremos la posibilidad de juntar algunas piedritas para luego ir hasta un río, lago o estanque. Realicemos una caminata sin prisa junto al agua y mencionémosle otra vez a Dios nuestras tristezas. Luego, deliberadamente, arrojemos cada piedra al agua, mientras recordamos la canción de alabanza de Miriam. Agradezcamos a Dios el habernos liberado de nuestros pecados así como él liberó a los israelitas del ejército del faraón, que los perseguía.

Padre, te agradezco por las veces en que me has parado en seco, por las veces que me amaste lo suficiente como para disciplinarme. Ayúdame a ser rápida para arrepentirme, y a darme cuenta de mi pecado, de manera que no tengas que fregármelo por las narices. Y luego permíteme experimentar el gozo que viene de recibir tu perdón.

Rajab

SU NOMBRE SIGNIFICA

«Tormenta», «arrogancia», «amplia» o «espaciosa»

Su Carácter: Rajab era inteligente y sabia. Vio que se avecinaba el juicio y se las ingenió para concebir un plan de fuga para ella y su familia. Tan pronto oyó lo que Dios había hecho por los israelitas, echó su suerte con dicho pueblo, arriesgando su vida en un acto de fe.

Su Dolor: Ver a su propio pueblo destruido y a su ciudad demolida.

Su Gozo: Que Dios le hubiera dado a ella, una prostituta idólatra, la oportunidad de conocerlo y pertenecer a su pueblo.

Escrituras Clave: Josué 2:1–21; 6:17–25; Mateo 1:5; Hebreos 11:31; Santiago 2:25

Lunes

SU HISTORIA

Jericó puede haber sido la ciudad más antigua del mundo. Fundada casi seiscientos años antes de que Miriam y Moisés acabaran de peregrinar por el desierto, sus antiguas ruinas se encuentran a solo unos veinticinco kilómetros al noreste de Jerusalén. Era la puerta de entrada a Canaán y también el hogar de una prostituta llamada Rajab, cuya casa estaba cómodamente establecida en el ancho muro que la rodeaba.

Además de atender a los clientes locales, Rajab recibía huéspedes de diversas caravanas cuyas rutas cruzaban la ciudad de Jericó. Hombres de toda la región oriental le traían nuevas de un enjambre de gente acampado al este del Jordán. Rajab escuchó historias maravillosas acerca de las proezas que había hecho el Dios de los israelitas; entre ellas, la forma en que había secado el Mar Rojo para que pudieran escapar de los egipcios, los amos que los habían esclavizado, y el modo en que les había dado la victoria contra Sijón y Og, dos reyes amonitas.

Durante cuarenta años el Dios de los israelitas los había entrenado y fortalecido en el desierto. Y esos rumores esparcieron el miedo en Jericó.

Mientras los hombres hablaban, había otro que hacía planes. Moisés había muerto, y Josué, hijo de Nun, había sido nombrado líder de los israelitas. Casi cuarenta años antes, Josué había formado parte, junto con Caleb, del grupo de hombres que exploraron esa zona, y los dos habían instado a los israelitas a tomar posesión de la tierra prometida. En esta ocasión, no les sería posible echarse atrás. En cuanto los israelitas cruzaran el río Jordán y destruyeran a Jericó, la tierra se les abriría como un melón con la corteza pelada. Ya podía saborear la victoria.

Josué envió dos espías a Jericó a fin de sondear sus secretos. Los espías rápidamente se encaminaron hacia la casa de Rajab, y ella los escondió entre los manojos de lino que se secaban en el techo. Más tarde, ese día, Rajab recibió un mensaje de parte del rey de Jericó en el que le pedía que entregara a los espías que se habían refugiado en su casa. Y ella respondió mintiendo:

—Es cierto que unos hombres vinieron a mi casa, pero no sé quiénes eran ni de dónde venían. Salieron cuando empezó a oscurecer, a la hora de cerrar las puertas de la ciudad, y no sé a dónde se fueron. Vayan tras ellos; tal vez les den alcance.

En cuanto se fueron los hombres del rey, se apresuró a subir al techo, y sin demora advirtió a sus dos huéspedes:

—Yo sé que el SEÑOR les ha dado esta tierra, y por eso estamos aterrorizados ... Yo sé que el SEÑOR y Dios es Dios de dioses tanto en el cielo como en la tierra. Por lo tanto, les pido ahora mismo que juren en el nombre del SEÑOR que serán bondadosos con mi familia, como yo lo he sido con ustedes. Quiero que me den como garantía una señal de que perdonarán la vida de mis padres, de mis hermanos y de todos los que viven con ellos. ¡Juren que nos salvarán de la muerte!

A esta notable declaración de fe, los hombres respondieron, para cerrar el trato:

—¡Juramos por nuestra vida que la de ustedes no correrá peligro!»

Rápidamente, los dos espías le entregaron a Rajab un cordón rojo, instruyéndole que lo atara en la ventana de la casa que daba hacia la muralla de la ciudad. Al invadir la ciudad, los israelitas la verían y perdonarían la vida a todos los que estuvieran dentro de la casa. Luego Rajab instruyó a dichos hombres que se escondieran tres días en las montañas, hasta que sus perseguidores abandonaran la búsqueda. Después de eso, se deslizaron por la ventana y descendieron del muro de Jericó con una cuerda.

Josué seguía sonriendo mucho después de que los espías le comunicaran su buen informe. Ahora era el momento de avanzar. Reunió al pueblo y lo condujo para cruzar el Jordán. Aunque el río estaba en época de crecida, un enorme ejército de israelitas cruzó en seco. Dios iba con ellos, así como lo había hecho cuando salieron de Egipto. Solo que en esta ocasión nadie los perseguía; Israel se había convertido en el ejército perseguidor, ¡listo para la batalla!

La noticia de que las aguas del río Jordán se habían abierto delante de los israelitas llenó de terror a los habitantes de Jericó. Rajab observaba ansiosamente desde su ventana en el muro cómo los israelitas se reunían en torno a la ciudad, como una tormenta en ciernes. ¿Acaso éstos fieros guerreros, guiados por su poderoso Dios, se acordarían del tema del cordón rojo? Mil veces le recomendó a su familia, en especial a los más pequeñitos, que no pusieran ni un pie fuera de la casa para que no murieran.

Ese primer día Rajab vio que siete sacerdotes que llevaban un arca conducían a miles de hombres que marchaban alrededor de la ciudad. Se preparó mentalmente para lo que venía, pero nada sucedió. Eso continuó día tras día durante cinco días. Luego, cuando comenzaba a salir el sol el séptimo día, los hombres de Israel empezaron a marchar otra vez, siete veces alrededor de Jericó. De pronto, ella escuchó el sonido de la trompeta, seguido por un grito atronador, tan fuerte como para partir una montaña. Los muros de la ciudad se desplomaron y los israelitas atacaron de inmediato. Rajab intentó taparse los oídos para no escuchar el caos que ocurría afuera. Cuando acabó la batalla de Jericó, Rajab y sus seres queridos estaban a salvo. Su fe no solo la había salvado a ella del terrible juicio decretado sobre su ciudad, sino también a toda su casa.

El fin de Jericó nos recuerda al de Sodoma. Lot y sus hijas escaparon al castigo de Sodoma; en Jericó se salvaron Rajab y su familia. Sin embargo, a diferencia de Lot y su mujer, Rajab no titubeó ni por un instante. Ella es la única mujer que se nombra y se elogia por su fe como parte de la gran «nube de testigos» que se menciona en el libro de Hebreos. Rajab, una prostituta que vivía en medio de un pueblo idólatra, fue como un tizón arrebatado de las llamas. Luego de la destrucción de su pueblo, ella dejó todo atrás para convertirse en uno de los antepasados del rey David y, por lo tanto, en uno de los ancestros de Jesús también.

La historia de Rajab es dramática. Nos muestra que la gracia de Dios no acepta límites. El cordón rojo que salvó a Rajab y su familia nos recuerda la sangre roja de Jesús, que todavía nos salva hoy, y las palabras de Isaías: «¿Son sus pecados como escarlata? ¡Quedarán blancos como la nieve!» Rajab puso su fe en el Dios de Israel y no fue defraudada.

Martes

SU VIDA Y SU ÉPOCA

LOS MUROS DE LA CIUDAD

*E*s probable que en la actualidad Jericó sea conocida por sus enormes muros, muros que cayeron a causa de la fe del pueblo de Israel (Hebreos 11:30). El muro que rodeaba una ciudad constituía su principal distintivo. A un asentamiento sin muros solo se lo consideraba una aldea, y sus habitantes corrían hasta la ciudad amurallada más cercana en busca de protección cuando se producía una batalla o una guerra.

Rajab vivía en una casa ubicada sobre la muralla de Jericó. Es probable que tuviera una vista no solo de la ciudad sino también del área que quedaba más allá de los muros de protección. Esa vista, que le brindaba una posición estratégica ideal para detectar a los potenciales clientes cuando entraban o salían de Jericó, le debe haber resultado ventajoso para su negocio de ejercicio de la prostitución.

Casas, negocios, torres de observación, puestos para atrincherar arqueros, todas esas cosas podían construirse sobre las murallas o dentro de ellas, dado que contaban con un ancho de entre seis y nueve metros. Cuanto más fuerte fuera el sistema de muros que rodeaba una ciudad (y algunas tenían una muralla interna y otra externa), mejores posibilidades de defensa tendría contra invasores que se aproximaran desde la llanura.

La mayoría de las murallas de las ciudades importantes se construían de enormes piedras y mezcla. Todavía hoy existen algunas piedras del muro del templo de Jerusalén. Sus dimensiones son: 9 metros de largo, 2,5 metros de ancho y 1 metro de alto. ¡Cada piedra tiene el increíble peso de ochenta toneladas!

Pero ninguna piedra resultaba lo suficientemente grande como para proteger a la ciudad de Jericó del poder de Dios que obró a través de su pueblo; no necesitaron de ningún ariete para demoler sus muros. Solo hizo falta que el pueblo tuviera fe en que Dios haría lo que había prometido. ¡Y las murallas se desplomaron!

Miércoles

SU LEGADO EN LAS ESCRITURAS

Léase Josué 2:1–21.

1. Dios ordenó la completa destrucción de Jericó y de otras ciudades cananeas a causa de la magnitud de sus pecados, que incluía el sacrificio de niños, la prostitución ritual y las injusticias de los poderosos en contra de los débiles. ¿Qué nos dice de él, entonces, el hecho de que perdonara a una prostituta y a su familia de entre todos los habitantes de dicha ciudad?

2. Rajab traicionó a su ciudad. ¿Qué razones dio ella? ¿Puede pensar en otras razones que hubiera podido tener?

3. ¿Por qué piensa que los espías hicieron un trato con Rajab?

Léase Santiago 2:25–26.

4. Santiago dice que Rajab fue un ejemplo en cuanto a que la fe verdadera va unida a la acción. ¿De qué modo lo demostró ella?

5. ¿Qué riesgos ha estado dispuesta a asumir por su fe? ¿Qué riesgos no ha estado dispuesta a correr por su fe? ¿Por qué?

Jueves

LA PROMESA QUE RECIBE

*L*á historia de Rajab nos revela otra vez la disposición que tiene Dios a usar a los que son menos que perfectos, a los marginados, a los que consideraríamos inadecuados para cumplir con sus santos propósitos. A lo largo de las Escrituras, haciendo uso de lo que podría considerarse un sentido del humor divino, Dios escoge a un tartamudo para hablar de su parte (Moisés), a una mujer estéril para ser la madre de toda una nación (Sara), a un debilucho para que lo defendiera (Gedeón), a un hijo menor ignorado para ser el inolvidable rey de su pueblo (David), a una desconocida jovencita para ser la madre de su hijo (María), y a un perseguidor de la iglesia para llevar el evangelio a las naciones (Pablo).

Dios no espera hasta que estemos inmaculadamente limpios o seamos totalmente maduros en la fe para poder usarnos. Más bien toma a gente común y dispuesta para llevar a cabo cosas extraordinarias, tanto en la vida de ellos mismos como la vida de los que los rodean. Como lo hizo con Rajab, él promete usarnos y perfeccionarnos a través de dicha experiencia.

Promesas en las Escrituras

> *Él fortalece al cansado*
> *y acrecienta las fuerzas del débil.*
> *Aun los jóvenes se cansan, se fatigan,*
> *y los muchachos tropiezan y caen;*
> *pero los que confían en el SEÑOR*
> *renovarán sus fuerzas;*
> *volarán como las águilas:*
> *correrán y no se fatigarán,*
> *caminarán y no se cansarán.*
>
> —ISAÍAS 40:29–31

> *Los gobernantes, al ver la osadía con que hablaban Pedro y Juan, y al darse cuenta de que eran gente sin estudios ni preparación, quedaron asombrados y reconocieron que habían estado con Jesús.*
>
> —HECHOS 4:13

> *Porque cuando soy débil, entonces soy fuerte.*
>
> —2 CORINTIOS 12:10

Viernes

SU LEGADO DE ORACIÓN

Yo sé que el Señor les ha dado esta tierra, y por eso estamos aterrorizados; todos los habitantes del país están muertos de miedo ante ustedes. Tenemos noticias de cómo el Señor secó las aguas del Mar Rojo para que ustedes pasaran, después de haber salido de Egipto... Por lo tanto, les pido ahora mismo que juren en el nombre del Señor que serán bondadosos con mi familia, como yo lo he sido con ustedes.

—Josué 2:9–10, 12

Reflexione Sobre: Josué 2:1–21

Alabe a Dios: Por darles un papel clave a algunas mujeres dentro de su plan de salvación.

Dé Gracias: Porque nadie, incluyéndonos a nosotras, está más allá del alcance de la gracia.

Confiese: Cualquier indisposición a tener que asumir riesgos para seguir a Dios.

Pídale a Dios: Que aumente su temor reverente por él.

Eleve el corazón

Utilice un pequeño cordón rojo como marcador de libros, ate un lazo rojo alrededor de la maceta de su planta favorita o use una cinta roja para atar algún arreglo de flores secas a fin de hacerle recordar la importancia fundamental que tiene el vivir por fe. Cada vez que vea el cordón rojo, se acordará de las distancias que Jesús tuvo que recorrer para rescatarla. Pídale, como Rajab pidió a los israelitas, que vele por cada miembro de su familia y que lo proteja. Haga una oración silenciosa para pedir a Dios que le aumente la fe. Después de todo, de la fe dependen su vida y la vitalidad de su relación con Dios.

Padre, te alabo por las maravillosas e imprevisibles maneras en que has obrado en mi vida. Que el conocimiento de tu fidelidad aumente mi valor para asumir los riesgos que exige la fe.

Débora

SU NOMBRE SIGNIFICA

«Abeja de miel»

Su Carácter: Su cosmovisión no fue forjada por la situación política de la época sino por su relación con Dios. Aunque las mujeres del mundo antiguo no solían convertirse en líderes políticos, Débora fue precisamente la conductora que Israel necesitaba: una profetisa que escuchaba a Dios y creía en él, y cuyo coraje hizo que la gente se movilizara, lo que les permitió librarse de los opresores extranjeros.

Su Dolor: Que el pueblo se hubiera hundido en la desesperación a causa de su idolatría, olvidando las promesas de Dios y la fe de sus antepasados.

Su Gozo: Que Dios volviera la fortaleza del enemigo en su contra, devolviéndoles el poder a los débiles y bendiciendo la tierra con paz durante cuarenta años.

Escrituras Clave: Jueces 4—5

Lunes

SU HISTORIA

Jericó, la puerta de entrada a Canaán, yacía en ruinas desde hacía doscientos años. Desde allí los israelitas habían arrasado la tierra como una nube de langostas, devorando todo lo que encontraron en su camino. Pero los pueblos nativos de algún modo habían logrado sobrevivir y, como maleza bien arraigada, su idolatría se extendió hasta comenzar a sofocar la fe de Israel.

Rajab y Josué ahora solo eran un desvaído recuerdo, y los esclavos convertidos en guerreros eran otra vez los desvalidos, y llevaban veinte años de sufrir opresión a manos de una coalición de gobernantes cananeos, cuyo guerrero principal era Sísara. Sus novecientos carros de hierro causaban terror al escasamente armado pueblo de Israel, dado que amenazaba pasarles por encima con fuerza invencible. No era de extrañarse que nadie se atreviera a desafiarlo.

Sísara sin duda se ufanaba de su seguridad, en especial dado que Israel en ese momento era conducido por una mujer. Pero sus cálculos militares no tuvieron en cuenta un factor clave: el poder estratégico de la fe de esa mujer. Débora era una profetisa que había establecido su tribunal debajo de una palmera, varios kilómetros al noroeste de Jericó. Si bien gran parte de Israel estaba dividido y descorazonado, ella se rehusaba a perder el ánimo. ¿Cómo podía olvidar la fidelidad de Dios al vivir tan cerca de las ruinas de Jericó?

Ella convocó a Barac, un hebreo del norte, y le dijo sin rodeos: «El Señor, el Dios de Israel, ordena: "Ve y reúne en el monte Tabor a diez mil hombres de la tribu de Neftalí y de la tribu de Zabulón. Yo atraeré a Sísara, jefe del ejército de Jabín, con sus carros y sus tropas, hasta el arroyo Quisón. Allí lo entregaré en tus manos"».

Pero, al igual que los demás israelitas, Barac le tenía terror a Sísara, y se negó a obedecer esa orden a menos que se cumpliera una condición: Débora debía acompañarlo en la batalla. Ella sería su talismán en medio de la lucha. «¡Está bien, iré contigo!», dijo Débora. «Pero, por la manera en que vas a encarar este asunto, la gloria no será tuya, ya que el Señor entregará a Sísara en manos de una mujer».

Cuando se enteró de la conspiración, Sísara condujo sus tropas y carros al lecho seco del arroyo de Quisón, decidido a aplastar el levantamiento. Pero su misma fortaleza se le volvió en contra cuando la lluvia llenó el valle hasta inundarlo. De pronto, los novecientos carros de hierro se convirtieron en un tremendo riesgo. Aun cuando los soldados azotaban con furia a sus caballos, instándolos a marchar hacia adelante, el lodo cenagoso los atrapó. Se convirtieron en blanco fácil para las tropas de Barac que venían arrasando desde el monte Tabor; ellos pasaron por la espada a todos los hombres, con la excepción de Sísara.

Una vez más Dios había oído el clamor de su pueblo y les había enviado un libertador; en esta ocasión una mujer cuya fe había acallado las voces de la duda y el temor para que el pueblo pudiera escuchar la única Voz que tenía importancia. En su día de victoria, Débora y Barac cantaron esta canción:

Cuando los príncipes de Israel toman el mando,
cuando el pueblo se ofrece voluntariamente,
¡bendito sea el Señor!
Oigan, reyes! ¡Escuchen, gobernantes!
Yo cantaré, cantaré al Señor;
tocaré música al Señor, el Dios de Israel...
¡Los guerreros de Israel desaparecieron;
desaparecieron hasta que yo me levanté.

¡Yo, Débora, me levanté
como una madre en Israel!

—JUECES 5:2–3, 7

Ciertamente había surgido una madre en Israel, una mujer cuya firme fe hizo nacer la esperanza, la libertad y una paz que duró cuarenta años. Nunca más volvieron se aliaron los cananeos en contra de Israel. Como una antigua Juana de Arco, Débora se levantó y llamó al pueblo a la batalla, y los sacó de la idolatría y restauró su dignidad como los elegidos de Dios.

Martes

SU VIDA Y SU ÉPOCA

MUJERES EN EL LIDERAZGO

*S*i bien no era común encontrar mujeres en el liderazgo dentro de la sociedad israelita, se ha sabido de algunas. En el tiempo de los jueces, en el que Israel estaba espiritualmente desnutrido, en estado de desorden cívico y oprimido por sus enemigos, Débora aceptó el desafío. Es probable que su función de liderazgo se desarrollara gradualmente, a medida que se fue conociendo su sabiduría. Cuando Dios le habló a Débora, ella respondió de inmediato, y llamó a Barac para que condujera al pueblo en una batalla contra el que desde hacía veinte años era su opresor. El hecho de que Barac se mostrara reticente a ir sin Débora refleja a las claras la falta de liderazgo masculino fuerte en Israel.

Débora fue la única mujer que detentó la posición de jueza en Israel, pero no fue la única profetisa destacada que menciona la Biblia. Hay varias otras en la lista: Miriam (Éxodo 15:20), Huldá (2 Reyes 22:14), Noadías (Nehemías 6:14), Ana (Lucas 2:36) y las cuatro hijas solteras de Felipe el evangelista (Hechos 21:9).

Las Escrituras describen a Débora como «una profetisa... que era esposa de Lapidot». Resulta interesante notar que cuando Débora describió su propia persona no utilizó términos como profetisa, esposa, jueza, general, líder ni ningún otro término que indicara influencia y poder. Se describió como «una madre en Israel» (Jueces 5:7). Su posición era la de madre, no solo de sus hijos biológicos sino también de todos los hijos de Israel. A pesar de que ellos habían olvidado quiénes eran y a quién servían, su madre Débora se los recordó y los condujo en un desfile triunfal hacia la paz.

Quizá usted no ocupe un puesto influyente de autoridad; sin embargo, puede ser madre para sus hijos y para los niños de su vecindario y conducirlos en la dirección correcta. Tal vez tenga poco uso del poder en su trabajo o en el puesto que ocupa, pero puede ser madre de los que la rodean e inspirarlos a hacer lo recto. Tal vez su vida le ofrece pocas oportunidades o tiempo para ocupar un puesto de liderazgo significativo; sin embargo, puede ser madre dentro de su esfera de influencia, sea grande o pequeña, y extender su influencia mucho más allá del sencillo puesto que ocupa. Puede ser como Débora, que fue usada por Dios para ser madre en Israel.

Miércoles
SU LEGADO EN LAS ESCRITURAS

Léase Jueces 4:1–10; 5:7.

1. ¿Cómo le parece que vivía una familia en Israel en esa época (Jueces 4:1–3)?

2. ¿De qué tenía temor Barac? ¿Por qué el tenerla cerca a Débora podía aliviar esos temores?

3. En Jueces 4:9, Débora habla acerca de que la gloria sería para una mujer y no para los hombres. Cuando una mujer tiene éxito en la actualidad, ¿de qué modo reaccionan normalmente los hombres que la rodean? ¿Por qué?

4. ¿Cuál de las características de Débora le gustaría tener? ¿Qué haría si contara con dicha característica?

5. ¿Qué podría hacer para parecerse a Débora?

Jueves

LA PROMESA QUE RECIBE

*L*a piadosa Débora ha sido de aliento para las mujeres de todos los siglos. Cuando las mujeres son limitadas o maltratadas, cuando se sienten inseguras con respecto a lo que es correcto o al modo en que deben proceder, cuando se adentran en territorio desconocido, cuando se las pasa por alto o se las ignora, ellas encuentran ayuda y equilibrio al recordar a Débora.

Todo aquello con lo que Débora contaba está a hoy a su disposición. Puede descubrir su sabiduría en las Escrituras. La confianza que ella tenía en Dios la adquirirá en la relación con él. Su misma valentía se logra al poner su confianza en Dios y en sus promesas. Su fortaleza interior y su liderazgo calmo son característicos de haber puesto su confianza en Dios y no en sí misma. Todo lo que Débora le brindó a Israel se lo ofrece a usted como ejemplo de una mujer dispuesta a ser usada por Dios.

Promesas en las Escrituras

Las aldeas quedaron abandonadas en Israel,
habían decaído, hasta que yo, Débora,
me levanté, me levanté como madre en Israel.

—JUECES 5:7 (RVR 1960)

Estos confían en sus carros de guerra,
aquellos confían en sus corceles,
pero nosotros confiamos en el nombre
del SEÑOR nuestro Dios.

—SALMO 20:7

¿Quién entre ustedes teme al SEÑOR
y obedece a la voz de su siervo?
Aunque camine en la oscuridad,
y sin un rayo de luz,
que confíe en el nombre del SEÑOR
y dependa de su Dios.

—ISAÍAS 50:10

Viernes

SU LEGADO DE ORACIÓN

¡Oigan, reyes! ¡Escuchen, gobernantes!
Yo cantaré, cantaré al SEÑOR;
tocaré música al SEÑOR, el Dios de Israel.

—JUECES 5:3

REFLEXIONE SOBRE: Jueces 4

ALABE A DIOS: Por hablar con claridad a su pueblo.

DÉ GRACIAS: Porque Dios da profetas a la iglesia, tanto mujeres como hombres.

CONFIESE: Todo lo que hace que sea reacia a escuchar la voz de Dios.

PÍDALE A DIOS: Que la ayude a discernir su voz.

Eleve el corazón

Resulta difícil, y hasta desagradable, escuchar dos piezas musicales a la vez. Del mismo modo, resulta complicado escuchar la voz de Dios a la vez que escuchamos otras voces, voces de confusión, desaliento y condenación. La paz y confianza de Débora como líder en gran parte provenían de su habilidad para escuchar a Dios con claridad. Esta semana pídale al Espíritu Santo que la ayude a distinguir la voz de Dios de todo el ruido de fondo. Pídale gracia para disciplinar sus pensamientos y poder oírlo mejor a él. Y mientras ora, ponga alguna música tranquila de fondo que le recuerde que debe sintonizar esa única Voz que vale la pena escuchar.

Señor, quiero escuchar tu voz. Ayúdame a reconocer y rechazar todas las voces falsas que se disfrazan imitando la tuya. Ayúdame a distinguir tu voz de todas las demás. Hazme una mujer que escucha y habla tu Palabra.

Jael

SU NOMBRE SIGNIFICA

«Cabra montés o salvaje»

SU CARÁCTER: Decidida y valiente, aprovechó la oportunidad que se presentó para matar a un enemigo del pueblo de Dios.

SU GOZO: Haber sido elogiada por Débora y Barac por la parte que desempeñó en una victoria decisiva.

ESCRITURAS CLAVE: Jueces 4—5

Lunes

SU HISTORIA

Jael observaba a través del aleteo de la entrada a su carpa las nubes que se cernían sobre el cielo azul y la lluvia que caía como un velo que cubría el horizonte. Sísara, según sabía, había marchado hacia Tabor. *Pero, ¿de qué le servirían los carros de hierro en un valle inundado?*, se preguntaba. Sin embargo, los israelitas estaban escasamente armados, y eran escasas sus posibilidades de prevalecer. Aun así, ella recordaba las historias de Moisés y el pueblo que él había conducido a través del desierto. Y se preguntaba si se habría quedado dormido el Dios de ellos durante todos los años que siguieron.

La imagen de un hombre que corría, y luego avanzaba hacia ella a tropezones, interrumpió sus pensamientos. ¿Un soldado en huida? ¿Sería israelita o cananeo? Su identidad podría revelar hacia dónde soplaban los vientos de batalla. Salió a su encuentro, y quedó sorprendida al descubrir que el que se aproximaba era el mismo Sísara, sucio y sangrante.

—¡Adelante, mi señor! Entre usted por aquí. No tenga miedo —le dijo a modo de bienvenida.

—Tengo sed —dijo él—. ¿Podrías darme un poco de agua?

En lugar de agua, Jael destapó un odre de leche y le dio de beber.

—Párate a la entrada de la carpa —le dijo él—. Si alguien viene y te pregunta: "¿Hay alguien aquí?", contéstale que no.

Tan pronto como Sísara, exhausto, se quedó dormido, Jael tomó una estaca de la carpa y un martillo. Su brazo estaba firme, su puntería, segura. ¿Acaso no se había ocupado de las tiendas durante todos estos años? Rápidamente le clavó la estaca en la sien hasta hundirla en el suelo. Como cuando se fija un lienzo en su lugar; Sísara, el gran general, yacía muerto, asesinado por la mano de una mujer, tal como Débora se lo había profetizado a Barac.

¿Fue Jael una heroína, una oportunista, o simplemente una mujer traicionera? Difícil saberlo. Ella y su marido, Héber, eran quenitas, integrantes de una tribu nómada cuya supervivencia dependía de su capacidad de mantenerse al margen de las disputas locales. Su marido había hecho las paces con los cananeos a pesar de ser descendiente de Hobab, el cuñado de Moisés. Quizá los antiguos lazos ya no le parecían convenientes, dado el poder que habían alcanzado los gobernantes cananeos. Pero puede ser que Jael creyera en el Dios de Israel. O tal vez ella simplemente deseaba congraciarse con los israelitas, claros vencedores ese día. Lo cierto es que Barac y Débora la aprobaron, ya que cantaron sobre ella:

> «¡Sea Jael, esposa de Héber el quenita,
>   la más bendita entre las mujeres!
> ¡La más bendita entre las mujeres que habitan en carpas!
> Sísara pidió agua, Jael le dio leche;
>   en taza de nobles le ofreció leche cuajada.
> Su mano izquierda tomó la estaca, su mano derecha,
>   el mazo de trabajo.
> Golpeó a Sísara, le machacó la cabeza
>   y lo remató atravesándole las sienes.
> A los pies de ella se desplomó;
>   allí cayó y quedó tendido.
> Cayó desplomado a sus pies;
>   allí donde cayó, quedó muerto».

—Jueces 5:24–27

La traición de Jael y el que Débora se regodeara en ello nos dan la sensación de encontrarnos ante personas sanguinarias, particularmente porque no es común que se les atribuya un comportamiento semejante a las mujeres. Pero según los parámetros de guerra antiguos, ambas fueron heroínas. Las dos fueron mujeres decididas y valerosas que ayudaron al pueblo de Dios en un momento crítico de su historia.

Martes

SU VIDA Y SU ÉPOCA

BOTELLAS

*C*uando Sísara pidió beber agua y Jael en lugar de eso le dio leche, ella le estaba ofreciendo lo mejor que tenía en casa. La gente de la región apreciaba dicha bebida, que se hacía al colocar leche de cabra en un viejo odre, una especie de botella de cuero, y sacudirla. La leche entonces se cuajaba, o se fermentaba, al mezclarse con las bacterias que habían quedado en dicho odre después de algún uso anterior.

¿Pero qué cosa es un odre?

Los pueblos nómadas del desierto, que se trasladaban con frecuencia, habían descubierto que los frascos de cuero resultaban mucho más útiles que las vasijas de barro, dado que se rompían con facilidad. Las mujeres unían los cueros de cabra o de oveja con una costura, dejando la parte con pelo hacia afuera, y luego los sellaban de modo que contuvieran agua, leche, vino y otros líquidos.

Agar llevaba un odre de agua con ella cuando salió al desierto (Génesis 21:14–15). Jael le ofreció a Sísara leche de un odre (Jueces 4:19). Ana presentó un odre de vino cuando entregó a su hijo Samuel al sacerdote Elí (1 Samuel 1:24). David les llevó un odre de vino a sus hermanos (1 Samuel 16:20). Jesús habló acerca de no poner vino nuevo en odres viejos (Mateo 9:17).

La exhortación de Cristo acerca de no poner vino nuevo en odres viejos tiene, por supuesto, un significado importante para nosotros hoy. ¿Son nuestras mentes y corazones como odres viejos, quebradizos, duros, ásperos? ¿Están a punto de estallar cuando se enfrentan a nuevas ideas o nuevas maneras de hacer las cosas? ¿O acaso nuestra mente y corazón se muestran dóciles, blandos, flexibles, como un odre nuevo? ¿Tenemos disposición de aprender cosas nuevas acerca de nuestra comunidad de creyentes? ¿Sobre nosotros mismos? ¿Sobre Dios?

Miércoles
SU LEGADO EN LAS ESCRITURAS

Léase Jueces 4:11–22; 5:4–5, 24–27.

1. ¿Qué papel jugó Dios en estos acontecimientos?

2. Use tres adjetivos para describir a Jael antes de que matara a Sísara. Haga de cuenta que no sabe lo que ella está por hacer y descríbala a partir de los versículos 4:17–20.

3. ¿Por qué cree que Jael hizo lo que hizo? ¿La ve como una persona valiente, temerosa, desesperada, traicionera? ¿Hasta qué punto piensa que su experiencia de vida dentro de una cultura brutal tuvo que ver con lo que hizo?

4. ¿Por qué le parece que Débora alabó a Jael por un hecho tan salvaje?

5. ¿Qué cree que Dios desea que aprendamos a partir de la historia de Débora, Barac, Jael y todas las muertes entretejidas en ella?

Jueves

LA PROMESA QUE RECIBE

*S*ubyacente a la historia de Jael y la muerte de Sísara hay un Dios que ha prometido nunca olvidar a su pueblo y que se mantiene fiel a dicha promesa. Cuando la esperanza se nos desvanece y la perspectiva de una victoria se ve como casi imposible, Dios está obrando para llevar a cabo su plan.

El pueblo de Israel durante la época de los jueces debe haber llevado a Dios al borde de la exasperación a causa de su vacilación continua. Cuando los tiempos eran buenos, fácilmente se olvidaban de Dios y seguían sus propios caminos. Pero apenas los tiempos se volvían difíciles, corrían a él en busca de liberación.

¿Le suena conocido? La historia de vacilación del pueblo de Dios continúa aun hoy. Con suma facilidad avanzamos a solas, pensando que podemos manejarlo todo, hasta que nos topamos con algo que nos resulta demasiado difícil. Solo entonces corremos hacia Dios por ayuda.

Sin embargo, ¡qué asombroso es Dios! Siempre está presente. Siempre está dispuesto a rescatarnos cuando clamamos a él. Siempre está dispuesto a perdonar.

Promesas en las Escrituras

De nuevo clamaban a ti, y desde el cielo los escuchabas. ¡Por tu inmensa compasión muchas veces los libraste!

—NEHEMÍAS 9:28

¡Cuánto te amo, SEÑOR, fuerza mía!...
Invoco al SEÑOR, que es digno de alabanza,
*   y quedo a salvo de mis enemigos.*

—SALMO 18:1, 3

Estábamos tan agobiados bajo tanta presión, que hasta perdimos la esperanza de salir con vida: nos sentíamos como sentenciados a muerte. Pero eso sucedió para que no confiáramos en nosotros mismos sino en Dios, que resucita a los muertos. Él nos libró y nos librará de tal peligro de muerte. En él tenemos puesta nuestra esperanza, y él seguirá librándonos. Mientras tanto, ustedes nos ayudan orando por nosotros.

—2 CORINTIOS 1:8–11

Viernes

SU LEGADO DE ORACIÓN

¡Sea Jael... la más bendita entre las mujeres!...
Golpeó a Sísara, le machacó la cabeza
*   y lo remató atravesándole las sienes.*
A los pies de ella se desplomó;
*   allí cayó y quedó tendido.*

—JUECES 5:24–27

REFLEXIONE SOBRE: Jueces 5

ALABE A DIOS: Porque el vence a los enemigos de nuestra alma.

DÉ GRACIAS: Porque podemos ser instrumentos de liberación para otros.

CONFIESE: Cualquier tendencia a la pasividad que tenga en la lucha contra el pecado y Satanás.

PÍDALE A DIOS: Que le dé sabiduría y discernimiento para la batalla espiritual.

Eleve el corazón

A veces somos ingenuas con respecto al tipo de luchas espirituales que enfrentamos como cristianos. Efesios 6 nos habla sobre la importancia de ponernos toda la armadura de Dios para poder enfrentar la batalla con éxito. Esta semana tómese un tiempo para examinar lo que se pone: asegúrese de no haber olvidado nada que resulte vital, sin lo cual quedaría más vulnerable a los ataques. He aquí una lista de lo que debe llevar puesto un guerrero espiritual bien armado:

El cinturón de la verdad: ¿Se le ha metido sigilosamente en la vida alguna deshonestidad, por pequeña que sea?

La coraza de justicia: ¿Colabora usted con gracia para llegar a parecerse más a Cristo?

El calzado del evangelio de la paz: El evangelio nos reconcilia con Dios y con los demás. ¿Estás dispuesta a recibirlo, vivir según sus normas y comunicarlo a otros?

El escudo de la fe: ¿Respondes a las cuestiones de la vida con fe, o de una manera que muestre que realmente no cree que Dios tenga tanto amor o poder como dice?

El casco de la salvación: La salvación es un regalo. Pero, como todo regalo, debe ser aceptado.

La espada del Espíritu: La palabra de Dios hiere al enemigo y frustra sus propósitos. Leer y orar las Escrituras nos ayuda a pasar a la ofensiva.

Señor, ayúdame a estar lista para que en cualquier momento pueda hacer frente al enemigo e incluso asestar un golpe decisivo en la batalla. Dame valor, discernimiento y sabiduría y ayúdame a permanecer cerca de ti en medio de la lucha.

Dalila

SU NOMBRE SIGNIFICA

«La delicada»

Su Carácter: Siendo una prostituta de nacionalidad desconocida, usó su belleza para traicionar a su amante y enriquecerse.

Su Dolor: Que Sansón le mintiera, haciéndola quedar como necia en tres ocasiones distintas.

Su Gozo: Haber subyugado a uno de los hombres más poderosos de la historia, y haberlo entregado a sus enemigos, los filisteos.

Escrituras Clave: Jueces 16:4–22

Lunes

SU HISTORIA

*S*us dientes blancos brillaron bajo la luz mortecina, cuando se separaron sus labios carnosos y suaves como cinta escarlata al formar una sonrisa. Los pendientes de oro destellaron cuando al echar su cabeza hacia atrás y reír con sonoridad. La fortuna había tocado ese día a su puerta. Ningún amante jamás había pagado a Dalila tanto como le reportaría Sansón.

Los reyes filisteos aborrecían a ese hombre fuerte de larga cabellera, que había incendiado sus campos y matado a mil de sus paisanos. Cada uno había ofrecido a Dalila una increíble suma de dinero: ¡mil cien monedas de plata! Ella solo tenía que hacerles saber el secreto de la fuerza de Sansón. Dicha fuerza no podía competir con la de ella, originada en su belleza y formada en las artes del amor. Debilitado por la pasión, él le diría todo lo que ella deseaba saber.

—Si se me ata con siete cuerdas de arco que todavía no estén secas, me debilitaré y seré como cualquier otro hombre —replicó ante sus constantes indagaciones. Dalila escondió a unos pocos filisteos en el cuarto, esperó a que él se durmiera; luego lo ató cuidadosamente con las cuerdas y gritó:

—¡Sansón, los filisteos se lanzan sobre ti! —Pero él fue más astuto que ella, y rompió las cuerdas, mientras sus enemigos huían.

Como un hombre juega con un gato, Sansón repitió la treta dos veces más, engañando a Dalila con alocadas historias acerca de sogas nuevas y cabellos trenzados. Finalmente Dalila lo enfrentó:

—¿Cómo puedes decir que me amas, si no confías en mí? Ya van tres veces que te burlas de mí, y aún no me has dicho el secreto de tu tremenda fuerza. —Acosado por su manera de importunarlo, Sansón cedió.

—Nunca ha pasado navaja sobre mi cabeza —le explicó—, porque soy nazareo, consagrado a Dios desde antes de nacer. Si se me afeitara la cabeza, perdería mi fuerza, y llegaría a ser tan débil como cualquier otro hombre.

Muchos años atrás, antes de su nacimiento, un ángel había instruido a su madre acerca de que aquel hijo no debería beber vino, tocar nada impuro, ni cortarse el cabello jamás. Sería dedicado a Dios de una manera muy especial, ya que estaba destinado a jugar un papel importante dentro del plan de Dios para liberar a su pueblo de la dominación filistea. Dado que era un hombre incapaz de subyugar su propia naturaleza tempestuosa, Sansón ya había quebrantado las dos primeras condiciones de que constaba su voto. Ahora estaba a punto de quebrantar la tercera, prefiriendo los favores de una mujer al favor de su Dios.

Percibiendo que por fin había escuchado la verdad, Dalila les mandó un mensaje a los filisteos. Luego de cortarle el cabello mientras dormía, ella exclamó otra vez: «¡Sanson, los filisteos se lanzan sobre ti!» Esta vez Sansón despertó de su sueño sin tener la capacidad de resistir a sus enemigos, que rápidamente lo capturaron y le arrancaron los ojos. Luego lo llevaron en calidad de prisionero a Gaza, donde pasó sus días en la oscuridad, moliendo grano, que era una tarea que deberían realizar las mujeres.

Eso es lo último que sabemos de la bella, traicionera y ahora rica Dalila, pero no es lo último que se sabe de su amante. El cabello de Sansón lentamente comenzó a crecer otra vez. Primero una pequeña capa, como para calentarle la cabeza, luego ya le cubría las orejas. *¿Qué daño podría hacernos un hombre ciego?*, deben de haber razonado los filisteos.

Un día ellos realizaron una gran celebración en homenaje a Dagón, dios de las cosechas, por haber entregado a Sansón en sus manos. Sin tener conciencia del peligro al que se enfrentaban, lo sacaron de la prisión para burlarse del otrora poderoso enemigo. Pero cuando Sansón estuvo parado entre las columnas que sostenían el templo de ellos, oró:

—Oh, soberano SEÑOR, acuérdate de mí. Oh Dios, te ruego que me fortalezcas solo una vez más, y déjame de una vez por todas vengarme de los filisteos por haberme sacado los ojos.

Luego se apoyó contra las dos columnas centrales que sostenían el templo y las empujó. El techo se combó y se vino abajo. Sansón y sus enemigos quedaron enterrados juntos debajo de los escombros. Al morir, Sansón mató a más filisteos de los que había matado en vida. Tal como lo predijo el ángel, Sansón inició una obra de liberación que David completaría muchos años después.

La extraña historia de Sansón y Dalila difícilmente podría considerarse edificante. Nos sentimos tentados a concluir que el egoísta e indisciplinado Sansón finalmente había encontrado la horma de su zapato en la codiciosa Dalila. La visitación del ángel, el don de una fuerza sobrenatural y un destino profético —bendiciones más que obvias— no pudieron asegurar la devoción de Sansón al Señor. ¿Por qué usaría Dios a semejante hombre, habilitándolo para ser juez en Israel? ¡Qué contraste con Débora, que había gobernado a Israel cien años antes! Quizá Dios no disponía de mucho material prometedor de donde escoger, dada la condición de su pueblo durante una época en la historia de Israel en la que «cada uno hacía lo que le parecía mejor» (Jueces 21:25).

A lo sumo, el papel de Dalila en este sórdido relato nos asegura que Dios usará cualquier cosa y a cualquiera a fin de cumplir su propósito. Incluso nuestro pecado. Aun a nuestros enemigos. Nuestra liberación es una cuestión de pura gracia. Pero sería mucho mejor que nos convirtiéramos en un pueblo consagrado a su servicio, cuya fortaleza interior encontrara un paralelo en la fortaleza externa, lo que nos capacitaría para vivir nuestro destino seguros de que Dios se complace en nosotros.

Martes
SU VIDA Y SU ÉPOCA

EL CABELLO

El cabello de Sansón obviamente juega un papel importante en la historia de su acceso al poder y su caída de la gracia. Se lo había dejado crecer muy largo, separándolo en siete trenzas, a causa de su voto de nazareo (para conocer más acerca de estos votos, léase Números 6).

La cabellera de Absalón, el hermoso hijo de David, era tan pesada que «una vez al año tenía que cortársela» (2 Samuel 14:26). Resulta notable que sus mechones, luego de cortados, pesaban dos kilos. Pero esos estupendos bucles de Absalón con el tiempo acabarían con él. Cierto día, durante una batalla, su cabeza quedó trabada entre las ramas de una gran encina (2 Samuel 18:9). Sin duda que su enorme mata de pelo contribuyó a que se enredara entre las ramas. Aquel hombre, que había intentado arrebatarle el reino a su propio padre, pendía impotente de un árbol, y era blanco fácil para sus enemigos.

Antes de morir al ser arrojada desde arriba, la reina Jezabel no solo se pintó los ojos, sino que «se arregló el cabello» (2 Reyes 9:30). Al hermoso cabello de la Amada del Cantar de los Cantares se lo compara con «rebaños de cabras» y con «hilos de púrpura» (Cantar de los Cantares 4:1; 7:5), en tanto que la cabellera del Amado se describe como «ondulada y negra como un cuervo» (Cantar de los Cantares 5:11). A menudo los escritores del Antiguo Testamento describían a los que vivían muchos años como aquellos a los que se les había vuelto gris el cabello, y eso se consideraba una señal del favor y la bendición de Dios (Proverbios 16:31; 20:29). La gente que estaba en aflicción se cortaba o arrancaba el pelo a causa de su tristeza (Esdras 9:3; Isaías 22:12; Jeremías 7:29). La mujer pecadora, angustiada por sus pecados, derramó perfume sobre los pies de Jesús, los lavó con sus lágrimas y los secó con sus cabellos (Lucas 7:38).

En los tiempos del Nuevo Testamento, los hombres usaban el cabello más corto y solo a las mujeres se les permitía dejarse el cabello largo. Pablo se mostró bastante inflexible con respecto a esto en 1 Corintios 11:6, 14–15. Tanto Pablo como Pedro dedicaron tiempo a advertir especialmente a las mujeres de la época contra «el cabello trenzado», exhortándolas a que se enfocaran en la belleza interior y no en la externa.

Las mujeres hoy gastan millones de dólares en cortes de pelo, tinturas, permanentes y peinados. Pero recordemos que por mucho que gastemos y nos acicalemos, no nos será posible cubrir una falta de belleza interior. Antes de pensar en arreglarse el cabello con estilos que la favorezcan, considere qué parte de su hermosura interior necesita tratamiento. Busque Gálatas 5:22–23 y descubrirá algunas características atractivas que el Espíritu quiere poner en funcionamiento en usted. Entonces será bella por dentro y por fuera.

Miércoles
SU LEGADO EN LAS ESCRITURAS

Léase Jueces 16:4–22.

1. ¿Por qué estaba dispuesta Dalila a traicionar a Sansón?

2. ¿Cuáles eran sus puntos fuertes? ¿Cuáles sus puntos débiles? ¿Cuáles puntos fuertes tiene usted? ¿Y los débiles?

3. Si se detiene a pensar en las mujeres de la Biblia que hemos estudiado hasta aquí, notará que varias de ellas utilizaron la manipulación a fin de obtener lo que deseaban. ¿En qué momento, si es que alguna vez lo hizo, utilizó la manipulación para lograr lo que usted deseaba? ¿Es ese un hábito común en su caso? ¿Exactamente cuáles tácticas de manipulación ha utilizado?

4. ¿Por qué piensa que Dios eligió obrar a través de un hombre como Sansón? ¿Qué le indica eso con respecto a Dios? ¿Y con respecto a la época en la que vivieron Sansón y Dalila?

5. ¿En qué área de su vida necesita renovar su fe en cuanto a que lo bueno finalmente triunfará?

Jueves

LA PROMESA QUE RECIBE

Aún la sórdida historia de Dalila y Sansón, su amante hebreo, nos transmite una verdad importante: Dios nos ama y no nos abandonará aun cuando cometamos errores, aun cuando pequemos. Una y otra vez, a través de la narración bíblica, vemos que Dios usa personas que fueron grandes pecadores, gente que era mucho menos que perfecta, y que a causa de sus propios desatinos fallaron y solo entonces reconocieron su necesidad del Señor. Él no abandonó a gente como Sansón, aun cuando era necio y pecador, y no nos abandonará a nosotros, por necios y pecadores que seamos.

Promesas en las Escrituras

Olvida los pecados y transgresiones
que cometí en mi juventud.
Acuérdate de mí según tu gran amor,
porque tú, SEÑOR, eres bueno.

—SALMO 25:7

Fiel es el SEÑOR a su palabra
y bondadoso en todas sus obras.
El SEÑOR levanta a los caídos
y sostiene a los agobiados.

—SALMO 145:13-14

El que los llama es fiel, y así lo hará.

—1 TESALONICENSES 5:24

Viernes

SU LEGADO DE ORACIÓN

«¿Cómo puedes decir que me amas, si no confías en mí? Ya van tres veces que te burlas de mí, y aún no me has dicho el secreto de tu tremenda fuerza»... todos los días lo presionaba con sus palabras, y lo acosaba hasta hacerlo sentirse harto de la vida.

—Jueces 16:15–16

Reflexione Sobre: Jueces 16:4–22

Alabe a Dios: Porque él es soberano, y capaz de usar nuestras relaciones más enredadas para lograr sus propósitos.

Dé Gracias: Por llamarla a consagrarse a él, a separarse de un modo especial.

Confiese: Cualquier tendencia que tenga a manipular a otros.

Pídale a Dios: Que la ayude a entregarle cualquier relación que no le resulte saludable. Dé todos los pasos que Dios le indique dar.

Eleve el corazón

Haga un inventario de las relaciones más importantes que tiene. ¿Se han creado dentro de ellas dependencias poco saludables? ¿Su cónyuge o novio la están alejando de Dios en lugar de acercarla a él? ¿Ha hecho concesiones que disminuyen su deseo de Dios? Si es así, busque un amigo o un consejero en quien pueda confiar. Oren juntos, y procuren descubrir cuál es el mejor curso de acción, y luego sígalo. Sea fiel a su compromiso matrimonial, pero encuentre una manera de reavivar su pasión espiritual. Ahora mismo, tómese un tiempo para escribirle una carta a Dios. Dígale lo deseable que es y cuánto anhela establecer un vínculo con él. No tema presentarse con el corazón en la mano; Dios busca hombres y mujeres que lo amen más de lo que aman su propia vida.

Señor, tú conoces todas las luchas de mi corazón. Me has creado de tal manera que solo tú puedes satisfacer plenamente mis anhelos. Sin embargo, sabes con cuánta facilidad me engaño a mí misma, creyendo que las relaciones de carne y hueso constituyen la clave para suplir mis necesidades. Perdóname por las veces que he puesto mi relación con _____ por encima de mi relación contigo. Dame la sabiduría, el valor y la gracia para amarte con total entrega.

Noemí

Su Carácter: Al sufrir una triple tragedia, Noemí se rehusó a ocultar su aflicción y su amargura. Como creía en la soberanía de Dios, atribuyó sus sufrimientos a la voluntad de él. Sin embargo, su obsesión por las circunstancias, tanto las pasadas como las presentes, la condujo a la desesperanza. Por ser una suegra amable y afectuosa, inspiró un amor y una lealtad poco comunes en sus nueras.

Su Dolor: Haber perdido a su marido y a sus dos hijos en una tierra extraña, lejos de la familia y los amigos.

Su Gozo: Haber podido regresar sana y salva a Belén con su nuera Rut, la que con el tiempo haría renacer en ella su esperanza y felicidad.

Escrituras Clave: Rut 1; 4:13–17

Lunes

SU HISTORIA

*E*staba de pie como un viejo árbol retorcido con el cielo de fondo. A pesar de que podía ver muchos kilómetros por delante, desde la posición estratégica donde estaba en lo alto del camino desde Moab a Judá, Noemí ni siquiera alcanzaba a vislumbrar su futuro. Pensó en los ladrones que, según se rumoreaba, había en el camino que tenía por delante. ¿Qué más, se preguntaba, le podrían quitar? Sus pensamientos se perdieron en el pasado.

Por lo que sabía, Moisés había sido sepultado en algún lugar de esas montañas. Pero su pueblo (y el de ella) se había trasladado hacia el oeste, a Canaán, siglos atrás. ¿También ella quedaría en el camino sin que nunca pudiera volver a ver sus parientes? ¿Acaso estaba Dios tan desagradado de ella?

Diez años antes, junto con su marido Elimélec, vivían felices en Belén. Pero esa ciudad, cuyo nombre significaba «casa de pan», de pronto no lo tuvo más, de modo que migraron hacia las tierras altas de Moab para escapar del hambre.

Luego murió Elimélec y sus hijos se casaron con mujeres moabitas, cuya raza descendía de Lot, el sobrino de Abraham. Muchas mujeres habían perdido a sus maridos. Al igual que ellas, encontraría la forma de sobrevivir. Pero luego sufrió la peor aflicción que puede tocarle a una madre: sobrevivir a sus propios hijos.

Ahora Rut y Orfa, sus nueras, constituían su única parentela en Moab. Las amaba mucho, y sentía la viudez de ellas como una doble aflicción. Juntas habían llorado y se habían consolado mutuamente. Las tres mujeres finalmente decidieron irse de Moab a Belén. Pero una vez que estuvieron en el camino, las dudas de Noemí superaron su necesidad de compañía. No le parecía justo que estas jóvenes abandonaran a sus familias y amigos para dirigirse hacia un futuro incierto. ¿Qué posibilidades tendrían en Belén, siendo viudas y extranjeras, aun cuando el hambre se había acabado?

—¡Miren, vuelva cada una a la casa de su madre! Que el SEÑOR las trate a ustedes con el mismo amor y lealtad que ustedes han mostrado con los que murieron y conmigo. Que el SEÑOR les conceda hallar seguridad en un nuevo hogar, al lado de un nuevo esposo —les dijo.

Sin embargo, Rut y Orfa insistieron:

—No! Nosotras volveremos contigo a tu pueblo.

—Para qué se van a ir conmigo? ¿Acaso voy a tener más hijos que pudieran casarse con ustedes? ¡Vuelvan a su casa, hijas mías! ¡Váyanse! Yo soy demasiado vieja para volver a casarme. Aun si abrigara esa esperanza, y esta misma noche me casara y llegara a tener hijos, ¿los esperarían ustedes hasta que crecieran?

Las tres mujeres se abrazaron, mientras las lágrimas rodaban por sus mejillas. Luego Orfa besó a su suegra y se despidió de ella. Pero Rut se aferró a Noemí y susurró con firmeza:

—Iré adonde tú vayas, y viviré donde tú vivas. Tu pueblo será mi pueblo, y tu Dios será mi Dios. Moriré donde tú mueras, y allí seré sepultada. ¡Que me castigue el SEÑOR con toda severidad si me separa de ti algo que no sea la muerte!

La tenacidad de la anciana no pudo competir con el amor de la joven. Así que Noemí y Rut continuaron camino a Belén. Después de una ausencia tan prolongada, el regreso de Noemí creó una gran conmoción en el pueblo, y todas las mujeres le dieron la bienvenida, diciendo:

—¿No es esta Noemí?

—Ya no me llamen Noemí —repuso ella—. Llámenme Mara (que significa amarga), porque el Todopoderoso ha colmado mi vida de amargura. Me fui con las manos llenas, pero el SEÑOR me ha hecho volver sin nada. ¿Por qué me llaman Noemí si me ha afligido el SEÑOR, si me ha hecho desdichada el Todopoderoso?

Noemí no podía ver más allá de sus sufrimientos. Como muchos de nosotros, puede haber sentido que su tragedia era un castigo por sus pecados. Sin embargo, de haber tenido conocimiento de las bendiciones que la esperaban, no se hubiera sentido tan desesperanzada. En lugar de eso, se hubiera comparado con el árbol que con tanta gracia describe Job:

> *Si a un árbol se le derriba,*
> *queda al menos la esperanza de que retoñe*
> *y de que no se marchiten sus renuevos.*
> *Tal vez sus raíces envejezcan en la tierra*
> *y su tronco muera en su terreno,*
> *pero al sentir el agua, florecerá;*
> *echará ramas como árbol recién plantado.*

—Job 14:7-9

Aunque ella no lo percibía, había olor a agua en el aire. La vida de Noemí volvía a comenzar, su historia estaba seguía en desarrollo.

Martes
SU VIDA Y SU ÉPOCA

HAMBRE

*L*as imágenes de estómagos hinchados y ojos vacíos de los niños que mueren de hambre revolotean en nuestra mente mucho después de apagar el televisor. El hambre hoy, al igual que en los tiempos bíblicos, es lo que más destruye a los débiles, tanto a los niños desvalidos como a los ancianos indefensos. El llanto de las madres que se ven imposibilitadas de salvar a sus hijos del hambre ha resonado a través de los años como doloroso recordatorio de la dependencia que tenemos aquí en la tierra de lograr alguna manera de sustentarnos.

Había dos temporadas de lluvia en Palestina, la de octubre-noviembre, y la de marzo-abril. Cuando no llovía durante esos dos períodos, el resultado era el hambre. También se producía a causa del granizo y de la destrucción ocasionada por los insectos a la provisión de alimentos, y además, cuando algún ejército invasor devastaba las cosechas para lograr la sumisión del pueblo subyugado.

A lo largo de las Escrituras Dios parece haber usado el hambre para lograr sus propósitos. Deuteronomio 28:22–24 nos brinda una vívida descripción del hambre que sobrevendría si el pueblo desobedecía a Dios. Abraham, Isaac y Jacob, los tres tuvieron que abandonar por un tiempo Palestina a causa del hambre en esa tierra. Los acontecimientos que se produjeron a causa de un hambre mundial generalizada condujeron a Jacob, padre de José, y a sus hermanos a Egipto, lugar en el que fueron más tarde esclavizados por los faraones. Vemos en el libro de Rut, que Noemí y su marido huyeron hacia Moab a causa del hambre que había en ese entonces en Israel, y a través de su huída y los acontecimientos que siguieron, Dios introdujo a Rut en su santo plan, pasando a contarse entre los antepasados de su Hijo Jesús.

En el Nuevo Testamento, Jesús predijo que el hambre sería una de las señales del final de los tiempos (Mateo 24:7; Marcos 13:8; Lucas 21:11). En el libro de los Hechos descubrimos que un creyente, de nombre Agabo, predijo un hambre severa que se aproximaba (Hechos 11:28); el siguiente versículo revela que esto dio oportunidad a los creyentes de compartir entre sí.

En una de las profecías más oscuras de las Escrituras, Amós habla de un tiempo en el que Dios producirá otro tipo de hambre: «Enviaré hambre al país; no será hambre de pan ni sed de agua, sino hambre de oír las palabras del SEÑOR» (Amós 8:11). En el pasado, Dios siempre oyó y respondió a su pueblo cuando clamó a él, pero Amós habla de un tiempo por venir en el que los clamores solo se encontrarán con un silencio aterrador.

«¿Quién nos apartará del amor de Cristo?», pregunta Pablo. «¿La tribulación, o la angustia, la persecución, el hambre, la indigencia, el peligro, o la violencia?» (Romanos 8:35). Pero luego él mismo responde a su pregunta con ese maravilloso grito de victoria de los creyentes: ¡Nada, ni siquiera el hambre, podrá apartarnos del amor de Dios!

Miércoles

SU LEGADO EN LAS ESCRITURAS

Léase Rut 1:1–22.

1. Elija tres o cuatro palabras que describan lo que Noemí experimentó en los versículos 1:3–5.

2. ¿Qué clase de recepción cree que esperaba Noemí cuando regresó a Belén con su nuera moabita?

3. ¿Quién era responsable de las circunstancias que vivió Noemí? ¿Ella misma? ¿Su marido? ¿Dios? Explique su respuesta. ¿Quién controlaba la reacción de Noemí ante sus circunstancias?

4. Si sufriera usted lo que Noemí sufrió, ¿se amargaría? ¿Por qué?

5. ¿Qué necesitaría usted para amar a Dios y confiar en él en las circunstancias de Noemí?

Jueves

LA PROMESA QUE RECIBE

La fidelidad de Dios para restaurar una vida vacía y volverla a la plenitud se revela más en esta historia de Noemí que en cualquier otro relato bíblico. Las cosechas abundantes y el pan horneado a partir del grano cosechado en los campos finalmente reemplazó la tremenda hambre que había arrastrado a Noemí, su marido y sus hijos fuera de Belén. La atención y el cariñoso cuidado de parte de Rut, su nuera, reemplazaron la angustia de haber perdido a su marido e hijos. Por eso le dijeron sus amigas: «Es para ti mejor que siete hijos» (Rut 4:15). Y los brazos, vacíos de hijos, de Noemí se llenaron con el hijo de Booz y Rut. Ella no fue una abuela ausente; las Escrituras dicen que Noemí tomó a Obed, «lo puso en su regazo y se encargó de criarlo» (Rut 4:16). (Conoceremos más acerca de su nieto en el próximo capítulo.)

Al igual que Noemí, puede ser que nos resulte difícil reconocer la bondad y la fidelidad de Dios en algunas ocasiones. Sin embargo, él está con nosotras sean cuales fueren las circunstancias.

Promesas en las Escrituras

Las mujeres le decían a Noemí: «¡Alabado sea el SEÑOR, que no te ha dejado hoy sin un redentor! ¡Que llegue a tener renombre en Israel! Este niño renovará tu vida y te sustentará en la vejez, porque lo ha dado a luz tu nuera, que te ama y es para ti mejor que siete hijos».

—RUT 4:14–15

Me has hecho pasar por muchos infortunios, pero volverás a darme vida.

—SALMO 71:20

Yo les compensaré a ustedes por los años en que todo lo devoró ese gran ejército de langostas que envié contra ustedes...

Ustedes comerán en abundancia, hasta saciarse, y alabarán el nombre del SEÑOR su Dios, que hará maravillas por ustedes.

—JOEL 2:25–26

Viernes

SU LEGADO DE ORACIÓN

Iré adonde tú vayas, y viviré donde tú vivas. Tu pueblo será mi pueblo, y tu Dios será mi Dios. Moriré donde tú mueras, y allí seré sepultada. ¡Que me castigue el SEÑOR con toda severidad si me separa de ti algo que no sea la muerte!

—RUT 1:16–17

REFLEXIONE SOBRE: Rut 1

ALABE A DIOS: Por habernos creado con la posibilidad de desarrollar relaciones profundas y duraderas.

DÉ GRACIAS: Por la diversidad de amigos que Dios le ha dado.

CONFIESE: Su tendencia a estar demasiado ocupada como para prestarles atención a sus amigos, o demasiado preocupada por sus propios asuntos como para hacerse un tiempo y ayudarlos.

PÍDALE A DIOS: Que haga de usted una amiga más leal y afectuosa en el año que tiene por delante.

Eleve el corazón

Piense en alguien que solía ser muy cercana a usted. Quizá el tiempo o la distancia haya desgastado dicha amistad. Se pondrá nostálgica al recordar las grandes comidas de las que participaron, las bromas descabelladas que se hacían, las conversaciones que sostenían hasta bien entrada la noche, o las locas aventuras que compartieron. ¿No sería maravilloso reencontrarse con dicha persona? Levante el teléfono o escríbale una carta a fin de renovar la amistad. Si la otra persona está dispuesta, dedique tiempo y esfuerzo a reconstruir dicha relación durante el año que tiene por delante. Permita que sus recuerdos sirvan de fundamento para la amistad, pero no se detengas allí: dedíquese a crear nuevos recuerdos. Si ella vive cerca, invítela a su casa a comer, o a compartir algún postre especial. Si no, intercambie con ella fotografías familiares. Manténgase en contacto por correo electrónico. Si tiene la posibilidad económica de hacerlo, incluso podría encontrarse con ella en algún punto intermedio entre donde viven ambas a fin de realizar una excursión de fin de semana.

Señor, gracias por la bendición de tener amigas que al compartir su vida con nosotras duplican nuestra alegría y disminuyen nuestras tristezas. Ayúdame a apreciar a las amigas que me has dado y a convertirme en la clase de amiga a la que otros puedan apreciar: una mujer que escucha, alienta y sabe guardar confidencias; una mujer que sabe llorar y reír; que es leal, perdonadora y afectuosa.

Rut

SU NOMBRE SIGNIFICA

«Amistad»

Su Carácter: Generosa, leal y llena de amor, era fuerte y serena, capaz de asumir riesgos inusuales, y de participar activamente en las circunstancias de la vida.

Su Dolor: Haber perdido a su marido y a su familia y haberse ido de su tierra.

Su Gozo: Descubrir de primera mano la naturaleza generosa, leal y tierna de Dios, dado que le proveyó un marido, un hijo y un hogar al que podía considerar propio.

Escrituras Clave: Rut 2—4; Mateo 1:5

Lunes

SU HISTORIA

*E*ra el tiempo de la cosecha en Israel, cuando Booz vio por primera vez a esa joven mujer. El sol había pintado los campos de un dorado oscuro, y los trabajadores balanceaban sus hoces a un ritmo parejo en medio del grano que aún quedaba en pie. De acuerdo con la ley y las costumbres de Israel, los pobres tenían el derecho de recoger todo lo que se le cayera al que cosechaba.

El hombre notó que Rut trabajaba rápida y eficientemente, metiendo el grano en una saca de tela burda que llevaba colgada al hombro. Algunos mechones de cabello negro se le escapaban del manto que le cubría la cabeza, creando un marco suave a su piel aceitunada, que aún se mantenía suave a pesar del sol. Descansó, aunque solo por un instante, con la mirada atenta a cualquier señal de problemas de parte de los cosechadores que trabajaban en el campo. Espigar era un trabajo duro y peligroso, especialmente para una extranjera joven y atractiva, sola y desprotegida.

Todos en Belén hablaban sobre Noemí, la parienta de Booz, y su inesperado regreso. Él sabía que Rut había venido con ella. Había oído acerca de la tragedia que compartían y de la extraordinaria lealtad que la joven mostraba hacia su suegra, que la llevó a prometerle que renunciaría a los ídolos de Moab en favor del Dios de Israel. Un hombre desearía tener un amigo que fuera como Rut con Noemí.

Decidido a recompensar su bondad de alguna manera, Booz la llamó:

—Escucha, hija mía. No vayas a recoger espigas a otro campo, ni te alejes de aquí; quédate junto a mis criadas, fíjate bien en el campo donde se esté cosechando, y síguelas. Ya les ordené a los criados que no te molesten. —La muchacha le sonrió en señal de complacencia.

Más tarde volvió a dirigirse a Rut, esta vez para ofrecerle pan y grano tostado a la hora de la comida. Cuando ella acabó de comer, Booz le dio instrucciones a sus hombres para que dejaran caer algunas espigas de los manojos en su camino. Fue bueno verla partir esa noche con un costal lleno de lo que había cosechado.

Día tras día él la observaba, consciente de que la cosecha del trigo y la cebada pronto iba a llegar a su fin. Una noche, Booz y los otros hombres se pusieron a aventar la cebada y a trillarla sobre el piso. Luego de que acabaron de comer y beber, se acostó bajo las estrellas, detrás del montón de granos. Con tantos hombres que cuidaban de la cosecha, los ladrones no se animarían a aproximarse. Pero en medio de la noche él se despertó sobresaltado, al darse cuenta de que alguien *sí* se había atrevido. Con sorpresa descubrió que el intruso no era ni un ladrón ni un hombre sino una mujer, y estaba acostada a sus pies.

Ella también estaba despierta.

—Soy Rut, su sierva —susurró ella—. Extienda sobre mí el borde de su manto, ya que usted es un pariente que me puede redimir.

Él apenas podía creer lo que ella le decía. La joven mujer había asumido un gran riesgo al aparecer de noche y acostarse tan cerca de él. Rápidamente la cubrió, diciéndole:

—Que el SEÑOR te bendiga, hija mía. Esta nueva muestra de lealtad de tu parte supera la anterior, ya que no has ido en busca de hombres jóvenes, sean ricos o pobres. Y ahora, hija mía, no tengas miedo. Haré por ti todo lo que me pidas. —Así que Rut se quedó acostada a sus pies hasta la mañana, y se levantó antes de que la luz pudiera revelar su presencia a los demás.

Pero Booz sabía que había un obstáculo que podía entorpecer el asunto. Noemí tenía un pariente más cercano que Booz, un hombre que podía asumir el papel de pariente redentor, casarse con Rut y restaurar el nombre de su marido muerto. Era el derecho de dicho hombre comprar el campo que le pertenecía a Noemí. Si él compraba el terreno, por ley debía casarse con Rut también. Eso destruiría las esperanzas de Booz de convertir a Rut en su esposa.

Booz no perdió tiempo, sino que le presentó el caso a aquel hombre, que mostró tener bastante interés en la tierra. Pero en cuanto descubrió que el matrimonio formaba parte del trato, le cedió a Booz su derecho a adquirir la tierra.

Así que los dos se casaron y ese hombre mayor le dio la bienvenida a su hogar a la joven mujer. Y Dios los bendijo con un hijo, al que llamaron Obed.

Atrayendo a Rut hacia él, Booz miraba un día a Noemí que sostenía en su regazo a su nieto. Rodeada por las otras mujeres de Belén, ella se veía más joven, más parecida a la mujer que él recordaba cuando su marido Elimélec estaba vivo. Observaba a las vecinas mientras hablaban con Noemí con respecto al niño:

—¡Alabado sea el SEÑOR, que no te ha dejado sin un redentor! ¡Que llegue a tener renombre en Israel! Este niño renovará tu vida y te sustentará en la vejez, porque lo ha dado a luz tu nuera, que te ama y es para ti mejor que siete hijos.

Sí, Booz también lo creía: su Rut había sido para Noemí mejor que siete hijos. Y él estaba agradecido por la amistad que unía a las dos mujeres. Si Rut y Noemí hubieran tomado rumbos distintos, la vida de él hubiera resultado mucho más pobre.

Booz, ese hombre de buen corazón, se sentía fuerte y joven otra vez. Pero todavía no sabía cuánto lo había bendecido Dios al darle a Rut. Porque Obed, el hijo que tuvieron, llegó a ser el padre de Isaí, e Isaí el padre de David. Además de ser los bisabuelos del rey David, tanto Booz como Rut se mencionan en la genealogía de Jesús de Nazaret, que es nuestro gran pariente redentor, el que nos unió a él, nos sanó en nuestras aflicciones, y también nos dio un futuro lleno de esperanza.

Martes
SU VIDA Y SU ÉPOCA

ESPIGAR

*C*uando Rut y Noemí llegaron a Belén era tiempo de cosecha. No había tiempo de plantar el propio grano y cosecharlo. Así que, a menos que encontraran otra forma de conseguir comida, se morirían de hambre. Noemí conocía las leyes mosaicas e instó a Rut a ir detrás de los que cosechaban, a fin de «espigar», o recoger, lo que quedaba a su paso. De esta forma, Rut podría proveerse de alimento tanto para Noemí como para ella misma.

Las leyes de Moisés instruían a los terratenientes que dejaran algo de sus cosechas sin levantar para los «pobres y extranjeros». Por ser una moabita que no tenía quien la sustentara, Rut encajaba en ambas categorías. Los cosechadores no debían segar hasta el borde mismo de sus campos, ni tenían que pasar una segunda vez por los mismos para recoger lo que había quedado en la primera pasada. Ese grano se dejaba para los pobres (Levítico 19:9; 23:22; Deuteronomio 24:19–22). Ese «sistema de asistencia social», establecido por Moisés, se hacía cargo de los necesitados al incentivar a los ricos a que compartieran generosamente con los que eran menos afortunados.

Pero no se trataba de una limosna. Los pobres debían trabajar para obtener su alimento al ir detrás de los cosechadores y recoger lo que ellos dejaban. Según la eficiencia de las manos de los trabajadores, y de la cantidad de personas que espigaban detrás de ellos, a veces resultaba difícil lograr más que lo indispensable para sobrevivir. Cuando Booz le ordenó a sus cosechadores que adrede dejaran caer espigas para que Rut las recogiera, él fue más allá de lo que indicaba la ley.

Booz también ordenó a sus trabajadores que no «reprendieran» a Rut aunque ella espigara en la parte del campo que no correspondía; es decir, si ella no seguía las reglas al pie de la letra. Su advertencia nos permite echar un vistazo dentro del corazón de ese hombre y descubrir su carácter, dado que era muy cuidadoso de seguir la ley de Moisés y, junto con Rut, llegó a ser uno de los antepasados de Cristo.

¿Acaso fue casualidad que Rut trabajara en el campo que «pertenecía a Booz, el pariente de Elimélec [el suegro de Rut]» (Rut 2:3)? Claro que no. Aun en lo que parecía ser una situación fortuita, Dios hacía su obra divina a fin de preparar un sustento para Rut y Noemí. Nunca suponga que lo que sucede en su vida es meramente una cuestión de casualidad o coincidencia. Recuerde: Dios obra y orquesta divinamente los acontecimientos a fin de lograr sus propósitos en su vida.

Miércoles

SU LEGADO EN LAS ESCRITURAS

Léase Rut 2:1—3:18.

1. ¿Qué cualidades de carácter ve en Rut en el capítulo 2? ¿De qué manera actúa y qué reputación tiene?

2. Para Rut la mayor lealtad que podía mostrarle a su anterior marido implicaba casarse con uno de sus parientes y tener un hijo que llevara el nombre del primero. ¿En qué momento de la historia se percibe que Rut decide hacer eso mismo?

3. ¿Qué riesgo aceptó Rut al acostarse en el piso de la era a los pies de Booz? ¿Qué nos dice eso acerca de ella?

4. ¿En qué momento de la historia ve usted que obra Dios?

5. ¿En qué aspectos de su vida se le pide a usted que sea leal? En su opinión, ¿cuáles son los riesgos y el costo de la lealtad?

Jueves

LA PROMESA QUE RECIBE

*T*odo lo que hizo Rut fue por amor a su suegra y al Dios de Noemí. Ella hizo una promesa en el camino a Belén, y era su firme decisión cumplirla. Si bien fue una promesa que una mujer le hizo a otra, a menudo se la cita en las ceremonias nupciales como una elocuente expresión de amor y lealtad entre cónyuges.

Rut no tenía cómo saber que su manera de bendecir a Noemí con el tiempo produciría bendición en su propia vida. Esa es una de las divinas ironías de nuestro Dios, que se deleita tanto en ver que amamos y bendecimos a otros, que él nos devuelve el doble del amor y la bendición que hayamos dado.

Promesas en las Escrituras

Iré adonde tú vayas, y viviré donde tú vivas. Tu pueblo será mi pueblo, y tu Dios será mi Dios.

—Rut 1:16

El que es generoso prospera;
*   el que reanima será reanimado.*

—Proverbios 11:25

Dichosos los compasivos,
*   porque serán tratados con compasión.*
Dichosos los de corazón limpio,
*   porque ellos verán a Dios.*

—Mateo 5:7–8

A los ricos de este mundo, mándales que no sean arrogantes ni pongan su esperanza en las riquezas, que son tan inseguras, sino en Dios, que nos provee de todo en abundancia para que lo disfrutemos. Mándales que hagan el bien, que sean ricos en buenas obras, y generosos, dispuestos a compartir lo que tienen. De este modo atesorarán para sí un seguro caudal para el futuro y obtendrán la vida verdadera.

—1 Timoteo 6:17–19

Viernes

SU LEGADO DE ORACIÓN

Las mujeres le decían a Noemí: «¡Alabado sea el SEÑOR, que no te ha dejado hoy sin un redentor! ¡Que llegue a tener renombre en Israel! Este niño renovará tu vida y te sustentará en la vejez, porque lo ha dado a luz tu nuera, que te ama y es para ti mejor que siete hijos».

—RUT 4:14–15

REFLEXIONE SOBRE: Rut 3—4

ALABE A DIOS: Porque les provee a los que no tienen quién les provea.

DÉ GRACIAS: Por la forma en que Dios ha usado a otras mujeres para proveer para usted, quizá su madre o suegra, sus hermanas o hijas.

CONFIESE: Toda tendencia a competir con otras mujeres.

PÍDALE A DIOS: Que la ayude a apreciar a su propia madre y suegra y que le dé una visión del poder que tienen dos mujeres unidas por lazos de amor y fe.

Eleve el corazón

Con facilidad presuponemos que las mujeres importantes de nuestra vida saben cuánto las apreciamos. Pero las tarjetas que les regalamos el Día de la Madre, u otras tarjetas amistosas por el estilo, no resuelven el asunto, por agradable que resulte darlas o recibirlas. Hace falta verbalizar nuestro amor de una manera sincera y en forma regular. No espere al Día de la Madre para invitar a su madre, a su suegra o a alguna amiga anciana a tomar el té o a participar de un almuerzo especial. Dígale cuánto afecto le tiene. (Asegúrese de dedicar un tiempo de antemano a pensar en todas sus excelentes cualidades. Anote algunas de ellas para que pueda ser más específica.) Incluso podría comprar un pequeño cuaderno para anotar todas las maneras en que la ha bendecido. Decore las páginas con figuras autoadhesivas coloridas o con dibujos. Envuélvalo junto con jabón perfumado y sales de baño, y entrégueselos como recuerdos que ella pueda atesorar.

Padre, te agradezco por las mujeres que han jugado un papel importante en mi vida. Por favor, bendice a cada una de manera especial hoy, y ayúdame a descubrir maneras de expresarles mi amor y gratitud.

Ana

SU NOMBRE SIGNIFICA

«Gentileza» o «favor»

Su Carácter: Provocada por la malicia de otra mujer, se rehusó a responderle del mismo modo. En cambio, volcó su dolor y tristeza delante de Dios, y permitió que él la vindicara.

Su Dolor: Sufrir burlas y ser incomprendida.

Su Gozo: Proclamar el poder y la bondad de Dios, y su costumbre de exaltar a los humildes y humillar a los orgullosos.

Escrituras Clave: 1 Samuel 1:1—2:11; 2:19–21

Lunes

SU HISTORIA

*Q*uedaba solo a unos veinticuatro kilómetros, pero cada año el viaje desde Ramá a Siló, donde iban para adorar en el tabernáculo, le parecía más largo. En su casa, Ana encontraba maneras de evitar encontrarse con la segunda esposa de su marido, pero cuando llegaban a Siló no hallaba manera de escapar a sus burlas. Ana se sentía como una carpa con goteras en medio de una lluvia intensa, imposibilitada de defenderse del clima hostil que reinaba en el corazón de la otra mujer.

Ni siquiera le proporcionaba protección Elcaná al rodearla con su brazo.

—Ana, ¿por qué lloras? ¿Por qué no comes? ¿Por qué estás resentida? ¿Acaso no soy para ti mejor que diez hijos? Es cierto que ella me ha dado hijos, pero es a ti a quien amo. Ignora sus burlas.

¿Cómo podía Ana hacerle entender que aun el mejor de los hombres no podía borrar el anhelo de una mujer por tener hijos? Sus intentos por reconfortarla solo agudizaban el dolor y aumentaban su sensación de aislamiento.

Una vez que llegaron al tabernáculo, Ana se quedó parada por largo tiempo, llorando y orando. Sus labios se movían sin emitir sonidos mientras su corazón derramaba su aflicción delante de Dios:

—Señor Todopoderoso, si te dignas mirar la desdicha de esta sierva tuya y, si en vez de olvidarme, te acuerdas de mí y me concedes un hijo varón, yo te lo entregaré para toda su vida, y nunca se le cortará el cabello.

El sacerdote Elí estaba acostumbrado a que la gente viniera a Siló a celebrar las fiestas donde comían y bebían más de lo que debían. Al observar a Ana desde la silla en la que estaba sentado a la entrada del templo, se preguntaba por qué le temblaban los hombros, y por qué sus labios se movían sin emitir sonido. Concluyó que debía estar ebria. Así que interrumpió su oración silenciosa con una reprensión:

—¿Hasta cuándo te va a durar la borrachera? ¡Deja ya el vino!

—No, mi señor; no he bebido ni vino ni cerveza. Soy solo una mujer angustiada que ha venido a desahogarse delante del Señor. No me tome usted por una mala mujer. He pasado este tiempo orando debido a mi angustia y aflicción.

Satisfecho por la explicación, Elí la bendijo, diciendo:

—Que el Dios de Israel te conceda lo que le has pedido.

Al día siguiente, temprano por la mañana, Ana y Elcaná regresaron a su hogar en Ramá, y allí finalmente Ana concibió un niño. Muy pronto tenía apoyado sobre su hombro el pequeñito que tanto ansiaba, el hijo que había dedicado a Dios. Luego de que Samuel fue destetado, ella se lo llevó al sacerdote Elí, en Siló. Al igual que Jocabed, que colocó al pequeño Moisés en las aguas del Nilo como si fuera en las propias manos de Dios, ella entregó su niño al cuidado del sacerdote. Luego el muchacho de Ana se convertiría en profeta y en el último juez de Israel. Sus manos ungieron tanto a Saúl como a David, que fueron los primeros reyes de Israel.

Al igual que Sara y Raquel, Ana gimió a causa de no poder tener hijos. Pero a diferencia de ellas, llevó sus angustias directamente al Señor. Incomprendida por su marido y por el sacerdote, fácilmente podía haber dirigido su dolor contra otros, volviéndose una amargada sin esperanza, o una persona vengativa. Pero en lugar de sentir lástima de sí misma, o pagar las burlas con la misma moneda, ella derramó su alma delante de Dios. Y Dios en su gracia respondió su oración.

Cada año Ana iba a Siló y le entregaba a Samuel una pequeña túnica que le había cosido. Y cada año, el sacerdote Elí bendecía a su marido Elcaná, diciéndole:

—Que el Señor te conceda hijos de esta mujer, a cambio del niño que ella pidió para dedicárselo al Señor.

Y así fue que Ana se convirtió en madre de tres hijos más y dos hijas. Los ecos de esa tremenda oración que Ana elevó en gratitud resonarían más de dos mil años después en la oración de María, la madre de Jesús (Lucas 1:46–55), en la que ella expresaba sus alabanzas:

—Mi corazón se alegra en el Señor; en él radica mi poder. Puedo celebrar su salvación y burlarme de mis enemigos... El Señor da la riqueza y la pobreza; humilla, pero también enaltece. Levanta del polvo al desvalido y saca del basurero al pobre (1 Samuel 2:1, 7–8).

Martes
SU VIDA Y SU ÉPOCA

INFERTILIDAD

*O*rando a través de las lágrimas, tan alterada que Elí llegó a pensar que estaba ebria, Ana expresa para las mujeres de todas las épocas la experiencia angustiosa de la infertilidad. El anhelo profundo e insatisfecho de tener hijos propios, el dolor de ver que otras dan a luz un hijo tras otro, la angustia de presenciar cómo una madre besa la carita a su bebé ... todo eso lo experimentó Ana.

Los israelitas consideraban que los hijos eran una particular bendición del Señor, y reconocían que él tenía poder para abrir o cerrar el vientre de una mujer. Las que no podían tener hijos eran consideradas como de categoría inferior, por ser incapaces de cumplir su propósito divino en la tierra. Cuando a una mujer no le era posible cumplir con este «deber», su sufrimiento emocional era tremendo. Y muy probablemente las mujeres estériles también sentían que se les negaba la posibilidad de ser una de las elegidas para llevar en su vientre al Mesías.

La infertilidad traía aparejado no solo un sufrimiento personal que debilitaba a la mujer, sino que también incluía los reproches del marido, la desaprobación de la familia de la esposa y el rechazo de la sociedad. Los maridos esperaban que sus esposas pudieran dar a luz muchos hijos varones para que ayudaran a sostener la familia. El clan familiar, tanto el de la mujer como el del su esposo, esperaban que ella continuara el linaje familiar y por lo tanto la percibían como una persona que no había cumplido con su responsabilidad cuando no tenía hijos. Y los círculos sociales compuestos de mujeres jóvenes en edad fértil, por su propia naturaleza, incluían a muchas de las que a menudo producían un niño tras otro. Era como si su fertilidad se burlara de la infertilidad de la mujer estéril cada vez que iba al mercado, al pozo de agua o a algún acontecimiento social de la comunidad.

Las Escrituras nos cuentan la historia de una cantidad de mujeres estériles. Sara se rió cuando se le dijo que finalmente tendría un hijo. Raquel se aferraba a su marido y le rogaba que le diera hijos, como si él pudiera hacer fértil su vientre. La angustia de Ana la llevó a buscar al único que de verdad podía proporcionarle ayuda.

Si Ana nunca hubiera tenido un hijo, igual habría figurado en la narración bíblica como una mujer de fe. Ana no fue una mujer de fe porque dio a luz un hijo; sino que es una mujer de fe porque buscó a Dios cuando estuvo en su momento de mayor aflicción, porque se había dado cuenta de que solo él podía responder a sus preguntas, y que solo él podía proporcionar el consuelo y el propósito que ella buscaba desesperadamente para su vida.

Miércoles

SU LEGADO EN LAS ESCRITURAS

Léase 1 Samuel 1:1—2:21.

1. ¿Qué reacción causó la falta de hijos de Ana en cada una de las personas relacionadas con dicho asunto? ¿En Ana misma? ¿En Penina? ¿En Elcaná?

2. ¿Qué fue lo que causó el cambio en Ana, según 1 Samuel 1:18? ¿Tuvo ella la seguridad de que recibiría lo que esperaba? Si fue así, ¿de qué modo? Si no fue así, ¿qué la reconfortó?

3. ¿En qué ocasión se sintió profundamente desilusionada? ¿Cómo fueron sus oraciones en dicho momento?

4. Describa cómo puede haberle resultado a Ana el tener que cumplir su voto a Dios. ¿Qué nos revela su forma de actuar en cuanto a su persona?

5. ¿Qué tiene que ver el canto de alabanza de Ana al Señor, que aparece en 1 Samuel 1:1–10, con los acontecimientos de esta historia? ¿Qué es lo que dice sobre Dios, y por qué resulta pertinente para la vida de ella?

Jueves

LA PROMESA QUE RECIBE

*C*uando Dios se encontró con Ana en el templo de Siló, no solo respondió su oración en la que pedía un hijo, sino que contestó su pedido de ser reconfortada en su aflicción. Le brindó consuelo en medio del desaliento y fortaleza para enfrentar su situación. Las Escrituras no nos dicen que ella se fuera con la seguridad de que tendría un hijo, pero sí deja muy en claro que se fue consolada, porque menciona que «su semblante cambió» (1 Samuel 1:18). Dios pudo proporcionarle lo que ni aun el amor y los cuidados de su marido Elcaná le pudieron brindar.

Dios anhela encontrarse con nosotros tal como lo hizo con Ana. Cualquiera sea nuestra aflicción, cualquiera sea la situación difícil que enfrentamos, él está dispuesto a suplir nuestras necesidades y darnos su gracia y su consuelo; es más: está deseoso de hacerlo. Ninguna otra persona —ni nuestro marido, ni nuestros amigos más cercanos, ni nuestros padres, ni nuestros hijos— puede brindarnos el alivio, apoyo y aliento que nuestro Dios pone a nuestra disposición.

Promesas en las Escrituras

Este es mi consuelo en medio del dolor:
que tu promesa me da vida.

—SALMO 119:50

Así que nos regocijamos en la esperanza de alcanzar la gloria de Dios. Y no solo en esto, sino también en nuestros sufrimientos, porque sabemos que el sufrimiento produce perseverancia; la perseverancia entereza de carácter; la entereza de carácter, esperanza. Y esta esperanza no nos defrauda, porque Dios ha derramado su amor en nuestro corazón por el Espíritu Santo que nos ha dado.

—ROMANOS 5:2–5

Ahora bien, sabemos que Dios dispone todas las cosas para el bien de quienes lo aman, los que han sido llamados de acuerdo con su propósito.

—ROMANOS 8:28

Viernes

SU LEGADO DE ORACIÓN

[Ana]con gran angustia comenzó a orar al SEÑOR *y a llorar desconsola-damente. Entonces hizo este voto: «*SEÑOR *Todopoderoso, si te dignas mirar la desdicha de esta sierva tuya y, si en vez de olvidarme, te acuerdas de mí y me concedes un hijo varón, yo te lo entregaré para toda su vida».*

—1 SAMUEL 1:10–11

REFLEXIONE SOBRE: 1 Samuel 2:1–10

ALABE A DIOS: Porque él conoce nuestro corazón.

DÉ GRACIAS: Por haber respondido ya muchas de sus oraciones.

CONFIESE: Su tendencia a revelar sus sentimientos a cualquier otra persona menos a Dios, haciendo de él el último recurso y no el primero.

PÍDALE A DIOS: Que le dé la gracia de confiar en su fortaleza.

Eleve el corazón

Una manera en la que puede desarrollar su confianza en Dios es formar el hábito de recordar. Resulta muy fácil olvidar todo lo que él ya hizo por usted y preocuparse por lo que desea que ahora mismo. Pero al olvidar sus bendiciones, desarrolla el hábito de la ingratitud. En cambio, si con frecuencia agradece a Dios por lo que hizo, formará un hábito de gratitud, lo que también profundizará su confianza en la compasión, misericordia, fidelidad y poder de Dios.

Consígase un cuaderno en blanco o un bonito álbum de recortes que pueda convertirse en un libro de recuerdos. Anote en él las formas en que Dios ha respondido sus oraciones. Guarde cartas, fotografías de seres queridos o recortes de periódicos: todo lo que le haga recordar las oraciones contestadas. Que su libro de recuerdos sea una manera tangible de mantener siempre presente en su corazón la fidelidad de Dios.

Padre, gracias por todas las oraciones que respondiste durante mi vida. Respondiste las grandes y las pequeñas, las que te hice por la mañana y las que hice por la noche, las silenciosas y las que elevé en alta voz, las que te presenté en medio de la ansiedad y las apacibles. Que mis oraciones se formen de acuerdo con tu fidelidad, y que se vuelvan menos egoístas y frenéticas, más calmas y confiadas conforme pasan los días. En el nombre de Jesús. Amén.

Mical

SU NOMBRE SIGNIFICA

«¿Quién es como Dios?»

Su Carácter:	Una mujer de emociones fuertes que fue incapaz de controlar las circunstancias importantes de su vida. Fue separada por la fuerza de sus dos maridos, y perdió a su padre y a su hermano que fueron asesinados salvajemente por sus enemigos.
Su Dolor:	Quedar atrapada en medio de interminable batalla entre Saúl y David.
Su Gozo:	Aunque duró poco, disfrutó de un apasionado amor por David.

Escrituras Clave: 1 Samuel 18:20–29; 19:11–17; 2 Samuel 6:16–23

Lunes

SU HISTORIA

Primera escena

Mical se asomó por sobre el antepecho de la ventana. Inclinándose hasta donde se animaba, pudo ver a su marido correr a través de las sombras de la noche con movimientos elásticos y oscilantes, como un cervatillo que trata de evadir a sus depredadores. Aun si su padre, el rey, lo persiguiera con sus ejércitos, tenía confianza de que no podría alcanzar a su David.

Ella había amado a ese pastorcito desde el mismo día en que lo vio calmar el alma atribulada de Saúl al tocar su arpa. Después de que derrotara al horroroso Goliat, con solo una honda y una piedra, todo Israel lo amó. Pero solo por ella David mató a doscientos filisteos, a fin de probar que la merecía.

Se alejó de la ventana, agradecida por la oportunidad de haber ayudado a su marido a escapar. Rápidamente vistió a uno de los ídolos que había en la casa, lo colocó en la cama y le puso en la cabeza un tejido de pelo de cabra para que pareciera que era David que dormía. Estaba lista para enfrentar a los hombres de su padre cuando llegaran a golpearle la puerta.

—Está enfermo —les dijo.

Así que volvieron hasta donde estaba el rey Saúl, que inmediatamente les ordenó ir de nuevo, y les dijo:

—Aunque esté en cama, ¡tráiganmelo aquí para matarlo!

Al descubrir el engaño, Saúl encaró a su hija:

—¿Por qué me has engañado así? ¿Por qué dejaste escapar a mi enemigo?

Mical bajó la vista y respondió:

—Él me amenazó con matarme si no lo dejaba escapar. —Contuvo la respiración con la certeza de que su padre nunca se tragaría una mentira tan descarada.

Segunda escena

*P*asaron nueve años, o quizá más. Mical miraba por la ventana con los brazos cruzados sobre el pecho, mientras observaba la escena que se desarrollaba abajo. David, que ahora era el rey, había entrado en Jerusalén saltando y danzando delante del arca del pacto que llegaba a la ciudad. Le pareció ridículo a Mical verlo así, más parecido a un cabrito retozón que a un gran rey.

David ofreció los sacrificios y bendijo al pueblo. Luego entró a su casa para bendecirla. Pero la hija de Saúl le salió al encuentro con una mirada desdeñosa:

—¡Qué distinguido se ha visto hoy el rey de Israel, desnudándose como un cualquiera en presencia de las esclavas de sus oficiales!

—Lo hice en presencia del SEÑOR, quien en vez de escoger a tu padre o a cualquier otro de su familia, me escogió a mí y me hizo gobernante de Israel, que es el pueblo del SEÑOR. De modo que seguiré bailando en presencia del SEÑOR, y me rebajaré más todavía, hasta humillarme completamente. Sin embargo, esas mismas esclavas de quienes hablas me rendirán honores.

Dos veces observó Mical a David desde una ventana. En la primera escena, las Escrituras la describen como la mujer de David; en la segunda, como la hija de Saúl. En efecto, su actitud había cambiado tanto que quedamos desconcertadas al ver cómo observa ella a David. A fin de comprender qué cosa puede haber modificado del corazón de Mical en los años intermedios, es necesario que encontremos el corredor que conecta las dos ventanas, ese pasaje que de alguna manera la llevó del amor al desprecio.

Tal vez Mical tenía la expectativa de que su separación de David fuera corta, forjando en su imaginación un final feliz a su amor de cuento de hadas. Quizá creía que David encontraría alguna manera de protegerla de la ira de su padre.

¿Habrá quedado sacudida al interponerse la vida real en la que su padre la castigó casándola con otro hombre? ¿Habrá crecido su amargura durante la larga ausencia de David? ¿Se habrá reconciliado finalmente con ese nuevo matrimonio para verse, de repente, arrancada de al lado de su marido cuando David exigió que le fuera devuelta después de la muerte de Saúl? ¿Cuestionaba, acaso los juicios de Dios, identificándose más con los muertos que con los vivos luego de que su padre muriera en una batalla desesperada contra los filisteos?

Quizá la amargura de Mical creció hasta transformarse en furia al descubrir que siempre había sido el títere de alguien, una simple mujer manipulada por hombres poderosos. Su propio padre la había usado, prometiéndosela a David con la esperanza de usarla como trampa para él. Y, finalmente, uno de sus hermanos se la había devuelto a David después de la muerte de Saúl, con lo cual legitimaba aun más el derecho de David al trono. Fue una princesa, luego una reina, pero en realidad no era sino una esclava.

La historia de Mical es trágica. A través de las difíciles circunstancias de su vida prácticamente no se ven evidencias de una fe capaz de sostenerla. En cambio, descubrimos que fue lanzada de aquí para allá, dejando que su corazón sacara sus propias amargas conclusiones. En la última escena con David, nos encontramos con una mujer cegada por el desprecio, que comete el mismo error que Dios le advirtió al profeta Samuel que no cometiera cuando buscaba un rey que sucediera al rebelde Saúl:

—No te dejes impresionar por su apariencia ni por su estatura, pues yo lo he rechazado. La gente se fija en las apariencias, pero yo me fijo en el corazón.

A decir verdad, Dios es el único que puede ver en las profundidades del corazón de cualquiera, incluso el de Mical. Él sabía todo lo que había sucedido, tanto lo bueno como lo malo. Sin embargo, la historia de Mical parece indicar que ella llegó a parecerse más a Saúl que a David. Como tal, nos recuerda que aun los que son víctimas tienen posibilidad de elegir. Por mucho que hayan pecado otros en contra de nosotros, igual tenemos la capacidad de decidir cuál será la actitud de nuestro corazón. Si nos volvemos hacia la misericordia de Dios y le pedimos que nos ayude, él no se rehusará. Aun cuando estemos en dificultades, él habitará en nosotros, y modelará nuestro caprichoso corazón a fin de que se asemeje al suyo.

Martes

SU VIDA Y SU ÉPOCA

ADORACIÓN

*C*uando David llevó el arca del pacto a Jerusalén, luego de que permaneciera en manos de los filisteos durante muchos años, y después de un fatídico intento anterior de trasladarla, lo hizo con un profundo sentido de temor reverente. Apenas se había movido seis pasos cuando se detuvieron para sacrificar un toro y un ternero engordado. Luego, mientras los sacerdotes llevaban el arca a Jerusalén, David «se puso a bailar ante el SEÑOR con gran entusiasmo» (2 Samuel 6:14), y la gente que estaba con él tocaba trompetas y gritaba.

El culto que David rendía al Señor no tenía nada de apagado ni restringido. Los salmos de alabanza que escribió también revelan su profundo amor por Dios, un amor tan plenamente envolvente que no podía contenerse, sino que estalló en adoración exuberante.

Los sacrificios y ofrendas constituían una parte importante de la adoración en tiempos del Antiguo Testamento. Dado que el pecado había separado al adorador de Dios, era necesario el sacrificio que restableciera la relación e hiciera posible la verdadera adoración. La respuesta a Dios en adoración tomaba distintas formas: oración, como cuando Salomón dedicó el templo (1 Reyes 8); alabanza a través del canto individual (2 Samuel 23:1) y de coros (Nehemías 12); alabanza a través de instrumentos musicales (Salmo 150); y alabanza por medio de la danza (Éxodo 15:20–21; 2 Samuel 6:14–16; Salmo 149:3).

Pero Dios deja bien en claro que a él no le satisfacen las meras formas de adoración. Los sacrificios, la música y la danza no tienen sentido alguno si no hay un corazón y una vida verdaderamente dedicados al Señor. Estas palabras de Dios al profeta Miqueas (Miqueas 6:6–8) claramente señalan esta verdad:

> *¿Cómo podré acercarme al SEÑOR*
> *y postrarme ante el Dios Altísimo?*
> *¿Podré presentarme con holocaustos*
> *o con becerros de un año?*
> *¿Se complacerá el SEÑOR con miles de carneros,*
> *o con diez mil arroyos de aceite?*
> *¿Ofreceré a mi primogénito por mi delito,*
> *al fruto de mis entrañas por mi pecado?*
> *¡Ya se te ha declarado lo que es bueno!*
> *Ya se te ha dicho lo que de ti espera el SEÑOR:*

Practicar la justicia, amar la misericordia,
   y humillarte ante tu Dios.

El menosprecio de Mical por su marido David revela su propia falta de verdadera entrega. Se conformaba con ser una espectadora crítica en lugar de una verdadera adoradora de Dios. Siempre que alguien asigna prioridad a las apariencias, la tradición o las formas por encima del verdadero deseo de adorar a nuestro Dios y Salvador, es mejor que ande con cuidado y que lea las palabras de Dios al profeta Miqueas, que resultan tan pertinentes para nosotros hoy como lo fueron para los israelitas de tiempos del profeta.

Miércoles

SU LEGADO EN LAS ESCRITURAS

Léase 1 Samuel 18:20–27; 19:11–17.

1. ¿De qué modo describiría a Mical según estos pasajes?

Léase 1 Samuel 25:43–44 y 2 Samuel 3:14–16.

2. Luego de que Mical ayudó a David a escapar, no lo vio durante más de nueve años.¿Qué efecto habrán producido en ella los acontecimientos en los años intermedios? ¿Cómo la habrían afectado a usted?

Léase 2 Samuel 6:12–23.

3. ¿Por qué le parece que Mical reaccionó ante esta escena de adoración del modo en que lo hizo? ¿Por qué habrá estado mirando desde la ventana de su cuarto en lugar de participar junto con la multitud?

4. ¿Cuál es el principal obstáculo que se le presenta a usted en cuanto a rendir verdadera adoración? ¿Qué es lo que podría derribar esa barrera de modo que se convirtiera en participante en lugar de ser espectadora?

5. ¿Qué intentaba David comunicarle a Mical, según 2 Samuel 6:21–22?

6. Piense en su propia experiencia de sufrimiento, o quizá como víctima de la acción de otros. ¿De qué manera respondió? ¿El sufrimiento ha tendido a volverla más dura y amargada? ¿Destrozada e impotente? ¿Fortalecida y llena de fe? ¿Por qué?

Jueves

LA PROMESA QUE RECIBE

*E*l menosprecio de Mical por la verdadera adoración se puede contrastar con el aprecio que David sentía por la adoración. Él adoró a Dios con total entrega, con corazón sincero. Su devoción era tan profunda, tan real, que necesitaba expresarla a través de una alabanza desbordante y de una danza «con gran entusiasmo». Ese es el tipo de adoración que Dios espera recibir de su pueblo, y él responde a ella con una promesa de bendición.

Promesas en las Escrituras

Tributen al Señor la gloria que corresponde a su nombre;
preséntense ante él con ofrendas,
adoren al Señor en su hermoso santuario.

—1 Crónicas 16:29

¡Vamos, bendigan al Señor su Dios desde ahora y para siempre. ¡Bendito seas, Señor! ¡Sea exaltado tu glorioso nombre, que está por encima de toda bendición y alabanza! ¡Solo tú eres el Señor! Tú has hecho los cielos, y los cielos de los cielos con todas sus estrellas. Tú le das vida a todo lo creado: la tierra y el mar con todo lo que hay en ellos. ¡Por eso te adoran los ejércitos del cielo!

—Nehemías 9:5–6

Vengan, postrémonos reverentes,
doblemos la rodilla ante el Señor nuestro Hacedor.
Porque él es nuestro Dios.

—Salmo 95:6–7

Entren por sus puertas con acción de gracias;
vengan a sus atrios con himnos de alabanza;
denle gracias, alaben su nombre.

—Salmo 100:4

Viernes

SU LEGADO DE ORACIÓN

Mical, la otra hija de Saúl, se enamoró de David. Cuando se lo dijeron a Saúl, le agradó la noticia y pensó: «Se la entregaré a él, como una trampa para que caiga en manos de los filisteos».

—1 SAMUEL 18:20–21

Sucedió que, al entrar el arca del SEÑOR a la Ciudad de David, Mical, hija de Saúl, se asomó a la ventana; y cuando vio que el rey David estaba saltando y bailando delante del SEÑOR, sintió por él un profundo desprecio.

—2 SAMUEL 6:16

REFLEXIONE SOBRE: 1 Samuel 19:11–17; 2 Samuel 6:16–23

ALABE A DIOS: Porque él es el mismo hoy, ayer y por los siglos.

DÉ GRACIAS: Porque Dios nos da libertad para elegir cómo hemos de responderle.

CONFIESE: Que ha permitido que el escepticismo o el cinismo se infiltre en su fe.

PÍDALE A DIOS: Que aumente su temor reverente hacia él.

Eleve el corazón

David era tan exuberante que danzó en público como expresión de adoración a Dios. Tal vez usted todavía no esté lista para mostrar su alegría por las calles, pero puede aflojarse un poco y levantar las manos al orar o visitar una iglesia cuyo estilo de adoración no es el estilo al que está acostumbrada o sencillamente cantar y danzar mientras escucha una grabación de adoración y alabanza cuando está a solas en su hogar. Hágalo. ¡Deléitese en la presencia de Dios! Si él no es digno de entusiasmo, ¿quién lo es?

¡Aclamen alegres a Dios, habitantes de toda la tierra! Canten salmos a su glorioso nombre; ¡ríndanle gloriosas alabanzas! Díganle a Dios: «¡Cuán imponentes son tus obras! Es tan grande tu poder que tus enemigos mismos se rinden ante ti. Toda la tierra se postra en tu presencia, y te cantan salmos; cantan salmos a tu nombre» (Salmo 66:1–4).

Abigaíl

SU NOMBRE SIGNIFICA

«Mi Padre es alegría»

Su Carácter: Generosa, perspicaz y sabia, la podemos considerar una de los grandes pacificadores que aparecen en la Biblia.

Su Dolor: Haber formado una pareja despareja con su primer marido.

Su Gozo: Que Dios la usara para salvar vidas, y que luego la convirtiera en la esposa de David.

Escritura Clave: 1 Samuel 25:2–42

Lunes

SU HISTORIA

Mentecato, necio, badulaque: estas palabras nos impresionan como duras y a la vez percibimos en ellas un cierto componente de humor. Sin embargo, una mujer casada con un hombre digno de semejantes rótulos tendría muy pocas razones para reír.

Abigaíl debe de haberse sentido sofocada por tener junto a ella un marido de ese tipo. Su padre tal vez había pensado que el acaudalado Nabal sería un buen partido, sin darse cuenta de que la actitud dominante de ese hombre podría un día poner en peligro el futuro de su hija. Pero los necios y la ruina mantienen una relación estrecha, según descubriría Abigaíl.

Durante un buen tiempo Abigaíl había oído hablar de David: su encuentro con Goliat, su aspecto bello y saludable, su destreza en la batalla, su ruptura con el rey Saúl. Recientemente se había convertido en vecino de ellos, en el desierto de Maón, al oeste del Mar Muerto, en dónde se había refugiado al huir de Saúl. Desde la llegada de David con sus seiscientos hombres, los merodeadores se habían alejado del ganado de su marido y, como resultado, sus rebaños prosperaban.

Pero cuando David envió a diez de sus hombres a pedirle algunas provisiones, Nabal, que se había vuelto cada día más rico gracias a David, prácticamente les escupió en el rostro.

—¿Y quién es ese tal David? Hoy día son muchos los esclavos que se escapan de sus amos. ¿Por qué he de compartir mi pan y mi agua, y la carne que he reservado para mis esquiladores, con gente que ni siquiera sé de dónde viene?

Siendo tan rico, Nabal acababa de insultar neciamente al hombre más poderoso de la región.

Consciente del riesgo que corrían, uno de los sirvientes corrió rápidamente en busca de Abigaíl, rogándole que interviniera. Como esposa de Nabal, seguramente había soportado su arrogancia todos los días de su vida. Pero en esta ocasión su desatino ponía en peligro a toda la casa. Sin demora y sin decirle palabra a su marido, preparó una caravana de asnos cargados con regalos para David y sus hombres, como pan recién horneado, odres de vino, carne roja, y varios otros bocados exquisitos, y se dirigió hacia el campamento de David. Tan pronto como ella lo divisó, se arrojó al suelo, a sus pies, e hizo uno de los discursos más largos dados por una mujer que registra la Biblia. Le rogó así:

—Señor mío, que la culpa caiga solo en mí. No haga usted caso de ese grosero de Nabal, pues le hace honor a su nombre, que significa "necio". La necedad lo acompaña por todas partes. Yo, por mi parte, no vi a los mensajeros que usted, mi señor, envió. Yo le ruego que perdone la falta de esta servidora suya. Ciertamente el SEÑOR le dará a usted una dinastía que se mantendrá firme, y nunca nadie podrá hacerle a usted ningún daño, pues usted pelea las batallas del SEÑOR. Que no se halle en usted ningún mal mientras viva. Aun si alguien lo persigue con la intención de matarlo, su vida estará protegida por el SEÑOR su Dios, mientras que sus enemigos serán lanzados a la destrucción.

Sus palabras, muy bien seleccionadas, por supuesto, hicieron que David recordara su éxito al enfrentar a Goliat, a la vez que aplacaron su ira y le permitieron responderle con gracia:

—¡Bendito sea el SEÑOR, Dios de Israel, que te ha enviado hoy a mi encuentro! ¡Y bendita seas tú por tu buen juicio, pues me has impedido derramar sangre y vengarme con mis propias manos! Si no te hubieras dado prisa en venir a mi encuentro, para mañana no le habría quedado vivo a Nabal ni uno solo de sus hombres. —Además de salvar vidas, la sabiduría de Abigaíl había librado a David de pecar, al recordarle que la venganza le pertenece solo a Dios.

Después de su encuentro con David, Abigaíl se dirigió a Carmel, donde Nabal estaba esquilando sus ovejas y celebrando su buena fortuna. Una vez más lo encontró comportándose como un necio. Ignorando el peligro, presidía, borracho, un banquete festivo, como si fuera un gran rey. Ella esperó hasta la mañana, a que estuviera sobrio, para contarle lo que había sucedido. Tan pronto como escuchó aquella noticia, le dio un ataque al corazón. Diez días después, murió.

La arrogancia, la avaricia y el egoísmo se confabularon para despojar a Nabal del poco sentido común que pudiera quedarle. Creyéndose un gran hombre cuando solo era uno insignificante, lo perdió todo. Abigaíl era lo opuesto a Nabal: una mujer cuya humildad, fe, generosidad, inteligencia y sinceridad la hicieron sabia. En lugar de poner a los demás en peligro a causa de una lengua ingobernable, sus palabras llenas de gracia salvaron vidas.

Cuando David recibió la noticia de la muerte de Nabal, envió un mensaje a Abigaíl pidiéndole que fuera su esposa. Esta vez Abigaíl pudo elegir si casarse o no. Ella aceptó, y se convirtió en la tercera esposa de David y luego en la madre de su segundo hijo, Quileab.

A diferencia de Mical, que había sido un peón en un tablero de ajedrez, Abigaíl fue una mujer que se sobrepuso a sus circunstancias a fin de cambiar el curso de los acontecimientos. A pesar de que las Escrituras no ofrecen detalles con respecto a su vida diaria, resulta lógico suponer que ella había sido una buena esposa para Nabal. Aun su suplica a David constituyó una acción que la mostraba como buena esposa. Quizá su matrimonio sirvió de catalizador para formar su carácter, y la ayudó a cultivar virtudes que contrastaban con los defectos de Nabal. Sea como fuere, mediante su acción ingeniosa, libró la vida y los bienes de su marido. Fue Dios (no Abigaíl ni David) el que le dio a Nabal el pago por su arrogancia y avaricia.

Martes

SU VIDA Y SU ÉPOCA

ALIMENTOS

*D*oscientos panes, dos odres de vino, cinco ovejas para asar, una medida de treinta y cinco litros de trigo tostado, cien tortas de uvas pasas y doscientas tortas de higos: ¡qué fiesta! Abigaíl preparó una comida maravillosa para David y sus hombres.

Aun cuando el hambre no era desconocida en esa área, Palestina tenía reputación de ser una «tierra en la que fluían leche y miel». El alimento básico de la tierra era el pan. El pan de los tiempos bíblicos era tosco, oscuro y rico en nutrientes. Los que trabajaban en el campo generalmente se llevaban dos pequeños panes ahuecados, uno relleno de aceitunas y el otro de queso. El ofrecimiento de doscientas piezas de dicho pan que les hizo Abigaíl, constituía un auspicioso comienzo para la comida de David y sus hombres.

El vino era la bebida más común en esa tierra cálida. Los jugos fermentaban muy rápidamente guardados en odres. A menudo se mezclaba el vino con agua para lograr una bebida refrescante que acompañara la comida. También se utilizaba el vino como desinfectante (Lucas 10:34) y como medicina (1 Timoteo 5:23).

Lo siguiente que tomó Abigaíl fueron cinco «ovejas para asar». Se las mataba, se les sacaba la piel y se las dejaba listas para ser cocinadas. Como las ovejas ya estaban listas, los hombres de David simplemente tenían que hacer un fuego y cocinar las partes de estos corderos para comérselos. Las ovejas, jóvenes o viejas, constituían la mayor parte de la dieta de carne consumida por los israelitas, así como también los becerros, los cabritos y diferentes tipos de aves. Los cazadores, además, traían venados, antílopes y otros animales salvajes, y los pescadores les proveían de distintas clases de pescado, algo que los israelitas habían dejado de comer durante su vida en el desierto, por lo que se quejaban.

El grano tostado constituía un alimento que podía comerse en cualquier momento y en cualquier lugar. Dado que David y sus hombres eran perseguidos con frecuencia, este tipo de comida resultaba un agregado muy útil para su dieta. El grano tostado junto con un poco de vino a veces constituía un rápido almuerzo para los trabajadores del campo (Rut 2:14).

Como postre, o al menos como algo dulce para comer, Abigaíl reunió cien tortas de uvas pasas y doscientas tortas de higos. Palestina estaba repleta de productos de los viñedos y de las higueras, de tal manera que esas plantas llegaron a constituirse en una metáfora de la vida segura y abundante. «Durante el reinado de Salomón, todos los habitantes de Judá y de Israel, desde Dan hasta Berseba, vivieron seguros bajo su propia parra y su propia higuera» (1 Reyes 4:25). Ellos contaban con fruta fresca de muchos tipos diferentes a lo largo del año, pero los primeros higos que aparecían en el árbol cada temporada eran considerados un manjar especial. Los higos secos y las pasas de uva también constituían una comida excelente para los que iban de viaje, lo cual era ideal para David y sus hombres.

Las mujeres en las casas israelitas eran las que acostumbraban a preparar la comida (¡algunas cosas nunca cambian!). Generalmente elaboraban los alimentos mezclando elementos; o sea que mezclaban algunos trozos pequeños de carne con vegetales, arroz, granos y a veces frutas para preparar la comida, en lugar de cocinarlos por separado, como comúnmente se hace hoy. La dieta de los israelitas podía llegar a ser tan variada (dependiendo de la época del año y de la capacidad adquisitiva de los individuos) como la que disfruta mucha gente de nuestro tiempo.

Los escritores del Nuevo Testamento usaban la comida como metáfora para hablar del alimento espiritual. Pablo habla de la leche que todavía necesitaban los nuevos cristianos en lugar del alimento sólido (1 Corintios 3:2), y el escritor de Hebreos señala con respecto a los cristianos cuyo crecimiento espiritual era tan lento que ellos todavía necesitaban leche y no alimento sólido (Hebreos 5:11–14). Jesús les recordó a sus discípulos que «la vida es más que el alimento» (Lucas 12:23–26), y que no deberíamos preocuparnos mucho por él.

Miércoles
SU LEGADO EN LAS ESCRITURAS

Leer 1 Samuel 25:2–42.

1. ¿Cómo se imagina la vida diaria de Abigaíl al estar casada con Nabal?

2. ¿Cómo habría lidiado usted con un marido como Nabal? ¿En qué clase de persona se habría convertido usted?

3. ¿Qué trato dio Abigaíl a un hombre arrogante (Nabal) y a un hombre airado (David)?

4. ¿Cómo reacciona usted cuando alguien que ejerce autoridad sobre usted toma una mala decisión? Si dicha elección la afecta, ¿qué debería hacer?

5. ¿De qué modo le gustaría crecer en su manera de relacionarse con los hombres?

Jueves

LA PROMESA QUE RECIBE

*A*bigaíl era una mujer valiente que supo sacar el mayor provecho de una situación difícil. Conocía los principios culturales que regían en ese momento: Nabal (simplemente por una cuestión de buena hospitalidad y de gratitud por la protección que le brindaron los hombres de David) debió de haberles dado lo que le pedían. Sin embargo, cuando David buscó vengarse, Abigaíl intercedió delante de él, pues se daba cuenta de que la venganza no le correspondía a David (tampoco a ella).

Al parecer, los años en que vivió con Nabal no produjeron amargura en Abigaíl, ni tampoco la llevaron a buscar cómo devolverle el maltrato o vengarse de él. El Señor honró a Abigaíl por su coherencia, su generosidad y su disposición a mantenerse en el camino correcto, por difícil que resultara. Asimismo, Dios continúa honrando hoy a los que son fieles aun cuando su fidelidad les crea problemas, penurias y dolor. Él no promete librarnos siempre, como libró a Abigaíl, pero sí nos promete estar con nosotros.

Promesas en las Escrituras

Oye, Señor; compadécete de mí.
¡Sé tú, Señor, mi ayuda!
Convertiste mi lamento en danza;
me quitaste la ropa de luto y me vestiste de fiesta,
para que te cante y te glorifique y no me quede callado.
¡Señor, mi Dios, siempre te daré gracias!

—Salmo 30:10–12

No me niegues, Señor, tu misericordia;
que siempre me protejan tu amor y tu verdad.

—Salmo 40:11

Así que no temas, porque yo estoy contigo;
no te angusties, porque yo soy tu Dios.
Te fortaleceré y te ayudaré;
te sostendré con mi diestra victoriosa.

—Isaías 41:10

Viernes

SU LEGADO DE ORACIÓN

David le dijo entonces a Abigaíl: «¡Bendito sea el SEÑOR, Dios de Israel, que te ha enviado hoy a mi encuentro! ¡Y bendita seas tú por tu buen juicio, pues me has impedido derramar sangre y vengarme con mis propias manos!».

—1 SAMUEL 25:32–33

REFLEXIONE SOBRE: 1 Samuel 25:2–42

ALABE A DIOS: Por llamarla a ser una pacificadora en su familia, en su vecindario e incluso en el mundo.

DÉ GRACIAS: Porque Dios conoce todos los desafíos que enfrentas en tu matrimonio.

CONFIESE: Cualquier amargura que se haya instalado en ti con respecto a tu matrimonio.

PÍDALE A DIOS: Que use la relación que tiene con su marido para fortalecer el carácter y aumentar la fe que usted tiene.

Eleve el corazón

Si todavía no asumió el compromiso de orar a diario por su marido, hágalo hoy. Aparte unos minutos para entregar a Dios su matrimonio, pidiéndole específicamente que bendiga a su cónyuge. Trate de evitar centrarse en su lista de quejas y en cambio ore por las necesidades que tiene su marido. Pídale a Dios que moldee la relación matrimonial y que la use para sus propósitos. Abandone todo deseo de controlar a su marido; más bien, pídale a Dios que obre en su vida.

Padre, te pido que bendigas a mi marido en cada faceta de su vida:

> *en su salud*
> *en su trabajo*
> *en su relación con nuestros hijos*
> *en la relación entre nosotros dos*
> *en su relación contigo.*

No permitas que nada ni nadie, incluyéndome a mí, estorbe tu obra en su vida.

La mujer de Endor

Su Carácter: Le mostró compasión a Saúl en la víspera de su muerte y ejerció su poder al actuar como médium.

Su Dolor: Haberle entregado un mensaje sin esperanza al rey de Israel

Escritura Clave: 1 Samuel 28:3-25

Lunes
SU HISTORIA

*E*ra una noche de apariciones atemorizantes. Mirando furtivamente a través de la puerta de entrada abierta, la mujer se paralizó y retrocedió un paso. Un rostro asomaba delante de ella, flotando como una blanca luna llena en la oscuridad exterior. Antes de que pudiera cerrar la puerta, sintió que unos dedos aferraban su muñeca.

—Por favor —dijo una voz—. Quiero que evoques a un espíritu. Haz que se me aparezca el que yo te diga.

El hombre corpulento empujó la puerta y entró, seguido por otros dos. Ella percibió el olor de su miedo cuando pasó por delante de ella y se sentó en el sillón.

—¿Acaso no sabe usted lo que ha hecho Saúl? —respondió la mujer—. ¡Ha expulsado del país a los adivinos y a los hechiceros! ¿Por qué viene usted a tenderme una trampa y exponerme a la muerte?

—¡Tan cierto como que el Señor vive, te juro que nadie te va a castigar por esto! —contestó Saúl.

—¿A quién desea usted que yo haga aparecer?

—Evócame a Samuel —respondió Saúl.

Así que la mujer se sentó y cedió, haciendo de su alma un puente para que cruzaran por él los muertos.

De pronto gritó:

—¡Pero usted es Saúl! ¿Por qué me ha engañado?

El rey la calmó, diciéndole:

—No tienes nada que temer. Dime lo que has visto.

—Veo un espíritu que sube de la tierra.

—¿Y qué aspecto tiene?

—El de un anciano, que sube envuelto en un manto.

Saúl se inclinó y se postró, colocando el rostro en tierra.

Samuel le dijo a Saúl:

—¿Por qué me molestas, haciéndome subir?

— Estoy muy angustiado —respondió Saúl—. Los filisteos me están atacando, y Dios me ha abandonado. Ya no me responde, ni en sueños ni por medio de profetas. Por eso decidí llamarte, para que me digas lo que debo hacer.

Samuel le replicó:

—Pero si el SEÑOR se ha alejado de ti y se ha vuelto tu enemigo, ¿por qué me consultas a mí? El SEÑOR ha cumplido lo que había anunciado por medio de mí: él te ha arrebatado de las manos el reino, y se lo ha dado a tu compañero David. Mañana tú y tus hijos se unirán a mí, y el campamento israelita caerá en poder de los filisteos.

La mujer se estremeció una vez entregado el mensaje. Con razón el rey parecía tan desolado. El temor había acabado con la expresión de vida de su rostro, otrora fuerte, haciendo que se le hundieran los ojos, y se le marcaran profundos surcos en las mejillas y la frente.

Sintió pena por él, y le dijo:

—Yo, su servidora, le hice caso a usted y, por obedecer sus órdenes, me jugué la vida. Ahora yo le pido que me haga caso a mí. Déjeme traerle algún alimento para que coma; así podrá recuperarse y seguir su camino.

Amablemente, le sirvió a Saúl la que tal vez sería su última comida. Al día siguiente, él estaba muerto. Herido en la batalla, se arrojó sobre su propia espada, decidido a acabar con el asunto antes de que sus enemigos pudieran alcanzarlo. Fiel a su estilo, Saúl, que siempre había tratado de controlar su destino, controló aun la forma de morir. Pero no pudo controlar lo que sucedió después. Al descubrir su cuerpo, los filisteos celebraron seccionándole la cabeza y colgándola en el templo de su dios. Entonces colgaron también su cuerpo en el muro de un pueblo cercano como trofeo. El primer rey de Israel se había convertido en un horrendo espectáculo.

La mujer de Endor era una persona extraña, sumida en el ocultismo; sin embargo, fue bondadosa y maternal en su actitud hacia el atormentado rey. Por alguna razón Dios le permitió evocar al profeta Samuel, aunque la necromancia (conjurar a los espíritus con el propósito de conocer los acontecimientos futuros o influir sobre ellos) estaba estrictamente prohibida en Israel.

Tal vez ella se había convertido en médium porque las mujeres en esos días tenían muy poco poder. O quizá le pareció una forma de dar expresión a su naturaleza, siempre dispuesta a ayudar. Pero al entregarle su alma a los espíritus, se maltrataba ella misma de la peor manera posible y distorsionaba su dignidad como persona solo por obtener poder. No es de sorprenderse que Saúl, que siempre trató de controlar el futuro, pasara sus últimos momentos consultándola, y que al hacerlo quebrantara sus propias leyes. Paso a paso, sus inseguridades se habían apoderado de él, apropiándose de su alma y quitándole la capacidad de depender de Dios en vez de confiar en sí mismo.

Esa noche, cuando la adivina de Endor miró a los ojos al hombre más poderoso de Israel, vio el terror que había en ellos. ¿La habrá sacudido esa visión? ¿Se habrá visto ella misma en él? ¿Acaso su encuentro con un verdadero profeta la habrá llevado a abandonar su oficio de médium? No tenemos idea de lo que le sucedió. Lamentablemente, su encuentro con Saúl señala uno de los puntos más bajos de la vida del primer rey de Israel, y revela la desintegración de un hombre cuyo futuro fue destruido por la desobediencia.

El trágico final de Saúl nos recuerda que el antídoto contra el temor siempre es la confianza. Solo la fe puede librarnos de nuestras peores pesadillas, y la fe es un don que se alimenta de la obediencia, o se muere de hambre a causa de la desobediencia. Abandonando nuestro propio deseo de manipular y controlar a la gente y las circunstancias, tenemos que confiar en que Dios usará su poder en nuestro favor.

Martes

SU VIDA Y SU ÉPOCA

HECHICERÍA

*R*esulta irónico que el propio Saúl, que rehusó prestar atención a las palabras proféticas de Samuel cuando él estaba vivo, ahora desobedeciera las leyes que él mismo había establecido con la intención de poder escuchar a Samuel una última vez. La desesperación de Saúl debe de haber sido muy grande para que consultara con una médium, a fin de incursionar por el ocultismo.

Los pueblos antiguos tenían la sensación de vivir en contacto estrecho con el mundo espiritual circundante. Dependían de la adivinación y de la predicción del futuro como ayuda para evitar los posibles problemas que hubiera por delante, y utilizaban rituales ocultistas para intentar adquirir control sobre la gente, los objetos y hasta la naturaleza.

Los magos estudiaban las entrañas de los animales y el vuelo de los pájaros para obtener información acerca del futuro. Examinaban las estrellas e interpretaban sueños. Invocaban a los muertos para hacer uso de su sabiduría. En ocasiones, hasta reunían información a partir de sucesos tan comunes como un estornudo.

Desde el mismo comienzo, Dios mandó a su pueblo que no tuviera nada que ver con la hechicería en ninguna de sus formas. Sus palabras fueron claras y firmes, y hasta podemos pensar que ásperas: «Cualquiera de ustedes, hombre o mujer, que sea nigromante o espiritista, será condenado a muerte. Morirá apedreado y será responsable de su propia muerte» (Levítico 20:27).

Hoy el interés por el espiritismo y por los médium se ha fortalecido otra vez, y sería bueno considerar lo que alimenta esa fascinación. Palabras como *esperar, depender, rendirse* y *obedecer* causan fastidio. Más bien nos gustaría encontrar maneras de controlar el curso de los acontecimientos. Sin embargo, la vida espiritual muchas veces es contraria a lo intuitivo. Cuando abrazamos el camino de la fe y confiamos en Dios, y lo seguimos aun cuando nos lleve por una senda que nos resulta poco familiar y hasta desconocida, lo que parecería reducir nuestra experiencia, en realidad nos lleva a crecer. La historia de Saúl y la adivina de Endor nos recuerda que realmente no hay nada nuevo en cuanto al comportamiento humano. Debajo de la piel, todos experimentamos los mismos deseos, tentaciones y necesidades. En aquel entonces, y también ahora, la felicidad radica en la fe y en la confianza.

Miércoles

SU LEGADO EN LAS ESCRITURAS

Léase 1 Samuel 28:3–25

1. La adivina de Endor se muestra temerosa en esta historia. ¿Por qué sentía temor?

2. Según su opinión, ¿quién se apareció en 1 Samuel 28:13? ¿Fue realmente Samuel o un espíritu que se hizo pasar por él? Explique por qué lo cree así.

3. ¿Qué descubre acerca de las prácticas del ocultismo en este relato?

4. ¿De qué modo, si es que alguna vez lo hizo, consultó a los espíritus (horóscopos, cartas, libros, adivinación, tablas ouija) para planificar su futuro o simplemente por «diversión»? ¿Por qué le parece que la Biblia dice que jamás debemos hacer estas cosas, ni aun por diversión?

5. Considere lo amable que se mostró la mujer con Saúl en 1 Samuel 28:21–25. Si alguien que practica el ocultismo puede ser una persona tan amable, ¿cómo piensa que eso pueda afectar su perspectiva en cuanto a la práctica del ocultismo y a los que lo practican? ¿Por qué?

Jueves

LA PROMESA QUE RECIBE

*D*e una manera tal vez ambigua, la mujer de Endor nos revela nuestra necesidad de confiar en Dios. Como seres humanos, muchos de nosotros nos parecemos a Saúl: estamos temerosos del futuro, apartados de nuestros seres queridos y de Dios, dispuestos a recurrir a cualquier lugar en busca de ayuda. Sin embargo, Dios es nuestra única fuente verdadera de ayuda y consuelo. Prometió guiarnos, orientarnos y planear nuestros pasos. No promete revelarnos el futuro, pero sí promete acompañarnos cuando avanzamos hacia él.

Promesas en las Escrituras

Pueblo de Sión, que habitas en Jerusalén, ya no llorarás más. ¡El Dios de piedad se apiadará de ti cuando clames pidiendo ayuda! Tan pronto como te oiga, te responderá. Aunque el Señor te dé pan de adversidad y agua de aflicción, tu maestro no se esconderá más; con tus propios ojos lo verás. Ya sea que te desvíes a la derecha o a la izquierda, tus oídos percibirán a tus espaldas una voz que te dirá: «Este es el camino; síguelo».

—Isaías 30:19–21

Fortalezcan las manos débiles,
afirmen las rodillas temblorosas;
digan a los de corazón temeroso:
«Sean fuertes, no tengan miedo».
Su Dios vendrá...
vendrá a salvarlos...
Habrá allí una calzada
que será llamada Camino de santidad.
¡Por allí pasarán solamente los redimidos!

—Isaías 35:3–4, 8–9

Así dice el Señor:

«Deténganse en los caminos y miren;
pregunten por los senderos antiguos.
Pregunten por el buen camino,
y no se aparten de él.
Así hallarán el descanso anhelado.

—Jeremías 6:16

Viernes

SU LEGADO DE ORACIÓN

No acudan a la nigromancia, ni busquen a los espiritistas, porque se harán impuros por causa de ellos. Yo soy el SEÑOR su Dios.

—LEVÍTICO 19:31

REFLEXIONA SOBRE: 1 Samuel 28:3–25

ALABE A DIOS: Porque él nos protege del mal.

DÉ GRACIAS: Porque él no se esconde de los que lo aman y lo siguen.

CONFIESE: Todo trato que haya tenido con el ocultismo mediante uso de cartas de tarot, consultas a horóscopos, visitas a adivinos, lectura de libros de ocultismo.

PÍDALE A DIOS: Que la limpie y la libere de cualquier efecto nocivo de dicho contacto con el ocultismo.

Eleve el corazón

A veces nos exponemos de manera ingenua al ocultismo: leemos el horóscopo en el periódico, se nos antoja consultar a una médium, o pensamos que las cartas del tarot constituyen simplemente un juego inocente. En otras ocasiones nuestro interés se vuelve más serio, sobre la base del deseo de adquirir conocimiento, recibir sanidad, o lograr cierto poder sobre otros y aun sobre nuestra propia persona. Si alguna vez incursionó en el ocultismo, este es el momento de sincerarse ante Dios. Dígale que lo lamenta y exprésele su decisión de seguirlo a él, quitando de su hogar cualquier cosa que se relacione, aun remotamente, con el ocultismo. Confiésele a su pastor o a algún amigo cristiano maduro que estuvo involucrada en eso, y pídales que oren con usted al buscar el perdón y la protección de Dios.

Padre, perdóname por mi participación en el ocultismo. No quiero tener nada que ver con el reino del mal. Sácame de la oscuridad e introdúceme en la luz de tu presencia. Líbrame de todo efecto que aun persista a causa de mi participación, y ayúdame a confiar plenamente en ti en cuanto a mi futuro.

Betsabé

Su Carácter: Su belleza la convirtió en víctima del deseo de un rey. Aunque resulta difícil discernir cuál era su verdadero carácter, parece haber encontrado el valor para soportar la tragedia, ganar la confianza del rey y finalmente asegurarle el reino a su hijo Salomón.

Su Dolor: Haber sido violentada sexualmente por un supuesto hombre piadoso, que luego hizo matar a su marido. Haber sufrido la pérdida de uno de sus hijos.

Su Gozo: Haber dado a luz cinco hijos, uno de los cuales se convirtió en rey de Israel luego de la muerte de David.

Escrituras Clave: 2 Samuel 11:1—12:25

Lunes
SU HISTORIA

*B*etsabé estrujó la esponja, pasándosela rítmicamente por el cuerpo como para calmar la incesante cadencia de sus pensamientos. Por lo general, ella disfrutaba de ese baño ritual que señalaba el fin de su período menstrual, pero esta noche el agua suavizaba su piel sin refrescar su espíritu.

Debería sentirse contenta por esa brisa fresca. Por las flores. Por la exuberante cosecha. Pero la primavera también traía su cosecha de dolor, como bien lo sabía. La primavera era la temporada de ejércitos y batallas. En cuanto cesaban las lluvias y se recogían las cosechas, los hombres marchaban a la guerra, dejando a las mujeres detrás.

Betsabé se estremeció al ponerse de pie. Si bien Urías, su marido, era un avezado soldado, igual se preocupaba por él y deseaba poder dormir entre sus brazos. Pero él estaba acampado a cielo abierto con el resto del ejército del rey en cercanías de Rabá, una fortaleza de los amonitas, que quedaba unos sesenta y cuatro kilómetros al noreste de Jerusalén.

El rey se levantó de la cama; no podía dormir. Al caminar por la azotea del palacio, miró la ciudad que estaba más abajo. Jerusalén parecía estar en calma, era una ciudad en paz, a pesar de estar en guerra contra sus vecinos. Muy pronto sus soldados reunirían una gran cosecha de amonitas cautivos, trabajadores para su reino en expansión. Un observador fortuito podría pensar que David era un hombre en paz mientras crecía su poderío. En cambio, el rey no podía acallar un sentir de descontento que iba en aumento.

Luego, a media luz, David descubrió la silueta de una joven mujer que se bañaba en el jardín rodeado de murallas de una casa que se hallaba debajo de él. Se inclinó sobre el borde del techo para ver mejor. El cabello mojado se le rizaba lánguidamente contra la piel suave como lana de oveja. Los pechos eran redondos como manzanas. Tendió la mano como para *robar* un toquecito. Sin darse cuenta de los ojos que la observaban, la mujer se secó con la toalla y entró en la casa. Él esperó y se quedó mirando, pero ni siquiera el rey podía ver a través de las paredes.

Durante los días siguientes, David mandó que averiguaran quién era y descubrió que esa visión tenía nombre: Betsabé, la esposa de uno de sus soldados, Urías, el hitita. Ordenó que la trajeran a su presencia. Ella vino, y quedó embarazada; iba a tener un hijo suyo.

Como temía ser descubierto, el rey ordenó que Urías volviera de la batalla a casa. Pero el soldado lo sorprendió al rehusarse a pasar la noche con su esposa:

—En este momento —respondió Urías—, tanto el arca como los hombres de Israel y de Judá se guarecen en simples enramadas, y mi señor Joab y sus oficiales acampan al aire libre, ¿y yo voy a entrar en mi casa para darme un banquete y acostarme con mi esposa? ¡Tan cierto como que Su Majestad vive, que yo no puedo hacer tal cosa!

Así que David convenció a Urías de que se quedara otro día en Jerusalén, y se las arregló para lograr que se emborrachara. Seguramente, el vino haría que superara sus escrúpulos. Pero no fue así. Entonces David jugó su última carta, confiándole al marido de Betsabé una nota para Joab, comandante del ejército. Decía:

—Pongan a Urías al frente de la batalla, donde la lucha sea más dura. Luego déjenlo solo, para que lo hieran y lo maten.

Así que Urías murió a causa de la traición, y David tomó a Betsabé por esposa, y reclamó a su hijo como propio.

Un día, el profeta Natán se acercó a David y le dijo:

—Dos hombres vivían en un pueblo. El uno era rico, y el otro pobre. El rico tenía muchísimas ovejas y vacas; en cambio, el pobre no tenía más que una sola ovejita que él mismo había comprado y criado. La ovejita creció con él y con sus hijos: comía de su plato, bebía de su vaso y dormía en su regazo. Era para ese hombre como su propia hija. Luego, sucedió que un viajero llegó de visita a casa del hombre rico, y como éste no quería matar ninguna de sus propias ovejas o vacas para darle de comer al huésped, le quitó al hombre pobre su única ovejita».

David se enfureció:

—¡Tan cierto como que el SEÑOR vive, que quien hizo esto merece la muerte! ¿Cómo pudo hacer algo tan ruin? ¡Ahora pagará cuatro veces el valor de la oveja!

Entonces Natán le dijo a David:

—¡Tú eres ese hombre! Así dice el SEÑOR, Dios de Israel: "Yo te ungí como rey sobre Israel, y te libré del poder de Saúl. Te di el palacio de tu amo, y puse sus mujeres en tus brazos. También te permití gobernar a Israel y a Judá. Y por si esto hubiera sido poco, te habría dado mucho más. ¿Por qué, entonces, despreciaste la palabra del SEÑOR haciendo lo que me desagrada? ¡Asesinaste a Urías el hitita para apoderarte de su esposa! ¡Lo mataste con la espada de los amonitas! Por eso la espada jamás se apartará de tu familia".

La lujuria que se desató en David por Betsabé marcó el inicio de su larga declinación. Aunque Dios lo perdonó, sin embargo, debió sufrir las consecuencias de su mala acción. Su pecado fue como un remolino que arrastró a otros en su espiral. Y a pesar de las oraciones y ruegos de David, Dios permitió que el hijo que Betsabe había concebido de él enfermara y muriera.

Pero, ¿por qué tenía que sufrir Betsabé junto con el hombre que había abusado sexualmente de ella y asesinado a su marido? Aunque la historia nos da muy poca revelación acerca de su verdadero carácter, resulta muy improbable que Betsabé hubiera podido negarse al rey. En la parábola de Natán, él la representa como una inocente ovejita. ¿Por qué, entonces, tanta gente la ha considerado una seductora? Quizá porque nos resulta muy doloroso enfrentarnos con la inocencia de Betsabé. Nos horroriza pensar que una persona buena pueda sufrir semejante tragedia, en especial por ser a manos de una persona piadosa. Y lo que es peor, Dios los castiga a ambos, tanto a David como a Betsabé, al quitarles su hijo. Si nos inclinamos a creer que Betsabé tuvo un romance con David, resulta más fácil aceptar sus sufrimientos; la culpa de ella haría que el pecado de David pareciera menos grave y el castigo de Dios menos cruel.

Aunque Betsabé no haya comprendido la razón de su sufrimiento, Dios le dio favor delante del rey David, y la convirtió tanto en una poderosa reina como en la madre del sucesor de David, Salomón, quien se hizo famoso por su gran sabiduría.

Martes

SU VIDA Y SU ÉPOCA

BAÑOS RITUALES

*L*á imagen que nos viene cuando pensamos en un baño es la de una bañera llena de agua templada, con fragancia a flores, en la que nos introducimos, entonces nos hundimos en ella y cerramos los ojos. Pero en los tiempos de Betsabé la mayor parte de los baños no llevaban un propósito de higiene corporal, porque la gente de esa época tenía muy poco conocimiento de que la suciedad esparcía gérmenes y enfermedades. La mayoría de los baños se realizaban para que la persona volviera a ser considerada ritualmente limpia, luego de un período en que se la consideraba impura.

Betsabé acababa de finalizar el período menstrual. El flujo de sangre había terminado; los siete días prescriptos en Levítico 15:19 habían pasado, y ahora necesitaba limpiarse. Probablemente se paró dentro de una tina de agua, o junto a ella, y usó una esponja o un paño para limpiarse, y luego se echó agua sobre el cuerpo con la misma esponja, o con un jarro, para enjuagarse.

Las Escrituras mencionan los lavamientos de agua cientos de veces, la mayoría de los cuales se refieren a un lavado ritual, más que físico. El lavamiento tenía lugar después de haber pasado por distintos tipos de enfermedades de la piel que habían sanado (Levítico 14:8), y luego de que hombres o mujeres tuvieran alguna emisión de flujo (Levítico 15:13). Los hombres y las mujeres debían también lavarse luego de mantener relaciones sexuales para poder estar limpios desde la perspectiva ceremonial (Levítico 15:18). Los sacerdotes se lavaban antes de ofrecer los sacrificios (Éxodo 29:4; Levítico 8:6), y los mismos sacrificios debían ser lavados antes de su ofrecimiento a Dios (Levítico 1:9).

La limpieza corporal tenía que ver mayormente con lavarse las manos antes de comer, o lavarse los pies al entrar a una casa. Los caminos sucios y polvorientos, junto con la utilización de sandalias abiertas, hacía que el lavado de pies debiera realizarse con frecuencia. Dado que el lavado de los pies corrientemente era tarea del más bajo de los sirvientes de una casa, Jesús dio ejemplo de una tremenda humildad cuando les lavó los pies a sus discípulos en el aposento alto (Juan 13:5).

La Biblia a veces describe a los justos como los que tienen «manos limpias» (Job 17:9; Salmo 24:4). La limpieza también se utiliza en las Escrituras como una metáfora de lo que es ser perdonados: «Estoy limpio y libre de culpa» (Job 33:9). «Purifícame con hisopo, y quedaré limpio; lávame, y quedaré más blanco que la nieve» (Salmo 51:7). Al fin de los tiempos, la esposa de Cristo se vestirá de «lino fino, limpio y resplandeciente» (Apocalipsis 19:8).

Vivimos en una cultura que glorifica la limpieza exterior, con jabones, lociones, pasta dental y desinfectantes, con baños y cepillados, con lavado y secado. Pero, ¿hasta qué punto nos preocupa la limpieza interior? ¿Tenemos limpias las manos pero nuestro espíritu inmundo por el odio? ¿Tenemos piernas suaves, recién depiladas y limpias, pero un corazón endurecido hacia las heridas de los demás? ¿Tenemos rostros limpios y libres de imperfecciones que rara vez sonríen? La limpieza exterior resulta admirable, pero solo si va acompañada de limpieza interior.

Miércoles

SU LEGADO EN LAS ESCRITURAS

Léase 2 Samuel 11:1—12:25.

1. ¿Qué papel cree que jugó Betsabé en los sucesos de 2 Samuel 11:2–4? ¿Era totalmente inocente? ¿Ingeniosamente seductora? ¿O tal vez algo intermedio? Explique por qué piensa así.

2. ¿Cómo cree que se sintió Betsabé cuando descubrió que estaba embarazada de un hijo de David? ¿Por qué se lo hizo saber inmediatamente?

3. Dios llamó a David «un hombre conforme a mi corazón» (Hechos 13:22; compárese con 1 Samuel 13:14). ¿Cómo pudo Dios decir esto, dadas las cosas horribles que les hizo a Betsabé y Urías?

4. ¿Cómo le parece que Betsabé se sentía y qué hacía mientras su hijo estaba enfermo y cuando murió? ¿Por qué cree que la Biblia se concentra en la reacción de David y no en la de ella?

5. El nombre que el Señor le dio a Salomón en realidad fue Jedidías (2 Samuel 12:24–25), que significa «amado por el Señor». ¿Qué sensación le produce ese nombre en cuanto a una posible restauración de Betsabé y David por parte de Dios?

6. ¿Qué le dice esta historia con respecto a su propia experiencia como pecadora o como víctima del pecado de otros?

Jueves

LA PROMESA QUE RECIBE

*L*a historia de David y Betsabé destaca detalles muy gráficos del horror que implica el pecado y del lugar al que conduce. El primer paso de David hacia el pecado lo llevó al adulterio, a la mentira, al engaño, al asesinato, y finalmente a la muerte de un hijo. La conexión entre el pecado y la restauración se produjo cuando David admitió su pecado y Natán le dijo que el Señor lo había perdonado (2 Samuel 12:13). No queda claro cuánto de la culpa le correspondía a Betsabé; sin embargo, cuando Dios les dijo a través del profeta Natán que amaba a su hijo Salomón y deseaba que se lo llamara Jedidías, la restauración alcanzó a Betsabé así como había alcanzado a David. Si Dios podía perdonar ese terrible pecado de David, ¿no cree que también puede perdonar tu pecado, sea el que fuere?

Promesas en las Escrituras

El Señor, el Señor, Dios clemente y compasivo, lento para la ira y grande en amor y fidelidad, que mantiene su amor hasta mil generaciones después, y que perdona la iniquidad, la rebelión y el pecado.

—Éxodo 34:6–7

Si mi pueblo, que lleva mi nombre, se humilla y ora, y me busca y abandona su mala conducta, yo lo escucharé desde el cielo, perdonaré su pecado y restauraré su tierra.

—2 Crónicas 7:14

Por amor a tu nombre, Señor,
perdona mi gran iniquidad.

—Salmo 25:11

Yo [Dios] les perdonaré sus iniquidades,
y nunca más me acordaré de sus pecados.

—Hebreos 8:12

Viernes

SU LEGADO DE ORACIÓN

¡Tú eres ese hombre! Así dice el SEÑOR, Dios de Israel: «Yo te ungí como rey sobre Israel, y te libré del poder de Saúl... Y por si esto hubiera sido poco, te habría dado mucho más. ¿Por qué, entonces, despreciaste la palabra del SEÑOR haciendo lo que me desagrada? ¡Asesinaste a Urías el hitita para apoderarte de su esposa!».

—2 SAMUEL 12:7–9

REFLEXIONE SOBRE: 2 Samuel 12:1–25

ALABE A DIOS: Porque él está pronto a prestar atención a nuestros sufrimientos.

DÉ GRACIAS: Porque Dios llama a los poderosos a seguir las mismas normas morales que los débiles.

CONFIESE: Toda falta de perdón que puedas tener hacia otros.

PÍDALE A DIOS: Que restaure tu confianza y que te libere de toda tendencia a asumir una mentalidad de víctima.

Eleve el corazón

Si ha sufrido violencia (sea sexual, física o emocional) no esconda sus sentimientos, ni absorba la vergüenza y la culpa que le corresponden al perpetrador de la violencia. En lugar de eso, cuente su dolor al menos a otra persona: a una amiga en la que confíe o a un consejero. Busque otras mujeres que hayan sufrido una violencia similar y para luego seguir adelante, llevando vidas significativas y fructíferas. Decida que no permitirá que el pecado de otro arruine su vida. Aprenda a desarrollar habilidades de sobreviviente. Y si nunca fue tratada con violencia, es probable que conozca a alguien a quien sí le ha sucedido: una hija, una amiga, una persona conocida. Haga todo lo que pueda para ayudar a dicha persona y ore para que Dios le restaure la esperanza.

Padre, ¡a veces nos cuesta mucho perdonar! Quiero justicia, no misericordia. Por favor, ayúdame a iniciar el proceso de perdón al abandonar mis deseos de venganza. Cada vez que comience a desearles algo negativo a los que me han herido, ayúdame a orar pidiendo bendiciones a favor de ellos. Solo tú puedes darme la voluntad de perdonar. Solo tú puedes ayudarme a hacer lo imposible.

Tamar

La hija del rey David

SU NOMBRE SIGNIFICA

«Árbol de dátiles» o «palmera»

SU CARÁCTER: Tamar era hermosa, como su padre David. Joven e inocente, fue ingenua con respecto al peligro que la acechaba dentro de su propia familia.

SU DOLOR: Que su medio hermano la mirara solo como un objeto de su lujuria, destruyendo su futuro como resultado y que su padre, el rey, no hiciera nada para protegerla.

ESCRITURA CLAVE: 2 Samuel 13:1–22

Lunes
SU HISTORIA

*T*amar, la hija de David, era una persona cuya vida había quedado estropeada. Sin duda, ella estaba destinada a contraer matrimonio con alguien que fortaleciera las alianzas políticas del rey. Aunque no estuviera encerrada bajo llave, probablemente vivió una vida bastante protegida. Pero todas las precauciones del mundo no podían haberla salvado del peligro que la acechaba adentro del círculo íntimo de David.

Amnón era el heredero de David. Como hijo mayor del rey, estaba acostumbrado a salirse con la suya. Pero últimamente se lo veía desanimado. Algo le molestaba, le quitaba el sueño, le roía el corazón.

Un día Jonadab, el primo de Amnón, le preguntó: «¿Cómo es que tú, todo un príncipe, te ves cada día peor? ¿Por qué no me cuentas lo que te pasa?»

Amnón le hizo esta confidencia: «Es que estoy muy enamorado de mi hermana Tamar».

Jonadab le sugirió: «Acuéstate y finge que estás enfermo. Cuando tu padre vaya a verte, dile: "Por favor, que venga mi hermana Tamar a darme de comer. Quisiera verla preparar la comida aquí mismo, y que ella me la sirva"».

Así que David, preocupado por su hijo, impensadamente envió a su hija hacia la trampa que iba a arruinar su vida.

Luego de que Tamar le preparó la comida, Amnón le pidió que entrara a su dormitorio y le diera de comer. Pero tan pronto como Tamar lo hizo, él la agarró por la fuerza, y le dijo: «¡Ven, hermanita; acuéstate conmigo!»

«¡No, hermano mío! No me humilles, que esto no se hace en Israel. ¡No cometas esta infamia! ¿Adónde iría yo con mi vergüenza? ¿Y qué será de ti? ¡Serías visto en Israel como un depravado! Yo te ruego que hables con el rey; con toda seguridad, no se opondrá a que yo sea tu esposa». Pero, a pesar de sus ruegos, Amnón la forzó y la violó.

Tan pronto como la tormenta de su pasión se hubo aplacado, el capricho de Amnón se tornó en aborrecimiento. Arrojó a Tamar fuera de su casa, cerrándole la puerta, como si ella, y no él, fuera la culpable. Desolada, la jovencita rasgo sus ropas, se arrojó cenizas sobre la cabeza y se fue llorando a gritos por las calles. Cuando su hermano Absalón la encontró, la calmó, diciéndole: «Pues bien, hermana mía, cálmate y no digas nada. Al fin de cuentas, es tu hermano». Pero Absalón si lo tomó en serio, y aborreció a su medio hermano Amnón por lo que había hecho.

Aunque David se puso furioso al oír la noticias, no hizo nada para castigar a Amnón. ¿Favoreció a su hijo a costas de su hija, pensando que lo que había sufrido era una cuestión menor? ¿O es que su autoridad moral había quedado tan comprometida por la lujuria que lo había arrastrado hacia Betsabé que simplemente no supo cómo hacer frente a su hijo mayor? Sea cual fuere el caso, Absalón no compartía los titubeos de su padre. En lugar de ello, aguardó el momento oportuno para la venganza. Dos años después, asesinó a Amnón.

Primero violación, luego asesinato. La casa de David estaba siendo devastada no solo por los bárbaros de extramuros, sino por los de la misma familia. Luego de la muerte de Amnón, David debe haberse sentido perseguido por la aquella profecía que Natán le dio luego de su adulterio con Betsabé: «La espada jamás se apartará de tu familia... Yo haré que el desastre que mereces surja de tu propia familia» (2 Samuel 12:10-11). La lujuria del padre se vio reflejada en la del hijo; la violencia del padre, en el asesinato que cometió un hijo contra el otro.

Tamar, desprotegida por su padre, traicionada por su propio hermano, vivió en la casa de Absalón como mujer desolada, sin la posibilidad de un matrimonio o de hijos porque ya no era virgen. De ese modo, toda una cadena de pecado se fue eslabonando a través de la familia de David, intercalando a los inocentes con los culpables.

Martes

SU VIDA Y SU ÉPOCA

VIOLACIÓN

*A*mnón, el medio hermano de Tamar, la violó. Estas palabras en sí mismas no consiguen transmitir ni una mínima parte de la humillación y desesperación que este acto produce en aquellos que la experimentan. El relato de 2 Samuel 13 describe de un modo conmovedor los ruegos de Tamar a su hermano para que no cometiera esa acción, ruegos semejantes a los que han resonado a través de los siglos, emitidos por mujeres forzadas a realizar actos sexuales en contra de su voluntad. «Aprovechándose de su fuerza», Amnón pudo obligarla a hacerlo, y Tamar no tuvo ningún medio eficaz que le permitiera resistirse.

La reacción de Dios con respecto al pecado sexual se hace evidente a través de toda la Biblia. Él no da las espaldas a las víctimas, y no permite que los violadores queden sin castigo. Deuteronomio 22:25 dice que «morirá el hombre que forzó a la joven». Levítico 18:29 les recuerda a los israelitas que «cualquiera que practique alguna de estas abominaciones será eliminado de su pueblo». En el Nuevo Testamento, Pablo repetidamente recuerda a los creyentes que se mantengan en pureza sexual: «Vivamos decentemente, como a la luz del día, no en orgías y borracheras, ni en inmoralidad sexual y libertinaje, ni en disensiones y envidias. Más bien, revístanse ustedes del Señor Jesucristo» (Romanos 13:13–14). «Huyan de la inmoralidad sexual» (1 Corintios 6:18). «Entre ustedes ni siquiera debe mencionarse la inmoralidad sexual» (Efesios 5:3).

Amnón no sufrió castigo alguno por parte de su padre, pero murió a manos de su medio hermano Absalón, cuando este se vengó de él; es decir, que no se libró del castigo para siempre. ¿Y qué de Tamar, la hermosa princesa virgen vestida de ricos ornamentos reales? Se sintió demasiado degradada como para volver a su hogar en el palacio de David. ¿Cómo podría enfrentar a sus otras hermanas vírgenes? En lugar de eso, «desolada», se fue a vivir con su hermano Absalón. Los efectos que una violación produce sobre sus víctimas son los mismos hoy en día: desolación, sufrimiento, desdicha.

La Biblia no trata de cubrir el hecho de que el pueblo de Dios ha participado de estos horrendos actos; por el contrario, describe muchas instancias de violaciones, incesto, homosexualidad y adulterio. ¿Por qué considera un Dios santo que sea necesario incluir historias tan sórdidas en las Escrituras? Quizá porque conoce nuestros pensamientos y acciones, aunque el mundo los ignore. A través de estas historias, Dios nos recuerda que él nunca abandona a los suyos, sean las víctimas o los criminales. Así como les ofrece ayuda y consuelo a las víctimas, sin abandonarlas jamás en sus tribulaciones, también ofrece sanidad y perdón a los que cometen acciones malvadas.

Miércoles
SU LEGADO EN LAS ESCRITURAS

Leer 2 Samuel 13:1–22.

1. ¿Piensa que Amnón realmente amara a Tamar? ¿Por qué lo cree así?

2. Describa sus sentimientos como mujer cuando lee los ruegos de Tamar en 2 Samuel 13:9–14.

3. ¿Por qué dice Tamar que el echarla fuera constituía «una maldad aun más terrible» que la violación? ¿Qué es lo que ella quería?

4. ¿Qué debería haber hecho David con Amnón? ¿Qué debería haber hecho por Tamar?

5. ¿Alguna vez fue traicionada por alguien en quien confió? Si es así, ¿de qué modo afectó eso su vida? ¿Dónde aparece Dios dentro del cuadro en su historia?

Jueves
LA PROMESA QUE RECIBE

*L*os horribles hechos que conforman la experiencia de Tamar, no solo la violación en sí sino también los efectos que esta tuvo sobre su futuro y su bienestar emocional, no se alejan demasiado de lo que experimentan muchas mujeres hoy. Las estadísticas revelan que hay una asombrosa cantidad de mujeres que han sido violadas por miembros de su familia cuando eran pequeñas o jovencitas. Los efectos de esas experiencias pueden perseguir a una mujer durante toda su existencia, influyendo en la relación que tenga con su marido, con sus amigos, sean varones o mujeres y con sus hijos. Hay ayuda al alcance de las que la buscan, pero la mayor esperanza y ayuda se encuentran, en realidad, en el amor y la aceptación que Dios tanto desea brindarles. Su espíritu perdonador puede ayudarlas a comenzar una recuperación. Su espíritu consolador puede esparcir un bálsamo que suavice sus heridas del pasado. Su presencia constante puede sanar de la soledad y el desarraigo a muchas que se sienten así.

Promesas en las Escrituras

Porque el Señor tu Dios es un Dios compasivo, que no te abandonará ni te destruirá.

—DEUTERONOMIO 4:31

Sean fuertes y valientes. No teman ni se asusten ante esas naciones, pues el Señor su Dios siempre los acompañará; nunca los dejará ni los abandonará.

—DEUTERONOMIO 31:6

Oye, Señor, mi voz cuando a ti clamo;
compadécete de mí y respóndeme.
El corazón me dice: «¡Busca su rostro!»
Y yo, Señor, tu rostro busco.
No te escondas de mí;
no rechaces, en tu enojo, a este siervo tuyo,
porque tú has sido mi ayuda.
No me desampares ni me abandones,
Dios de mi salvación.
Aunque mi padre y mi madre me abandonen,
el Señor me recibirá en sus brazos.

—SALMO 27:7–10

Viernes

SU LEGADO DE ORACIÓN

Aunque él me mate, en él esperaré.

—JOB 13:15 (RVR 1995)

REFLEXIONE SOBRE: 2 Samuel 13:1–31

ALABE A DIOS: Por darnos una esperanza que no se arraiga en los acontecimientos de esta vida sino en la eternidad.

DÉ GRACIAS: Porque Dios tiene el poder de restaurar nuestra esperanza.

CONFIESE: Cualquier desesperanza que sienta con respecto a su vida.

PÍDALE A DIOS: Que le muestre que realmente se preocupa por usted.

Eleve el corazón

Sea que hayamos sufrido violencia sexual, la pérdida de alguien a quien amamos, un divorcio, una enfermedad o reveses económicos, a veces nos sentimos desesperanzadas con respecto al futuro. Pero ninguna persona que le pertenezca al Señor está destinada a un futuro sin esperanzas. Aun si le cuesta creerlo, ore pidiendo la gracia para desear creerlo. Como una pequeña expresión de deseo, plante un bulbo en su jardín este otoño. Esa sencilla acción reafirmará su fe con respecto a que después del invierno más crudo vuelve la primavera con su profusión de color y nueva vida. Si falta mucho para el otoño, compre un ramo de flores bien coloridas que alegre su mesita de luz durante la próxima semana.

Padre, planta algo nuevo en mi vida, un ramito de esperanza que me enfoque en una nueva dirección. Ayúdame a vivir el presente, dedicando toda mi energía emocional a este momento en lugar de malgastarla en lamentar el pasado o en preocuparme por el futuro.

La mujer sabia de Abel Betmacá

SU CARÁCTER: En lugar de esperar pasivamente que alguna otra persona salvara su ciudad, tuvo la sabiduría y el coraje de actuar rápida y decisivamente.

SU DOLOR: Que su ciudad, aunque fiel al rey, fuera sitiada por el ejército por haberse infiltrado en ella un líder rebelde.

SU GOZO: Haber podido interceder con éxito en favor de su pueblo, y con ello evitar el desastre para muchas personas inocentes.

ESCRITURA CLAVE: 2 Samuel 20:14–22

Lunes
SU HISTORIA

*T*eddy Roosevelt cierta vez dijo que «noventa por ciento de la sabiduría tiene que ver con ser sabio en el momento oportuno». Luego de que se asienta el polvo, la tormenta se aclara y la acción se detiene, a menudo es ya demasiado tarde para que la sabiduría obre sus maravillas.

Muchas mujeres de las Escrituras se destacan por su sabiduría. A una de dichas mujeres, que vivía en una ciudad de la frontera norte de Israel, se la identifica solo como «una mujer sabia» (2 Samuel 20:16, RVR95) que actuó con rapidez para salvar a su ciudad.

Las tristes historias de Betsabé y Tamar parecían señalar la decadencia de la casa de David. Tiempo después Absalón, el tercer hijo de David, se rebeló y fue muerto en una batalla en la que buscaba quedarse con el trono. En medio de esa inestabilidad política, un demagogo de nombre Sabá, de la tribu de Benjamín (de la que también formaba parte Saúl), intentó una nueva revuelta. Pero Joab, el comandante del ejército de David, persiguió a Sabá hasta Abel Betmacá, en el norte.

Joab había construido rampas de asalto para acceder al muro de la ciudad sitiada de Abel Betmacá y aplastar la rebelión. Era evidente que la ciudad entera resultaría destruida a menos que alguien actuara con presteza para preservar la paz.

De pronto, una mujer se paró sobre el muro de Abel Betmacá y gritó: «¡Escúchenme! ¡Escúchenme! Díganle a Joab que venga acá para que yo pueda hablar con él».

Cuando él se presentó, le dijo, desafiante: «Nuestra ciudad es de las más pacíficas y fieles del país, y muy importante en Israel; usted, sin embargo, intenta arrasarla. ¿Por qué quiere destruir la heredad del SEÑOR?

«¡Que Dios me libre!», replicó Joab. «¡Que Dios me libre de arrasarla y destruirla!. Yo no he venido a eso, sino a capturar a un hombre llamado Sabá hijo de Bicrí. Es de la sierra de Efraín y se ha sublevado contra el rey David. Si me entregan a ese hombre, me retiro de la ciudad».

«Desde la muralla arrojaremos su cabeza», le respondió ella en alta voz.

La mujer habló con todo el resto de los ciudadanos, instándolos a actuar. En pocos momentos, una cabeza de hombre caía rodando desde lo alto del muro. El desastre se había evitado.

Los hombres de esta historia parecen conducirse solo en términos de lo convencional: movilizar un ejército, construir una rampa de asalto, derribar violentamente la muralla de la ciudad, aplastar la rebelión. Pero la mujer buscaba otra solución. Por horripilante que nos parezca, logró mantener la paz y salvar vidas de ambas partes. A través de su mediación a favor de su pueblo, se salvaron vidas inocentes a ambos lados de la muralla de la ciudad.

Martes

SU VIDA Y SU ÉPOCA

SITIO A CIUDADES

*C*uando los hombres de Joab se reunieron en las afueras de Abel Betmacá, una mujer sabia desafió con valor a dichos guerreros y negoció con Joab en favor de la vida de los habitantes de Abel Betmacá. Sin duda, en buena medida era por ella y otras personas semejantes que se conocía a Abel Betmacá como «una ciudad... madre en Israel» (2 Samuel 20:19, RVR95), como un lugar al que se podía recurrir para encontrar respuestas a las cuestiones difíciles de la vida. Sus habitantes, además de ser sabios, seguramente eran astutos para poder lograr semejante notoriedad.

La guerra constituía una característica normal de la vida de los israelitas; al punto que las Escrituras señalan como algo notable que se vieran libres de guerras (Josué 11:23; 14:15; 2 Crónicas 14:6–7). Las batallas entre ejércitos enemigos se llevaban a cabo a menudo en los valles u otros espacios abiertos. Los habitantes de las áreas en litigio huían hacia la ciudad fortificada que les quedara más cercana. Para lograr entrar a dichas ciudades y controlarlas, los ejércitos se reunían fuera de las murallas de la ciudad y no permitían que nadie saliera o entrara. Cuando el agua y la comida comenzaban a escasear o se acababan del todo, los habitantes de la ciudad se veían forzados a rendirse.

Cuando una ciudad se rendía, la población podía esperar una de dos consecuencias: muerte o esclavitud. A menudo las privaciones y el horror de un sitio resultaban preferibles a la rendición y sus consecuencias. Según cuán bien preparada estuviera una ciudad, el sitio podía durar desde algunos días hasta semanas o meses. Un ejército egipcio sitió la ciudad filistea de Asdod durante el increíble período de veintinueve años.

Los ocupantes de las ciudades fortificadas dedicaban mucho tiempo a prepararse para los sitios. Reforzaban las murallas, acopiaban alimentos extra, y trataban de descubrir maneras de obtener y almacenar agua en grandes cantidades, todo lo cual requería de ellos tiempo y experiencia. Algunas ciudades construían largos túneles subterráneos para lograr que el agua llegara libremente hasta allí. Los que construían dichos túneles tomaban precauciones para disimular la fuente de agua, de modo que los ejércitos no pudieran cortarles fácilmente el suministro, ni acceder a la ciudad por esas vías. A veces se cavaban inmensas cisternas dentro de las murallas de la ciudad para recoger y guardar el agua de lluvia.

El ejército atacante que se ubicaba fuera de las murallas de la ciudad trasladaba vastas cantidades de tierra para construir rampas que alcanzaran las partes más altas de los muros de la ciudad. Desde esas rampas podían utilizar arietes de asalto para intentar derribar la muralla en esa área. Mientras tanto, se defendían de las flechas, piedras y dardos que les arrojaban los moradores de la ciudad. El ejército de Joab construyó una rampa e intentó asaltar la muralla de Abel Betmacá para capturarla y tomar al rebelde Sabá, que se había refugiado adentro. Pero en lugar de arrojarles flechas o piedras, la sabia mujer de Abel Betmacá lanzó palabras conciliatorias, y al hacerlo, preservó vidas inocentes.

Miércoles

SU LEGADO EN LAS ESCRITURAS

Léase 2 Samuel 20:14–22.

1. ¿Cómo les habrá resultado a las madres de niños pequeños el sitio de Joab a Abel Betmacá?

2. ¿Por qué habrá sido que «una mujer sabia» y no uno de los hombres importantes de la ciudad fuera quien mandara a llamar a Joab? ¿Qué infiere esto en cuanto a ella?

3. ¿Qué nos dicen las palabras cortantes de Joab (versículo 17) acerca de su reacción ante dicha mujer?

4. ¿Qué le parece lo que le hizo la ciudad de Abel Betmacá a Sabá? ¿Fue bueno el convenio al que llegaron con Joab? ¿Por qué?

5. Los hechos de esta historia resultan brutales y perturbadores, pero los acontecimientos de la vida de muchas personas hoy resultan igualmente brutales. La guerra, la violencia, la pobreza, la enfermedad y la muerte pueden sitiar a familias o ciudades. ¿Cómo puede usted ser una mujer sabia en su rincón del mundo?

Jueves

LA PROMESA QUE RECIBE

*L*á mujer sabia de Abel Betmacá vio la necesidad de acción inmediata, y actuó. Se dio cuenta de que no era momento de esperar pasivamente que otro tomara las riendas del liderazgo, ni era momento para andar con sutilezas o vacilaciones, sino simplemente era momento de hacer lo que fuera necesario. A través de esta mujer Dios salvó a los inocentes moradores de su ciudad. Hay momentos en los que a nosotros también se nos exige una acción rápida. Puede ser que titubeemos, que deseemos poder marchar en otra dirección, que tratemos de eludir el problema o arrastrar los pies, pero finalmente debemos actuar. Cuando vivimos en una relación estrecha con Dios y en obediencia a él, podemos confiar en que no andamos solos. Dios está presente, y nos brinda la ayuda y la seguridad que necesitamos.

Promesas en las Escrituras

Recita siempre el libro de la ley y medita en él de día y de noche; cumple con cuidado todo lo que en él está escrito. Así prosperarás y tendrás éxito. Ya te lo he ordenado: ¡Sé fuerte y valiente! ¡No tengas miedo ni te desanimes! Porque el SEÑOR tu Dios te acompañará dondequiera que vayas.

—JOSUÉ 1:8–9

¡Dejen de hacer el mal!
  ¡Aprendan a hacer el bien!
¡Busquen la justicia
  y reprendan al opresor!
Aboguen por el huérfano
  y defiendan a la viuda!

—ISAÍAS 1:16–17

Jesús envió a dos discípulos con este encargo: «Vayan a la aldea que tienen enfrente, y ahí mismo encontrarán una burra atada, y un burrito con ella. Desátenlos y tráiganmelos. Si alguien les dice algo, díganle que el Señor los necesita, pero que ya los devolverá».

—MATEO 21:1–3

Viernes

SU LEGADO DE ORACIÓN

Si llamas a la inteligencia
y pides discernimiento;
si la buscas como a la plata,
como a un tesoro escondido,
entonces comprenderás el temor del SEÑOR
y hallarás el conocimiento de Dios.
Porque el SEÑOR da la sabiduría;
conocimiento y ciencia brotan de sus labios.

—PROVERBIOS 2:3–6

REFLEXIONE SOBRE: 2 Samuel 20:16–20

ALABE A DIOS: Por su sabiduría, que supera ampliamente cualquier cosa que podamos imaginar.

DÉ GRACIAS: Porque la verdadera sabiduría no tiene nada que ver con la capacidad intelectual pero sí con una dependencia humilde de Dios.

CONFIESE: Toda dejadez que no le permita procurar la sabiduría de Dios para su propia vida.

PÍDALE A DIOS: Que la ayude a atesorar su sabiduría de modo que tenga la disposición de buscarla de modo activo.

Eleve el corazón

La sabiduría no tiene nada que ver con la cantidad de «neuronas» que tenga. Puede ser increíblemente inteligente, y aun así desbordar necedad. Dedique unos momentos a la reflexión de la siguiente paráfrasis condensada de Proverbios 3:13–18: «Bienaventurada es la mujer que halló la sabiduría. Ha encontrado algo más precioso que el oro. Nada de lo que desea se puede comparar con la sabiduría. Porque la sabiduría produce vida, bienes materiales, honor y paz. La sabiduría es un árbol de vida al que podemos abrazarnos gustosamente».

He aquí algunas sugerencias vitales para cultivar sabiduría en la vida:

- Pídala en oración, y recuerde que es un don de Dios.

- Lea las Escrituras con regularidad y medite en ellas.

- Rodéese de amigos sabios: escuche y aprenda de ellos. (Considere la posibilidad de encontrarse regularmente con un director espiritual.)

- Que la obediencia inmediata sea un distintivo de su vida espiritual; ella la conduce a la sabiduría.

Señor, tú eres la fuente de la sabiduría que produce vida, bienes materiales, honor y paz. Que la sabiduría sea como un árbol que crece en mi vida, y que lleva abundante fruto para tu reino.

Rizpa

SU NOMBRE SIGNIFICA

«Piedra caliente» o «Carbón»

Su Carácter: Rizpa, la concubina de Saúl, era la madre de Armoní y Mefiboset. Aunque se trataba de una mujer con muy pocos derechos y escaso poder, demostró tener gran valor y lealtad luego de la muerte de sus hijos.

Su Dolor: Que sus dos únicos hijos fueran ejecutados y que sus cuerpos fueran deshonrados a causa de los crímenes del padre de los mismos.

Su Gozo: Que a los cuerpos de sus hijos finalmente fueran enterrados de manera honorable.

Escritura Clave: 2 Samuel 21:8–14

Lunes
SU HISTORIA

*U*n día un rabí se paró sobre una colina que miraba hacia cierta ciudad. El rabí presenció con horror el modo en que una banda de cosacos a caballo de repente atacaba al pueblo, matando a hombres, mujeres y niños inocentes. Algunos de los asesinados eran sus propios discípulos. Mirando hacia el cielo, el rabí exclamó: «Oh, si yo fuera Dios...» Sorprendido, uno de sus estudiantes que estaba parado cerca de él le preguntó: «Pero, maestro, si usted fuera Dios, ¿qué es lo que haría diferente?» El rabí le respondió: «Si yo fuera Dios no haría nada diferente. Pero si fuera él, podría entender».*

Un día una mujer de nombre Rizpa estaba parada en una colina, en Israel, en la que presenció la ejecución de siete hombres. Su dolor era agudo; entre los muertos estaban sus dos hijos. Habían sido ejecutados por los crímenes de su

---

*Según lo narrado por Joanna Laufer y Kenneth S. Lewis en Inspired [Inspirado], Doubleday, Nueva York, 1998, 5.

padre, y sus cuerpos permanecían allí, para que se pudrieran sobre dicha colina, a pesar de que la ley señalaba que debían ser sepultados al caer el sol. Quizá, al igual que el rabí, Rizpa deseaba ser Dios, aunque fuera por un momento. Tal vez entonces podría entender el porqué de lo que acababa de presenciar.

No nos cuesta imaginar el sufrimiento de Rizpa. Vemos su cuerpo sacudido por convulsiones de aflicción, dándose puñetazos en el pecho a fin de quitar a golpes su pena. *¿Cuándo se va a alejar de ese horrendo espectáculo?*, nos preguntamos. Pero en lugar de huir de la escena de su angustia, la enfrenta, acercándose a los cuerpos ensangrentados que alguna vez había acunado en sus brazos. Luego extiende un saco sobre la roca y se sienta, y rehúsa moverse, salvo para arrojar de allí a las aves de rapiña de día y a los chacales de noche. Su vigilia durará varios meses: desde mediados de abril hasta los primeros días de octubre. Rizpa no enterrará su dolor mientras los cuerpos de sus hijos permanezcan sin enterrar.

Josué había prometido vivir en paz con los gabaonitas, pero Saúl había asesinado a muchos de ellos durante su reinado, en un intento por aniquilarlos. Como resultado de haber quebrantado ese juramento, Israel sufrió el hambre durante tres años seguidos. En retribución por la falta, los gabaonitas le pidieron a David siete de los descendientes masculinos de Saúl. David les entregó los dos hijos que Saúl tuvo con Rizpa y cinco de sus nietos, de parte de su hija Merab. Se pagaba sangre con sangre.

Las Escrituras no nos dicen si los hijos de Rizpa compartían la culpa de su padre. Pero, al igual que todas las madres cuyos hijos han perecido a causa de la violencia (en Bosnia, Kosovo, Ruanda, Irak, Afganistán o en los distritos centrales de nuestras ciudades y en sus suburbios), Rizpa debe de haber entendido el terrible vínculo que unía al pecado con la muerte. El pecado de una persona es como un cáncer que se desparrama. Al rehusarse a esconder su dolor, al vivir su angustia en público, Rizpa dio sentido a la muerte de sus hijos, e hizo que la nación toda se enfrentara con la perversidad que había tenido lugar.

Finalmente llegaron las lluvias. Finalmente el corazón del rey se conmovió. Al oír de la lealtad y el coraje de Rizpa, David ordenó que se enterrara lo que quedaba de los que habían sido ejecutados. Incluso ordenó que se reclamaran los huesos de Saúl y su hijo Jonatán para darles sepultura.

Las Escrituras no dicen que Dios ordenó que David entregara a dichos hombres a los gabaonitas, ni tampoco indica que el hambre acabara una vez que fueron ejecutados. En cambio, como lo señala Virginia Stem Owens en su libro *Daughters of Eve* [Hijas de Eva], la Biblia indica que Dios respondió las oraciones en favor de la tierra luego de que a los muertos se les diera una sepultura decente. El acto de David en honor a los muertos quizá haya señalado el fin de las divisiones de Israel. Por fin la tierra podría sanarse y los israelitas podrían reunirse en torno al liderazgo de David.

Rizpa hizo que la gente tuviera que considerar el costo del pecado. Como muchas mujeres de las antiguas culturas, ella contaba con pocos derechos y escaso poder. Pero su persistente valor dio sentido a la muerte de sus hijos y ayudó a que la nación se ocupara del pecado de su líder. Su historia es trágica; su reacción, memorable. Quizá debido a ella, otras madres de Israel no tuvieron que pasar por una aflicción semejante, al menos por un tiempo.

Martes

SU VIDA Y SU ÉPOCA

ENTIERROS

*L*a vigilia de Rizpa junto a sus hijos muertos tiene como fuente de origen tanto un componente de amor como los rituales y costumbres en vigencia entonces. Permitir que esos hijos, amados y ya adultos, fueran destrozados por los animales de la zona era impensable para su madre. Así que Rizpa mantuvo su vigilia solitaria, evitando que las aves picotearan su carne y los animales arrastraran y se llevaran sus cuerpos.

Al igual que hoy, el entierro en tiempos bíblicos constituía una ocasión para mostrar amor y respeto a alguien que había muerto. Los seres queridos, por lo general, enterraban a sus muertos el mismo día en que ocurría el deceso o al menos dentro de las veinticuatro horas (Juan 11:17, 39). Los miembros de la familia lavaban el cuerpo, lo ungían con hierbas y especias, y luego lo envolvían con vendas (Juan 11:44). El entierro en sí a menudo tenía lugar en una caverna o en una tumba excavada en la roca, cosas comunes en Palestina. La misma caverna o tumba se usaba para muchos miembros de una familia (Génesis 49:29–32).

En épocas del Nuevo Testamento, el duelo oficial por los muertos comenzaba tocando la flauta tan pronto se producía la defunción. Dichos flautistas lastimeros, no solo tocaban durante la preparación del entierro, sino que también acompañaban al cortejo fúnebre hasta el lugar del entierro y continuaban tocando durante todo el período oficial de duelo, generalmente siete días (Mateo 9:23). También estaban presentes las plañideras profesionales, que acompañaban a la familia hasta la tumba y permanecían luego con los deudos, agregando sus lágrimas y lamentos a los de la familia (Jeremías 9:17).

Incluso Jesús, que estuvo presente al momento de la creación del universo, lloró la muerte de su amigo Lázaro (Juan 11:1–43). En su naturaleza humana, Jesús comprendió lo definitiva que resulta la muerte para los que continúan viviendo. Él participó de las costumbres de su época y lloró con los amigos y familiares de Lázaro. Pero por su naturaleza divina, Jesús también entendía que la vida tiene una característica de transitoriedad y que la muerte no constituye un final aterrador sino un glorioso comienzo.

Miércoles

SU LEGADO EN LAS ESCRITURAS

Léase 2 Samuel 21:1–14.

1. La matanza prácticamente borró la descendencia masculina de Saúl. ¿Por qué habrá ordenado David una ejecución tan sistemática?

2. La vigilia de Rizpa probablemente haya durado varios meses. ¿Cuál habrá sido su experiencia durante ese tiempo? ¿Qué cosa hizo que se mantuviera firme?

3. ¿Qué habrá sido lo que impulsó a David a recoger los huesos y enterrarlos?

4. ¿Qué cosa difícil o riesgosa se imagina que puede hacer con la misma pasión y determinación de Rizpa?

5. ¿En qué se asemejan el amor de Dios por usted y el amor de Rizpa por sus hijos?

Jueves

LA PROMESA QUE RECIBE

*L*a constancia y la tenacidad de Rizpa constituyen una lección para todos los que se inclinan a darse por vencidos cuando las cosas se ponen difíciles. Por amor y por la necesidad de hacer lo correcto, permaneció firme soportando inclemencias del tiempo, frío, cansancio y animales salvajes, con el fin de proteger a sus hijos muertos. Finalmente, alguien en autoridad tomó nota del asunto e hizo algo al respecto. Su fidelidad fue recompensada, y pudo descansar.

Dios nos promete lo mismo. Solo nos pide que seamos fieles y que le dejemos el resto a él. Cualquiera sea la situación, padres ásperos, cónyuges desamorados, hijos rebeldes, dificultades financieras, enfermedad o aun muerte, Dios la conoce y nos sostendrá y hará provisión para nosotros en el momento que él considere oportuno.

Promesas en las Escrituras

> *El Señor me ha recompensado conforme a mi justicia,*
> *conforme a mi limpieza delante de él.*
>
> —2 Samuel 22:25

> *Porque el Señor ama la justicia*
> *y no abandona a quienes le son fieles.*
>
> —Salmo 37:28

> *Pero algo más me viene a la memoria,*
> *lo cual me llena de esperanza:*
> *El gran amor del Señor nunca se acaba,*
> *y su compasión jamás se agota.*
> *Cada mañana se renuevan sus bondades;*
> *¡muy grande es su fidelidad!*
>
> —Lamentaciones 3:21–23

Viernes

SU LEGADO DE ORACIÓN

Rizpa hija de Ayá tomó un saco y lo tendió para acostarse sobre la peña, y allí se quedó desde el comienzo de la siega hasta que llegaron las lluvias. No permitía que las aves en el día ni las fieras en la noche tocaran los cadáveres.

—2 SAMUEL 21:10

REFLEXIONE SOBRE: 2 SAMUEL 21:8–14

ALABE A DIOS: Por darles a las madres la capacidad de amar a sus hijos de manera tan vehemente.

DÉ GRACIAS: Por la manera en que otras mujeres la han acompañado en tiempos difíciles.

CONFIESE: Cualquier tendencia que tenga a retroceder y no confrontar las cuestiones morales importantes con amor y valor.

PÍDALE A DIOS: Que ensanche su amor más allá del círculo de su propia familia de modo que se convierta en una fuerza que dé forma al mundo que le rodea.

Eleve el corazón

Las madres a menudo son la primera línea de defensa de sus hijos. Resulta terrible cuando los hijos nunca experimentan de parte de su madre la fuerza protectora del amor. Muchos niños que han sufrido malos tratos andan de aquí para allá dentro de nuestro sistema social, con resultados devastadores. Muchos niños que aún no han nacido perecen silenciosamente, sin que nadie lamente su muerte. No podemos salvar a todos los niños que no tienen madres, pero podemos acercarnos a ellos de a uno por vez. Pregunte en oración si le sería posible convertirte en una «hermana mayor» de una muchacha joven que tenga necesidades. Esfuércese por lograr que algún niño olvidado se sienta a gusto en su hogar. Hable en contra de las fuerzas de nuestra cultura que desvalorizan la vida humana. Préstele su voz a los que claman por paz en nuestro mundo. Haga lo que pueda, donde pueda. Permita que su amor sea vehemente y apasionado. No retroceda.

Padre, gracias por el amor protector y persistente de mi madre. Puedo conocer mejor tu amor por la manera en que ella me ha amado. Ayúdame a convertirme en una madre espiritual para los que traigas a mi vida.

La reina de Sabá

Su Carácter: Pese a ser una reina pagana como Jezabel, ella valoraba la sabiduría más que el poder. Aparentemente, estaba bien dotada en lo intelectual, y era buena para los negocios y la diplomacia.

Su Gozo: Que su búsqueda de sabiduría fuera recompensada más allá de sus expectativas.

Escrituras Clave: 1 Reyes 10:1–13; Mateo 12:42

Lunes

SU HISTORIA

Sabá era una tierra de fragancias, famosa por sus perfumes y especias. Ubicada en el extremo sudoeste de Arabia, lindando con el Mar Rojo, comerciaba con mercancías preciosas como oro, incienso y mirra con reinos en el África, la India y el Mediterráneo. No es de extrañase entonces que las caravanas que pasaban llevaran noticias de todo el mundo a la reina de Sabá.

Últimamente la reina había escuchado maravillosas historias acerca de Salomón, el hijo de David y Betsabé, convertido ahora en el tercer rey de Israel. Al momento de su nacimiento, un profeta lo había llamado el «amado del Señor». Algunos decían que él era el hombre más sabio que vivía en ese momento.

La reina sonrió al recordar la historia de las dos prostitutas. Ambas declaraban ser la madre de un mismo bebé. ¿Cómo podría descubrir el rey quién decía la verdad y quién mentía? Pero Salomón simplemente ordenó que se cortara por la mitad al bebé, para dividirlo equitativamente entre las dos mujeres. Él sabía que la verdadera madre renunciaría a sus derechos antes que permitir que su niño muriera. En efecto, la habilidad del rey rápidamente logró develar la verdad, y reunir a la madre desconsolada con su bebé.

La reina también había oído acerca del fabuloso templo y del palacio que Salomón había construido en Jerusalén. Se daba cuenta de que un gobernante como ese no tendría problemas para controlar las rutas de comercio internacionales que cruzaban su reino en distintas direcciones.

Aunque Jerusalén quedaba a unos dos mil cuatrocientos kilómetros hacia el norte, la reina estaba decidida a ver por sí misma si en verdad Salomón estaba a la altura de las historias que se contaban. Con la esperanza de lograr un acuerdo comercial con Israel, armó una caravana de camellos y la cargó de especias preciosas, gemas y cuatro toneladas y media de oro. Su entrada en Jerusalén constituiría un espectáculo inolvidable, que se añadiría luego a la creciente fama de Salomón.

Día tras día, la reina confrontaba a Salomón con preguntas difíciles. Pero nada era demasiado difícil de explicar para el rey. Atónita, la reina exclamó: «¡Todo lo que escuché en mi país acerca de tus triunfos y de tu sabiduría es cierto! No podía creer nada de eso hasta que vine y lo vi con mis propios ojos. Pero en realidad, ¡no me habían contado ni siquiera la mitad! Tanto en sabiduría como en riqueza, superas todo lo que había oído decir. ¡Dichosos tus súbditos! ¡Dichosos estos servidores tuyos, que constantemente están en tu presencia bebiendo de tu sabiduría! ¡Y alabado sea el Señor tu Dios, que se ha deleitado en ti y te ha puesto en el trono de Israel! En su eterno amor por Israel, el Señor te ha hecho rey para que gobiernes con justicia y rectitud».

Luego la reina le dio a Salomón todo el oro y las especias que había traído, quizá como un preanuncio de los presentes de oro, incienso y mirra que los magos le ofrecerían al niño Jesús casi mil años después. Y el mismo Jesús se refirió a la reina de Sabá cuando les respondió a los fariseos que le demandaban una señal milagrosa: «La reina del Sur se levantará en el día del juicio y condenará a esta generación; porque ella vino desde los confines de la tierra para escuchar la sabiduría de Salomón, y aquí tienen ustedes a uno más grande que Salomón» (Mateo 12:42).

Aunque gobernaba una nación pagana, la reina de Sabá quedó tan atraída por la sabiduría de Dios que realizó una ardua y peligrosa travesía, viajando como cuatro mil ochocientos kilómetros entre ida y vuelta para poder conocer al hombre más sabio del mundo.

Martes

SU VIDA Y SU ÉPOCA

PRESENTES

*C*uatro toneladas y media de oro, ¡y eso era solo parte del presente que la reina de Sabá le entregó a Salomón cuando lo visitó en Jerusalén! Probablemente había oído hablar tanto de sus riquezas como de su sabiduría, y se daba cuenta de que no podía llevarle un regalo mezquino; correspondía que fuera algo magnífico. Imaginemos una caravana de camellos, uno detrás del otro, entrando en Jerusalén, cargados de presentes para Salomón. Un camello podía transportar unos noventa kilos, más su conductor, cuando atravesaba el desierto (y la sorprendente cantidad de ciento ochenta kilogramos más el conductor en tramos más cortos y menos agotadores). ¡Eso significaba que eran necesarios cuarenta y cinco camellos solo para transportar el oro!

La mayor parte de los encuentros personales en las antiguas culturas incluían la entrega de presentes. La visita al hogar de alguien requería llevar un regalo para el anfitrión o la anfitriona. Aún los encuentros casuales en el desierto incluían el intercambio de regalos (Génesis 14:18–20). El llevar un presente, según las antiguas culturas, era también una forma de expresar sumisión a alguien que estaba en una posición superior, fuera gubernamental, militar o religiosa. A veces, se entregaban presentes para lograr el favor de alguien, o aun para sobornarlo.

Algunos de los regalos mencionados en el Antiguo Testamento son sorprendentes por su magnitud. Consideremos los presentes en oro, plata y vestimenta que el siervo de Abraham le entregó a Rebeca y su familia (Génesis 24:53). Ese tipo de regalos (el precio a pagar por una novia, o sea su dote) que entregaba la familia del novio a la familia de la novia conformaba un aspecto significativo de la tradición que rodeaba al casamiento. Una de las esposas de Salomón recibió un pueblo entero de parte de su padre como regalo de bodas (1 Reyes 9:16). El regalo de reconciliación que Jacob le entregó a Esaú consistió en un rebaño de quinientos cincuenta animales (Génesis 32:13–15). Además de los miles de animales que los israelitas le ofrendaron a Dios luego de su victoria sobre los madianitas, le presentaron joyas de oro y plata que pesaban un total de más de ciento noventa kilos (Números 31:51–52).

La reina de Sabá no fue la única que le llevó presentes a Salomón; en realidad eran tantos los que le llevaban «artículos de plata y de oro, vestidos, armas y perfumes, y caballos y mulas», que en el tiempo de Salomón la plata era «tan común y corriente como las piedras» (1 Reyes 10:23–27). Pero, de todos los que encontramos en la Biblia, los presentes más famosos fueron los que le entregaron los magos al niño Jesús (Mateo 2:11).

Los escritores del Nuevo Testamento a menudo no mencionaban tanto los regalos que nos hacemos unos a otros como los que le presentamos a Dios. Ningún regalo, aunque sea muy pequeño, le desagrada a Dios si lo presentamos con un corazón generoso y alegre. De hecho, Jesús alabó a la viuda que entregó apenas dos moneditas, porque ella dio todo lo que tenía con un corazón lleno de amor hacia Dios, y la contrastó con otros que daban una pequeña cantidad de sus riquezas, a menudo con pesar (Lucas 21:1–4). Más importante para Dios que el tamaño de nuestros regalos es la condición de nuestro corazón cuando los damos (2 Corintios 9:7).

El regalo que el Señor nos hace a nosotros es más grande, más delicado y más emocionante que cualquier presente que podamos hacernos entre nosotros u ofrecerle a Dios. Salomón, en medio de todas sus riquezas y sabiduría, le agradeció a Dios el don de una vida buena y simple, de un trabajo que realizar en forma satisfactoria, de un descanso apacible por la noche, y de algo de felicidad (Eclesiastés 3:13; 5:19). Mateo cita las palabras de Jesús en las que les habla a sus seguidores acerca del maravilloso cuidado de Dios por nosotros y de su disposición a darnos buenas cosas: «Pues si ustedes, aun siendo malos, saben dar cosas buenas a sus hijos, ¡cuánto más su Padre que está en el cielo dará cosas buenas a los que le pidan! (Mateo 7:11).

Pero el toque final, la corona que vale más que todo el oro del mundo, es el regalo que Dios nos hizo con tanto amor y disposición: la vida eterna, por medio de su Hijo (Romanos 6:23). No hace falta enviar una nota de agradecimiento; basta con llevar una vida de gratitud a Dios. En las palabras de Pablo: «¡Gracias a Dios por su don inefable!» (2 Corintios 9:15).

Miércoles

SU LEGADO EN LAS ESCRITURAS

Léase 1 Reyes 10:1–13.

1. ¿Qué le parece que significa que Salomón fuera famoso a causa de que «él honraba al Señor»?

2. ¿Qué preguntas piensa que le habrá hecho la reina de Sabá?

3. Por lo que puede observar en este pasaje, ¿cómo describiría a la reina?

4. ¿Qué es la sabiduría? Describa a alguien que sea verdaderamente sabio. ¿Conoce a alguien al que considere sabio en realidad? Mencione el nombre de dicha persona.

5. ¿Cuán importante es la sabiduría para usted? ¿Por qué?

Jueves
LA PROMESA QUE RECIBE

*L*á reina de Sabá era una gobernante rica y muy influyente cuya nación dominaba el comercio de mercancías en el Medio Oriente en esa época. Debe de haber contado con una cierta medida de sabiduría ella misma, o por lo menos de inteligencia, para poder gobernar un país como el suyo. Sin embargo, tenía muchos interrogantes, y decidió buscar al rey más afamado de toda la región, a Salomón, confiando que en su sabiduría pudiera responderlos. Salomón no la defraudó, y se marchó satisfecha.

¿Tienes preguntas para las que necesiten respuestas? ¿Preguntas acerca de su propia persona? ¿Referidas a las cosas que le han sucedido en la vida? ¿Sobre la voluntad de Dios? ¿Acerca del amor que Dios le tiene? Si las tiene, recurra a la fuente de toda sabiduría para encontrar las respuestas: Dios mismo. Cuando lo busca con diligencia, aunque no siempre le dé respuestas claras, le dará paz. Y usted saldrá de su presencia satisfecha. Él lo promete.

Promesas en las Escrituras

Pero yo en justicia contemplaré tu rostro;
me bastará con verte cuando despierte.

—SALMO 17:15

Oh Dios, tú eres mi Dios;
yo te busco intensamente...
Mi alma se aferra a ti;
tu mano derecha me sostiene.

—SALMO 63:1, 8

Enséñanos a contar bien nuestros días,
para que nuestro corazón adquiera sabiduría.
Sácianos de tu amor por la mañana,
y toda nuestra vida cantaremos de alegría.

—SALMO 90:12, 14

Pidan, y se les dará; busquen, y encontrarán; llamen, y se les abrirá. Porque todo el que pide, recibe; el que busca, encuentra; y al que llama, se le abre.

—MATEO 7:7–8

Viernes

SU LEGADO DE ORACIÓN

¡Dichosos tus súbditos! ¡Dichosos estos servidores tuyos, que constantemente están en tu presencia bebiendo de tu sabiduría! ¡Y alabado sea el SEÑOR tu Dios, que se ha deleitado en ti y te ha puesto en el trono de Israel! En su eterno amor por Israel, el SEÑOR te ha hecho rey para que gobiernes con justicia y rectitud.

—1 REYES 10:8–9

REFLEXIONE SOBRE: 1 Reyes 10:1–13

ALABE A DIOS: Por su generosidad.

DÉ GRACIAS: Por la sabiduría de Dios que opera a través de otros.

CONFIESE: Toda tendencia que tenga a confiar en su propia sabiduría sin buscar un consejo espiritual.

PÍDALE A DIOS: Que derrame sabiduría sobre los líderes de la iglesia y del gobierno para que se honren sus caminos en su familia, comunidad y nación.

Eleve el corazón

Piense en los presentes que la reina de Sabá le prodigó a Salomón como un reconocimiento tangible de su grandeza: perfumes, especias, piedras preciosas y oro. Sin embargo, Salomón era solo un hombre. ¿Qué podría ofrecerle a Aquel que es inmensamente más grande que dicho rey? Puede mostrarse generosa con sus alabanzas y decirle a Dios todo lo que ama en él. Puede ser generosa con su tiempo y desvivirse por ayudar a los que lo necesitan. Puede ser generosa con su confianza y actuar y orar de tal manera que se refleje su confianza en la bondad y el poder de Dios. Puede ser generosa con su dinero y dar todo lo que le sea posible de sus pequeños ahorros. Esta semana no sea mezquina. Piense en al menos una forma extravagante de expresarle su admiración y afecto a Dios.

Jesús, todo lo que he oído acerca de ti es verdad, pero yo no lo creía hasta que tú mismo me lo mostraste. Entonces me di cuenta de que no se me había dicho ni la mitad. Tu sabiduría, misericordia, poder y bondad exceden a todo lo que he escuchado. ¡Qué felices son las mujeres que te pertenecen! Alabo al Padre por deleitarse contigo y por colocarte por encima de todos y todo. Porque el amor eterno del Señor te ha proclamado nuestro Rey.

Jezabel

SU NOMBRE SIGNIFICA

«¿Dónde está el príncipe?»

Su Carácter: Siendo una mujer religiosa, desparramó la idolatría por todo Israel. Poderosa, astuta y arrogante, se opuso con tenacidad a Dios, aun teniendo pruebas indubitables de su soberanía.

Su Triunfo: Haber aumentado su poder a expensas de otros.

Su Tragedia: Que su arrogancia la condujera a una muerte vergonzosa.

Escrituras Clave: 1 Reyes 16:29–33; 18:1—19:2; 21:1–25; 2 Reyes 9

Lunes

SU HISTORIA

*J*ezabel era una princesa fenicia, hija del rey y sacerdote de Sidón. Casada con el rey Acab, gobernó como reina en la región norte de Israel cien años después de la muerte de David y sesenta años después de que Israel se dividiera en los reinos del norte y del sur, luego de la muerte de Salomón.

Jezabel fue una mujer de convicciones firmes y gran devoción, pero su ferviente adoración no se dirigía hacia el Dios de Israel sino a Baal, el dios pagano de la fertilidad, de quien se creía que controlaba las lluvias y por lo tanto las cosechas. Estaba tan decidida a convertir a Israel a su propia religión, que persiguió y mató a todos los profetas a los que consiguió echarles mano, y los reemplazó por ochocientos cincuenta de los suyos.

A pesar de todos sus esfuerzos, un profeta se le había escapado, el más molesto de todos. Su nombre era Elías, que significa: «Mi Dios es Yahvé». En contraste, Jezabel quería decir «¿Dónde está el príncipe (Baal)?» o «El príncipe (Baal) existe». Inevitablemente, los dos tenían posiciones antagónicas.

Al impulsar la adoración a Baal, Jezabel desparramaba la idolatría por todo Israel; pero su manera de adorar no producía los resultados esperados, dado que los campos permanecían estériles. Los dioses de la fertilidad tal vez estaban ausentes o bien eran impotentes.

Anteriormente, Elías le había advertido al rey Acab: «Tan cierto como que vive el SEÑOR, Dios de Israel, a quien yo sirvo, te juro que no habrá rocío ni lluvia en los próximos años, hasta que yo lo ordene».

Luego de tres años y medio de sequía y hambre, Elías desafió al rey a reunir a los profetas de Baal y Asera para competir en una prueba despareja: Ochocientos cincuenta contra uno. Se prepararon dos toros para el sacrificio, pero el fuego no sería encendido. En lugar de ello, el que fuera verdadero Dios lo demostraría al enviar fuego del cielo.

Desde la mañana y hasta el medio día, los profetas de Baal danzaron y gritaron: «¡Baal, respóndenos!» Pero el dios de la tormenta se mantuvo en silencio.

Encantado con el espectáculo, Elías no pudo resistirlo y les hizo algunas bromas bien al punto: «¡Griten más fuerte! Seguro que es un dios, pero tal vez esté meditando, o esté ocupado o de viaje. ¡A lo mejor se ha quedado dormido y hay que despertarlo!» El sarcasmo de Elías aguijoneó a los profetas de Baal, que realizaron esfuerzos aun más frenéticos, pero ese día Baal, el dios del fuego, no pudo ni siquiera encender un fósforo.

Entonces le llegó el turno a Elías. Para darle más dramatismo a las dificultades que presentaba su tarea, empapó el sacrificio con agua, no una vez sino tres, mientras oraba: «SEÑOR, Dios de Abraham, de Isaac y de Israel, que todos sepan hoy que tú eres Dios en Israel, y que yo soy tu siervo y he hecho todo esto en obediencia a tu palabra».

Inmediatamente el fuego quemó el sacrificio. Elías entonces reunió al pueblo, y mató a los ochocientos cincuenta profetas de Jezabel.

Enfurecida por la noticia, la reina le envió un mensajero a Elías, jurando matarlo. Pero él huyó hacia el sur, más allá de su alcance.

Sin embargo, Jezabel se mantenía activa, buscando otros objetivos para sus proyectos. Un día encontró a su marido Acab en medio de una crisis de ira infantil. Con el rostro demudado, Acab le contó su problema. Nabot, su vecino más cercano, tenía una viña muy hermosa que el rey deseaba. Podría resultar para él una hermosa huerta. Sin embargo, ese mezquino sujeto se negaba a vendérsela.

—¿Y no eres tú quien manda en Israel? ¡Anda, levántate y come, que te hará bien! Yo te conseguiré el viñedo del tal Nabot —le dijo ella.

Jezabel escribió una carta en nombre de Acab y la envió a los ancianos de la ciudad, instruyéndoles que consiguieran testigos falsos contra Nabot que dijeran que él había maldecido a Dios y al rey, ofensas que se penaban con la muerte.

Acab se sintió mejor cuando le llegó la noticia de que Nabot había muerto apedreado por traidor. Ahora su mesa podía rebozar de deliciosos vegetales tomados de ese jardín. Pero entonces, el que se presentó ante el rey fue Elías, interrumpiendo la caminata de placer que realizaba por su nuevo jardín.

—¡Mi enemigo! ¿Así que me has encontrado? —dijo a modo de saludo el rey.

Elías le contestó:

—Sí, te he encontrado porque te has vendido para hacer lo que ofende al Se-ñor, quien ahora te dice: «Voy a enviarte una desgracia. Acabaré contigo, y de tus descendientes en Israel exterminaré hasta el último varón, esclavo o libre». Y en cuanto a Jezabel, el Señor dice: «Los perros se la comerán junto al muro de Jezrel».

Las palabras de Elías se hicieron realidad. Acab finalmente murió en una batalla, y los perros lamieron la sangre de su carro de guerra. Jezabel, sin embargo, lo sobrevivió por al menos diez años. Entonces, un día, un hombre llamado Jehú llegó cabalgando hasta Jezrel para llevar a cabo la última parte de la profecía de Elías.

Jezabel, dura como siempre, estaba parada con orgullo a la ventana de su palacio. Ella nunca retrocedía ante un desafío, de modo que tomó la iniciativa, y le gritó a Jehú:

—¿Cómo estás, Zimri (un traidor), asesino de tu señor?

Pero Jehú simplemente la ignoró, y presentó un desafío a los que estaban cerca de ella:

—¿Quién está de mi parte? ¿Quién?... ¡Arrójenla de allí!

Rápidamente, los siervos de Jezabel la empujaron a través de la ventana. Los muros del palacio se salpicaron de rojo sangre al pisotearla los caballos, y los perros del palacio acabaron la tarea. Pese a ser una figura poderoso en vida, no quedó casi nada de ella apenas producida su muerte.

Unida al peor rey de Israel, Jezabel fue la peor reina de la nación y una de las mujeres más infames que registra la Biblia. ¡Qué diferente habría sido su historia si hubiera utilizado para bien su poder, su influencia y su devoción. De carácter fuerte, Jezabel pudo haber sido el equivalente femenino del apóstol Pablo, cuyo celo religioso mal dirigido cambió de dirección para hacer avanzar el reino de Dios. En cambio, a diferencia de muchos personajes bíblicos que se describen mediante una mezcla de rasgos buenos y malos, ella se destaca como una persona puramente malvada, con un carácter moral unidimensional. Tenía devoción plena a sus dioses y reflejaba plenamente la imagen de ellos. A pesar de los obvios milagros que presenció y de recibir advertencias en repetidas ocasiones, Jezabel optó por endurecer su corazón y sufrir las consecuencias que eso acarreara.

Martes

SU VIDA Y SU ÉPOCA

CULTO A BAAL

*J*ezabel. Su nombre es sinónimo de maldad. De todos los hermosos nombres bíblicos que se usan para los niños en la actualidad, no podrá encontrar a una Jezabel.

Hija de Et Baal, rey de Sidón, Jezabel fue criada e inculcada en el culto a Baal. Dedicó los años de su reinado no solo a adorar a Baal sino a imponer el culto a Baal a sus súbditos. Las estatuas de Baal lo mostraban de pie, alto y erguido, y llevaba puesto un casco con cuernos de toro en la parte superior, como señal de poder y fertilidad. En una mano sostenía una lanza en la que se enroscaban hojas, lo que posiblemente simbolizara los relámpagos y el crecimiento de las plantas. En su otra mano sostenía un bastón, que podía simbolizar la fortaleza, o el trueno.

El culto a Baal incluía la utilización de incienso y sacrificios, elementos muy comunes en las formas de adoración de la época. Los sacrificios a veces involucraban a inocentes seres humanos (Jeremías 19:5). También, y dado que la principal función del dios Baal consistía en hacer que la tierra, los animales y la gente fueran fértiles, los ritos de fertilidad constituían una parte principal del culto a Baal. Los asistentes, hombres y mujeres, realizaban actos sexuales para inducir a Baal a prodigar fertilidad sobre la tierra.

Cuando los israelitas se extraviaban de la fe en el único Dios verdadero, a menudo resultaban atraídos hacia el culto al falso dios Baal. Adoraron a dicho dios durante la época de Barac y Balán (Números 22:41), y lo mismo sucedió en el período de los jueces (Jueces 2:13; 6:28–32). Aun después del triunfo de Elías sobre Baal en el Monte Carmelo y de la muerte de de los cuatrocientos cincuenta sacerdotes de Baal ocurrido ese día (1 Reyes 18:16–40), el culto a Baal continuó esporádicamente en el tiempo de los reyes de Israel y Judá.

El culto a cualquier dios falso es, por supuesto, abominable para el verdadero Dios. Lo sabemos. Para nosotros, el culto a Baal parece una práctica necia y aberrante. Somos demasiado sofisticados como para comprender en qué consistía su atractivo. ¿Pero no están tan vigentes hoy los dioses falsos como en el tiempo de Jezabel? Consideremos la forma en que adoramos a los ídolos deportivos, a las estrellas de cine, a los multimillonarios. La nuestra es una sociedad que con frecuencia se inclina ante los dioses del dinero, el sexo y el poder. Haríamos bien en recordar que todo lo que ocupa el lugar de Dios en nuestra vida, por bueno que sea, puede convertirse en un ídolo si lo permitimos.

Miércoles

SU LEGADO EN LAS ESCRITURAS

Léase 1 Reyes 21:1–29 y 2 Reyes 9:30–37.

1. ¿Cómo se relacionaba Jezabel con su marido?

2. ¿Cómo se relacionaba ella con otras personas?

3. ¿Qué tiene de significativo el hecho de que Jezabel «se sombreó los ojos» y «se arregló el cabello» (2 Reyes 9:30)? ¿Por qué lo hizo? ¿Qué nos dice acerca de su persona?

4. ¿Qué piensa con respecto a que Jezabel recibiera lo que se merecía? En general, ¿le agrada ver que la gente reciba lo que merece? ¿Por qué?

5. Tómese un minuto para imaginar que es tan fuerte y maligna como Jezabel. Luego imagínese tan fuerte como Jezabel, pero buena. Deje correr sus pensamientos dentro de ese marco. ¿Qué haría si fueras así de fuerte, pero buena?

Jueves

LA PROMESA QUE RECIBE

*E*l final de Jezabel (2 Reyes 9:33–37) fue exactamente como Elías se lo había profetizado con anterioridad (1 Reyes 21:23). Sin lugar a dudas, el juicio sobre su vida fue rápido y contundente. Nos resulta difícil reconciliar este aspecto de nuestro Dios con la imagen amorosa y compasiva que tenemos de él; sin embargo, él es un Dios que aborrece el mal y con toda seguridad lo va a castigar. Pero si nos acercamos a él para reconciliarnos y recibir su perdón, él es un Dios al que le encanta mostrar misericordia.

Promesas en las Escrituras

Los que siguen a ídolos vanos abandonan el amor de Dios.

—JONÁS 2:8

Allí donde abundó el pecado, sobreabundó la gracia.

—ROMANOS 5:20

En nombre de Cristo les rogamos que se reconcilien con Dios. Al que no cometió pecado alguno, por nosotros Dios lo trató como pecador, para que en él recibiéramos la justicia de Dios.

—2 CORINTIOS 5:20–21

¡La compasión triunfa en el juicio!

—SANTIAGO 2:13

Viernes

SU LEGADO DE ORACIÓN

¿Quién puede comprender el furor de tu enojo?
¡Tu ira es tan grande como el temor que se te debe!
Enséñanos a contar bien nuestros días,
para que nuestro corazón adquiere sabiduría.

—SALMO 9:11–12

REFLEXIONE SOBRE: 2 Reyes 9

ALABE A DIOS: Porque él no permite que la maldad quede sin castigo.

DÉ GRACIAS: Por la justicia, aun cuando parezca que se demora.

CONFIESE: Cualquier tendencia a dar por sentado la misericordia de Dios.

PÍDALE A DIOS: Que le dé un temor santo de ofenderlo.

Eleve el corazón

Si Jezabel hubiera pensado un poco más acerca de cuál sería su final inevitable, tal vez su historia habría sido otra muy distinta. Aunque pretendamos creer que nunca vamos a morir, resulta saludable considerar la posibilidad de nuestro propio fallecimiento de tanto en tanto. El hacerlo nos vuelve humildes, nos despoja de fantasías, nos recuerda que somos criaturas que tienen que responder a un creador. Tómese treinta minutos para imaginar cómo puede ser su último día en la tierra. ¿Con quién le gustaría pasarlo? ¿Qué clase de recuerdos desea dejar cuando se haya ido? ¿Hay cosas que lamenta desde hace mucho tiempo, tiene asuntos inconclusos o sueños no cumplidos? Pida a Dios que la guíe al realizar este ejercicio. Permítale que le muestre cuáles son las cosas que merecen reafirmarse en su vida y ser celebradas, y cuáles necesitan todavía transformación a través de su gracia. Dígale entonces que está dispuesta a hacer lo que sea para convertirse en la mujer que él quiere que sea.

Señor, no quiero sentir temor por razones equivocadas, sino por las justas: vivir en temor reverente por ser tú quien eres. Dios de gracia, que nunca tome livianamente tu justicia ni tu poder. En lugar de eso, permíteme vivir de una manera que te honre. Porque tú eres el Admirable Consejero, el Dios Poderoso, el Padre Eterno, el Príncipe de Paz.

La viuda de Sarepta

SU CARÁCTER: Fue una mujer fenicia que mostró una extraordinaria hospitalidad a uno de los profetas de Dios, y le proveyó refugio durante un período de hambre.

SU DOLOR: Sufrir extrema pobreza, hambre y la pérdida de su marido e hijo.

SU GOZO: Experimentar reiterados milagros de la provisión de Dios.

ESCRITURAS CLAVE: 1 Reyes 17:8–24; Lucas 4:25–26

Lunes
SU HISTORIA

*S*us brazos eran largos y ásperos como las ramitas secas que había juntado para leña. Le temblaba el cuerpo mientras permanecía de pie junto al fuego, aspirando el vapor que salía de la sartén y relamiéndose, como si el aroma del pan que freía pudiera llenar su estómago y calmar sus miedos. Había pasado toda la vida a corta distancia del Mediterráneo, en Sarepta, a unos once kilómetros al sur de Sidón, en un territorio gobernado por el padre de Jezabel. Siempre había amado el mar, pero ahora esa abundancia de agua le parecía solo una burla, porque le recordaba todo lo que le faltaba.

Las lágrimas amenazaban con escapársele, mientras procuraba contenerlas con el parpadeo. Le resultaba difícil soportar sola sus temores, despertarse en medio de la noche sin nadie que la abrigara o le susurrara dulces mentiras acerca del mañana. Si tan solo su marido estuviera vivo para exprimirle al campo alguna pequeña cosecha. Pero él había muerto antes de la sequía, dejándola con su niñito, una casa y casi nada más. Todas las noches ella albergaba la esperanza de que lloviera, pero todas las mañanas se despertaba bajo un cielo luminoso.

Aunque pasaba hambre para alimentar a su hijo, el abdomen hinchado de él la acusaba. La necesidad del niño la hacía sentir condenada. Había fallado de la manera más básica que podía fallar una madre, dado que estaba imposibilitada de proteger a su hijo, alimentarlo y proveer para él. En esos días andaba con la espalda encorvada, como para esconder los pechos. Y hoy había raspado hasta el último poquito de harina de la tinaja y extraído la última gota de aceite del jarro. Comenzó a preparar la última comida para ella y su hijo.

Pero entones la llamó un extraño:

—Por favor, tráeme una vasija con un poco de agua para beber.

Amablemente, ella fue a buscársela, pero antes de que se alejara, él le dijo:

—Tráeme también, por favor, un pedazo de pan.

¿Está loco este hombre?, se preguntó. *Ya que está, podría también pedirme que hiciera chasquear los dedos para que apareciera una vaca y se pudiera dar un banquete.*

Giró sobre sus talones, y le respondió:

—Tan cierto como que vive el SEÑOR tu Dios, no me queda ni un pedazo de pan; solo tengo un puñado de harina en la tinaja y un poco de aceite en el jarro. Precisamente estaba recogiendo unos leños para llevármelos a casa y hacer una comida para mi hijo y para mí. ¡Será nuestra última comida antes de morirnos de hambre!

Pero el hombre insistió:

—No temas. Vuelve a casa y haz lo que pensabas hacer. Pero antes prepárame un panecillo con lo que tienes, y tráemelo; luego haz algo para ti y para tu hijo. Porque así dice el SEÑOR, Dios de Israel: «No se agotará la harina de la tinaja ni se acabará el aceite del jarro, hasta el día en que el SEÑOR haga llover sobre la tierra».

En lugar de maldecir al extraño por su insensibilidad, como sería de esperar, la mujer hizo exactamente lo que él le había pedido, dándole de comer el alimento que había reservado para ella y su hijo.

La mujer de Sarepta no era judía, sino fenicia. Ella no tenía idea de que el extraño era el profeta Elías, que había tenido el descaro de informarle al rey Acab que Dios iba a detener las lluvias para castigar la idolatría de Israel. Se hubiera sorprendido al saber que ese mismo Dios le había indicado a Elías:

—Ve ahora a Sarepta de Sidón, y permanece allí. A una viuda de ese lugar le he ordenado darte de comer.

La viuda de Sarepta se había sentido completamente sola, sin saber que Dios había puesto sus ojos en ella. Por alguna razón, le creyó a Elías y actuó conforme a eso, dándole todo lo que tenía.

Luego, cada vez que metía su mano en el tarro de harina, cada vez que vertía aceite de la jarra, la viuda era testigo de un nuevo milagro, de otra señal del favor de Dios, de una evidencia adicional de su provisión. De la manera en que Elías se lo había prometido, el suministro de harina y aceite duró día tras día, mes tras mes, y nunca faltó hasta que finalmente llegaron las lluvias y la tierra revivió.

Qué típico de Dios el elaborar una parábola sobre la gracia durante un tiempo de juicio, desplegar su misericordia y poder en medio de la debilidad y las necesidades. La fe de la viuda no solo salvó a su hijo y a ella misma, sino que verdaderamente le proporcionó un refugio a Elías, que debe de haberse preguntado por qué Dios había decidido darle una protección tan endeble: una mujer indigente que habitaba en el territorio de su peor enemiga: Jezabel.

Tiempo después, la fe de la viuda volvió a ser probada, cuando su hijo pequeño murió. Pero ella fue también la primera mujer en dar testimonio del poder de Dios para levantar a los muertos, lo que el Señor hizo en respuesta a las repetidas oraciones de Elías en favor de su hijo. Por ser una mujer que soportó dificultades extremas, su historia revela el poder de Dios para proveer lo que más necesitamos: un bien del corazón que se llama fe.

Martes
SU VIDA Y SU ÉPOCA

VIUDAS

*L*a viuda de Sarepta vivía en un país que trataba a las viudas como ciudadanas de segunda clase, las ignoraba y permitía que pasaran hambre. Cuando llegó Elías y le pidió pan a la viuda, daba la impresión de que le estuviera pidiendo que le entregara la última comida que tenía para sí y para su hijo. En realidad, él le proporcionaba el sustento que le duraría hasta que acabara el hambre.

Debido a que una mujer sola raramente tenía medios como para sustentarse económicamente, generalmente dependía de sus hijos, si es que los tenía, o de la comunidad que la rodeaba, si no los tenía. La Biblia nos dice que Dios tiene un amor y un cuidado especial para las mujeres que han perdido a sus maridos (Salmo 68:5; 146:9). Él ordenó a los israelitas que trataran a las viudas con compasión y que hicieran provisión para ellas. Cuando los profetas señalaban que los israelitas eran desobedientes, a menudo lo probaban sacando a la luz su falta de preocupación por las viudas que tenían en su entorno (Isaías 1:23; 10:1–2; Ezequiel 22:6–7; Malaquías 3:5). Cuando alguien se ocupaba de las viudas, era digno de ser tenido en cuenta (Job 29:13).

En el Nuevo Testamento, Pablo dio instrucciones a las viudas, diciéndoles que si eran jóvenes deberían volver a casarse. La iglesia tenía que hacerse cargo de las viudas solo cuando contaban con más de sesenta años y no tenían otros miembros de su familia que pudieran proveerles lo necesario (1 Timoteo 5:3–16). La emotiva historia de Dorcas, en Hechos 9:36–42, nos muestra cuánto significa un simple acto realizado a favor de una viuda que en verdad está en necesidad.

La iglesia de hoy es responsable de cuidar a las viudas de su comunidad. Con frecuencia, el seguro, la asistencia social y otras entidades como esas son las que se hacen cargo de los requerimientos económicos de las viudas, pero sus necesidades van mucho más allá de tener el dinero suficiente en una cuenta bancaria. Los creyentes pueden mostrarles amor y darles un amplio apoyo emocional a algunas de ellas, ayudándoles con la atención de sus hijos o con las tareas de la casa, o simplemente brindándoles amistad.

Miércoles

SU LEGADO EN LAS ESCRITURAS

Léase 1 Reyes 17:7–24.

1. ¿Por qué supone que el Dios de Israel envió al profeta de Israel a recibir ayuda de una viuda pagana?

2. La mujer se mostró absolutamente sincera con Elías en 1 Reyes 17:12. ¿Qué es lo que le dijo allí?

3. ¿Por qué piensa que hizo lo que Elías le pidió?

4. Según 1 Reyes 17:17–18, ¿a quién le echa la culpa de la muerte de su hijo? Si su reacción le sorprende de alguna manera, explique de qué manera.

5. ¿Qué cree que debería sacar de esta historia? ¿Qué le dice acerca de Dios?

Jueves

LA PROMESA QUE RECIBE

$\mathcal{D}$ios no ignora las necesidades de los que no pueden cuidarse por su propia cuenta. No los insta a recomponerse y seguir adelante cuando sabe que no tienen recursos para hacerlo. No les da una palmadita en la espalda ni les dice que lamenta que la vida sea tan dura. Pero a veces interviene a través de modestos milagros; en este caso, asegurándose que una pequeña cantidad de harina (apenas lo justo para un pancito) nunca se acabara.

Cuando menos lo espera, llega un cheque en el momento en que lo necesita más. O alguna mamá le da la ropa que a sus niños les ha quedado chica y puede vestir a sus hijos. Dios usa a alguien o alguna cosa para cambiar el corazón de su marido justo cuando empieza a pensar que ya no la ama. Nuestro Dios sigue siendo un proveedor milagroso, brindándonos lo que necesitamos, a veces de la manera más inesperada.

Promesas en las Escrituras

Tu familia se estableció en la tierra que en tu bondad,
    oh Dios, preparaste para el pobre.

—SALMO 68:10

Bendeciré con creces sus provisiones,
    y saciaré de pan a sus pobres.

—SALMO 132:15

Pero si una viuda tiene hijos o nietos, que estos aprendan primero a cumplir sus obligaciones con su propia familia y correspondan así a sus padres y abuelos, porque eso agrada a Dios. La viuda desamparada, como ha quedado sola, pone su esperanza en Dios y persevera noche y día en sus oraciones y súplicas.

—1 TIMOTEO 5:4–5

Viernes

SU LEGADO DE ORACIÓN

Entonces la mujer le dijo a Elías: «Ahora sé que eres un hombre de Dios, y que lo que sale de tu boca es realmente la palabra del SEÑOR».

—1 REYES 17:24

REFLEXIONE SOBRE: 1 REYES 17:8–24

ALABE A DIOS: Por estar constantemente atento.

DÉ GRACIAS: Por todas las maneras en que le ha provisto hasta aquí y por la forma en que le proveerá en el futuro.

CONFIESE: Cualquier tendencia que tenga a actuar como si a Dios realmente no le importara lo que le sucede.

PÍDALE A DIOS: Que la haga una mujer que confía en él a diario en lo referente a todas sus necesidades, tanto físicas y emocionales como espirituales.

Eleve el corazón

Siempre que imaginamos cuadros futuros llenos de ansiedad, malgastamos una energía emocional preciosa. Esa clase de preocupación implica un uso negativo del poder de nuestra imaginación. Y como tal, puede resultar un intento erróneo, dirigido a controlar el futuro. Pero en lugar de lograrlo, pronto descubriremos que la ansiedad nos controla a nosotros. Jesús dijo: «No se angustien por el mañana, el cual tendrá sus propios afanes. Cada día tiene ya sus problemas» (Mateo 6:34).

Comience a formar buenos hábitos que la ayudarán a quebrar el poder que tienen las preocupaciones sobre su vida. Comience a agradecer a Dios cada mañana por las pequeñas señales de su bondad: una amiga amorosa, un jardín hermoso, la sonrisa de un niño. La gratitud aumentará el sentido de la presencia de Dios en su vida. Luego, dedique un tiempo a pensar en las formas en que Dios se ha ocupado de usted en el pasado. Apúntelas por escrito y conviértalas en parte de su arsenal de fe, de modo que cuando se sienta asediada por pensamientos ansiosos pueda rememorar usted misma, mediante ejemplos concretos, cómo Dios le ha provisto anteriormente.

Padre, ¡qué fácil es permitir que la ansiedad destruya mi gratitud. Ayúdame a quedarme en tu presencia con gratitud, en lugar de apresurarme a pasar a mi siguiente pedido desesperado. Usa mi debilidad y necesidad como vidriera para exhibir tu fortaleza.

La Sunamita

Su Carácter: Era una mujer rica, generosa, hospedadora y capaz, que le mostró gran bondad a uno de los profetas de Dios.

Su Dolor: Perder el hijo que le había sido prometido.

Su Gozo: Experimentar lo tremendamente profunda que es la generosidad de Dios.

Escrituras Clave: 2 Reyes 4:8–37; 8:1–6

Lunes
SU HISTORIA

Unos pocos kilómetros al norte de Jezrel, ciudad en la que la historia de Jezabel había llegado a su terrible final, vivía una acaudalada mujer israelita cuyo ojo avizor tomaba cuenta del paso de los viajeros que iban de Nazaret a Jerusalén. Uno de los personajes más pintorescos que frecuentaban el camino que pasaba frente a su casa era Eliseo, el profeta sucesor de Elías.

Un día dicha mujer sunamita invitó a Eliseo a quedarse a comer. Luego ella le dijo a su marido:

—Hagámosle un cuarto en la azotea, y pongámosle allí una cama, una mesa con una silla, y una lámpara. De ese modo, cuando nos visite, tendrá un lugar donde quedarse.

Impresionado por su bondad, Eliseo averiguó, a través de su siervo Guiezi si quería que él usara su influencia con el rey de Israel para hablarle bien de ella. Pero esa mujer no procuraba obtener favores en la corte, así que Eliseo volvió a preguntarle a su siervo:

—¿Qué puedo hacer por ella?

Guiezi simplemente le señaló algo obvio: la mujer y su anciano marido no tenían hijos, por lo tanto les faltaba un heredero que continuara su nombre. Así que Eliseo llamó a la mujer y le hizo esta increíble promesa:

—El año que viene, por esta fecha, estarás abrazando un hijo.

Ella exclamó:

—¡No, mi señor, hombre de Dios! No engañe usted a su servidora.

Sin embargo, un año después, tal como Eliseo le había dicho, la mujer sostenía un bebé, que lloraba entre sus brazos; y ella reía cuando les contaba a otros la historia de ese regalo sorprendente de Dios. A diferencia de otras mujeres que habían dado a luz antes que ella (como Sara, Rebeca, Raquel, Tamar, Ana), la sunamita parecía aceptar el hecho de no tener hijos. La promesa de Eliseo, sin embargo, fue una flecha que dio justo en el blanco, satisfaciendo el deseo oculto de su corazón.

Una mañana, pocos años después, uno de los siervos entró en la casa con el pequeño muchacho en sus brazos, explicando que el niño se había quejado de un fuerte dolor de cabeza cuando fue a visitar a su padre que estaba en los sembrados. Quizá había permanecido mucho tiempo expuesto al sol.

El rostro del niño estaba rojo y su frente ardía mientras su madre lo acariciaba y trataba de calmarlo con canciones y palabras suaves. Pero a pesar de que le susurraba palabras de aliento, ella sentía crecer el miedo. Cuanto más fuerte lo abrazaba, más parecía retraerse su espíritu. Su respiración se hacía dificultosa, y la apatía invadía sus ojos. Al mediodía, el niño murió.

Sin decir una palabra, llevó su pequeño cuerpo al cuarto del profeta y lo acostó con ternura en la cama de Eliseo. Cerró la puerta, llamó a un sirviente y salió inmediatamente para el monte Carmelo, donde esperaba encontrar a Eliseo.

Detectándola a la distancia, el profeta se preguntó en voz alta que podría haberla llevado a hacer ese recorrido de cuarenta kilómetros al norte de su casa. Le indicó entonces a Guiezi:

—Corre a recibirla y pregúntale cómo está ella, y cómo están su esposo y el niño.

Pero la mujer simplemente le dio una respuesta como para sacárselo de encima, y se dirigió directamente hacia donde estaba Eliseo, exclamando:

—Señor mío, ¿acaso yo le pedí a usted un hijo? ¿No le rogué que no me engañara?

El profeta de inmediato instruyó a Guiezi:

—Arréglate la ropa, toma mi bastón y ponte en camino. Si te encuentras con alguien, ni lo saludes; si alguien te saluda, no le respondas. Y cuando llegues, coloca el bastón sobre la cara del niño.

La mujer, sin embargo, no estaba dispuesta a aceptar un suplente. Así que el profeta se apresuró a marchar hacia Sunén, siguiendo a Guiezi, que se había adelantado para llevar a cabo las órdenes de su amo. Cuando Eliseo llegó, encontró al muchacho inmóvil y frío, tendido sobre la cama. Eliseo cerró la puerta tras sí. Mientras oraba, se tendió sobre el niño, de tal modo que las manos, bocas y ojos de ambos se tocaban. Mientras estaba allí tendido, pudo percibir que el cuerpo helado comenzaba a calentarse debajo de él. Se levantó y caminó por el cuarto de un lado a otro por unos momentos. Finalmente volvió a tenderse sobre el cuerpo sin vida otra vez y oró. El pecho del niño se expandió y luego estornudó. Y volvió a estornudar.

Puede ser que la sunamita hubiera oído la historia de cuando Elías había resucitado al hijo de la viuda de Sarepta en circunstancias similares. Si fue así, entonces ese milagro podría haber alimentado sus esperanzas para darle el valor de buscar su propio milagro en lugar de colapsar bajo el peso de un dolor tan grande. Ahora, al ver por sí misma las señales irrefutables de la bondad amorosa de Dios, cayó a los pies de Eliseo y se inclinó a tierra. Dios había sido fiel a su palabra, cumpliendo lo que le había prometido y manteniéndolo aun frente a circunstancias en las que parecía imposible que lo hiciera.

Martes

SU VIDA Y SU ÉPOCA

HOSPITALIDAD

*E*liseo se quedó a comer en la casa de la sunamita luego de que ella le insistiera mucho. Se sentía tan bien cuidado, tan cómodo y tan a gusto que se le hizo hábito el ir a su casa siempre que pasaba por allí; y esto era con una frecuencia que justificaba que la mujer le pidiera a su marido que agregaran un cuarto a la casa, especialmente para Eliseo.

La hospitalidad jugaba un papel importante en la vida de la gente del Cercano Oriente. Los viajes a través del desierto resultaban extenuantes, y los hoteles del camino todavía no se habían inventado. Cuando los viajeros llegaban a una ciudad al final del día, se detenían en el centro del pueblo o cerca de las puertas de la ciudad para esperar que alguien los invitara a pasar la noche. Si no llegaba esa invitación, pasaban la noche al aire libre.

Los que hospedaban no solo tenían la responsabilidad de alimentar a los huéspedes y proveerles comodidades para dormir, sino que se esperaba de ellos que los protegieran de robos y daños (Génesis 19:8). Cuando se servía la comida, el hospedador actuaba como si fuera el sirviente, atendiendo a los huéspedes y preocupándose por todas sus necesidades. Si había algún huésped más destacado que los demás, a esa persona se le servía una porción de comida más grande, o especial (Génesis 43:34).

En las Escrituras tenemos muchos ejemplos en cuanto a hospitalidad. Abraham hizo preparar una comida espléndida para los tres extraños que lo visitaron (Génesis 18), que incluía panes, un ternero, requesón y leche. Rebeca práctico la hospitalidad mínima, al ofrecerle agua al criado de Abraham y dar de beber a los animales (Génesis 24:15–21). Salomón alimentaba a todos los que se hallaban en su palacio, y además a los extranjeros y a los visitantes que se encontraban en la región. La lista de sus provisiones diarias que aparece en 1 Reyes 4:22 nos da una imagen de lo que se requería para alimentar a esa sorprendente cantidad de personas. Nehemías no solo se rehusó a solicitar «el impuesto que le correspondía como gobernador», sino que generosamente alimentaba al menos ciento cincuenta personas cada día (Nehemías 5:17–18).

Seis veces exhorta el Nuevo Testamento a los creyentes a ser hospedadores. No se habla de terneros engordados ni de cenas especiales en esos pasajes, sino que se da una simple exhortación para asegurarse de que cada uno cuide de los que tiene a su alrededor. Como lo señala Romanos 12:13: «Ayuden a los hermanos necesitados. Practiquen la hospitalidad». ¡Nunca sabremos si es que hemos atendido a un ángel sin darnos cuenta! (Hebreos 13:2).

Miércoles

SU LEGADO EN LAS ESCRITURAS

Léase 2 Reyes 4:8–37.

1. ¿Por qué cree que el parar en la casa de esta mujer se convirtió en un hábito para Eliseo?

2. ¿Por qué habrá respondido la mujer de la forma que lo hizo ante la promesa de un hijo según lo documenta el versículo 16? Compárese con el versículo 28.

3. ¿Por qué les dio a entender tanto a su marido como a Guiezi que todo estaba «bien» cuando en realidad no lo estaba? ¿Cuál era su intención?

4. Cientos de madres perdieron a sus hijos durante ese período en el que Dios salvó a un muchacho a través de Elías y a este otro a través de Eliseo. ¿Qué conclusión saca de esas historias? ¿Qué le dicen acerca de Dios?

5. ¿Qué cosa admira en la sunamita que le gustaría imitar?

Jueves

LA PROMESA QUE RECIBE

*L*á sunamita supo que había esperanza aun en medio de las circunstancias más devastadoras. Se le había prometido un hijo cuando era estéril, y ahora ella se aferraba con tenacidad a dicha promesa aun cuando su hijito yacía muerto en la cama de Eliseo. Le dio a entender a su marido que todo estaba bien, cuando en realidad sabía indiscutiblemente que el muchacho ya se había ido. Pero el Dios que le había hecho la promesa no se había ido. Ella sabía que no la iba a abandonar.

«Quédate tranquilo» (2 Reyes 4:23, RVR95), le había dicho a su esposo. ¿Puede usted usar una expresión semejante cuando su mundo se desmorona encima de usted? Quizá no. Recuerde, sin embargo, que aun en medio de las circunstancias más desesperadas, aun cuando se sienta abandonada, aun cuando le golpee la tragedia, Dios está presente. Confíe en su palabra y afírmese sobre sus pies al considerar a la sunamita, que en medio de circunstancias demoledoras pudo decir: «Quédate tranquilo».

Promesas en las Escrituras

Dios no es un simple mortal para mentir y cambiar de parecer. ¿Acaso no cumple lo que promete ni lleva a cabo lo que dice?

—NÚMEROS 23:19

Alabado sea el Dios y Padre de nuestro Señor Jesucristo, Padre misericordioso y Dios de toda consolación, quien nos consuela en todas nuestras tribulaciones.

—2 CORINTIOS 1:3–4

Todas las promesas que ha hecho Dios son «sí» en Cristo.

—2 CORINTIOS 1:20

Mantengamos firme la esperanza que profesamos, porque fiel es el que hizo la promesa.

—HEBREOS 10:23

Viernes

SU LEGADO DE ORACIÓN

El año que viene, por esta fecha, estarás abrazando a un hijo.

—2 Reyes 4:16

REFLEXIONE SOBRE: 2 Reyes 4:8–37

ALABE A DIOS: Porque él nunca pasa por alto ni siquiera una pequeña bondad que realizamos por amor a él.

DÉ GRACIAS: Por la bondad que experimenta de parte de otras personas.

CONFIESE: Su tendencia a pasar por alto las necesidades de los demás por estar muy centrada en las suyas propias.

PÍDALE A DIOS: Que la haga atenta para descubrir las oportunidades que se le presentan de cuidar a otros de una manera práctica y básica.

Eleve el corazón

La sunamita constituye un excelente ejemplo, por ser alguien que se anticipó a las palabras que Jesús les dijo a sus discípulos en cuanto a que «busquen primeramente el reino de Dios y su justicia, y todas estas cosas les serán añadidas» (Mateo 6:33). Como los lirios del campo, ella no se preocupaba por la provisión de Dios y así la experimentaba de una forma abundante. Pídale a Dios una oportunidad esta semana para que pueda realizar un acto de bondad práctica o de hospitalidad hacia alguna persona. Considere canalizar sus oraciones, sus dones y su energía de modo regular hacia un grupo o un ministerio que trabaje para que la justicia llegue a los que más la necesitan.

Padre, muéstrame alguien que esté en necesidad en este día. Luego ayúdame a salir de mi pequeño mundo y descubrir la forma de mostrarle tu amor a dicha persona.

Atalía

SU NOMBRE SIGNIFICA

«El Señor es grande»

SU CARÁCTER: Era la nieta de Omri, uno de los reyes más idólatras y malvados que tuvo Israel, y también hija de Acab y muy probablemente de Jezabel. Fue la única mujer que en verdad gobernó sobre Judá. En tanto que Acab y Jezabel extendieron el culto a Baal en el reino norteño de Israel, Atalía se ocupó activamente de promoverlo unos pocos años después en el sureño reino de Judá. Al ser dominada por su avidez de poder, asesinó a los propios miembros de su familia a fin de asegurarse de poseerlo.

SU GOZO: Que su falta de piedad le redituara, al menos por un tiempo, constituyéndola en la gobernante de Judá.

SU DOLOR: Que sus intentos por destruir el linaje real de Judá fracasara.

ESCRITURAS CLAVE: 2 Reyes 11, 2 Crónicas 22; 23:11–21

Josaba

SU NOMBRE SIGNIFICA

«Jura por su Nombre»

SU CARÁCTER: Era princesa y esposa del sumo sacerdote, y se mostró como una mujer valiente cuya acción preservó el linaje de Judá, del que descendería el Mesías.

SU GOZO: Haber preservado la vida de Joás, hijo menor de su hermano, que se constituyó en el legítimo heredero al trono de Judá.

SU DOLOR: Haber tenido que soportar el reinado de Atalía sobre Judá y haber sufrido la pérdida de muchos de sus sobrinos a manos de la reina.

ESCRITURAS CLAVE: 2 Reyes 11:2; 2 Crónicas 22:11

Lunes

SUS HISTORIAS

*L*ás reinas malvadas son materia principal de los cuentos de hadas. ¿Recuerdan a la reina de la nieve en las narraciones de Hans Chistian Andersen, o de la reina malvada en la novela *El león, la bruja y el guardarropas*? Atalía era por lo menos tan malvada como sus equivalentes de los cuentos de hadas, una reina que le dejó helado el corazón al pueblo de Dios al ver que había asesinado a sus propios nietos y que estaba promoviendo el culto a Baal en el sureño reino de Judá, de igual modo en que sus padres, Acab y Jezabel, lo habían promovido en el norte.

Atalía se casó con el rey de Judá, a través de lo cual se cimentó una alianza entre los reinos del norte y del sur. Pero luego de unos años, el rey murió y fue sucedido por Ocozías, el hijo de Atalía. Pocos meses después, Jehú, el que ejecutó justicia sobre Jezabel, asesinó al nuevo rey.

Después de que el marido y el hijo de la reina Atalía murieron, ella debió sentirse vulnerable y aislada, y más aun considerando que el linaje de su padre Acab había sido completamente destruido en Israel. Su paranoia y ansias de poder conformaron una mezcla peligrosa que la llevó a asesinar a los hijos de su hijo para apropiarse del trono de Judá. Es más, es posible que hasta se ufanara de haber sido, como emisaria de Baal, la que destruyera a los herederos reales de Judá, haciendo así imposible que Dios cumpliera su promesa de que el futuro Mesías descendiera del linaje de David, de la tribu de Judá.

Durante unos pocos años, más o menos desde el 841 hasta el 835 AC, Atalía reinó en Judá, promoviendo la adoración a Baal y conduciendo al pueblo a alejarse cada vez más de Dios. Pero se gestaba una conspiración bajo sus narices. Sin que ella lo supiera, uno de sus nietos todavía estaba vivo. Su propia hijastra Josaba había escondido al pequeño Joás antes de que la reina pudiera asesinarlo junto con los otros hijos de Ocozías. Casada con el sumo sacerdote, Josaba arriesgó su vida al recoger y ocultar al heredero real en el templo durante seis años. Luego, cuando el muchachito cumplió siete años, su marido dio un golpe de estado y coronó al joven Joás como rey.

En cuanto Atalía se enteró de la conspiración, se dirigió apresuradamente al templo, donde se rasgó las vestiduras y gritó: «¡Traición! ¡Traición!». Pero al igual que lo que le pasó antes a su madre Jezabel, nadie le prestó la más mínima atención. En lugar de ello, rápidamente apresaron a la reina Atalía y la ejecutaron fuera del templo. Ni bien fue eliminada la reina, el pueblo de Judá lo celebró destruyendo el templo de Baal y matando a su sacerdote principal.

Las comparaciones entre Atalía y Jezabel son demasiado obvias para ignorarlas, y sus historias nos recuerdan otra historia que había sucedido setecientos años antes. El faraón de Egipto, decidido a destruir al pueblo de Dios, había ordenado que todos los bebés varones fuesen ahogados en el río Nilo. Al igual que el faraón, engañado por uno de sus descendientes (su hija, que salvó a Moisés y lo crió como hijo propio), Atalía fue engañada por su propia hijastra Josaba. Otra vez, el coraje y la compasión de una mujer ayudaron a subvertir los planes malvados y mantuvieron viva la promesa.

Martes

SU VIDA Y SU ÉPOCA

EL TEMPLO

¡Qué inteligente Josaba! Escondió al pequeño Joás en el lugar en el que menos posibilidades tenía de toparse con él Atalía, la adoradora de Baal: el templo del Señor. Aunque a veces el pueblo de Israel utilizó incorrectamente el templo, al adorar ídolos en ese lugar, mayormente había sido un lugar de adoración al verdadero Dios.

El rey David fue el que comenzó a hacer planes para construir un gran templo que reemplazara al tabernáculo como lugar de adoración. El tabernáculo no era un edificio permanente, y David pensaba que correspondía que Dios tuviera una casa tan magnífica como la suya (2 Samuel 7:2). David hizo un gran acopio de piedras, de hierro, de bronce, y más madera de cedro de la que se podía contar, según 1 Crónicas 22:4, como preparativo para la construcción del templo. También había conseguido reunir «tres mil trescientas toneladas de oro» y «treinta y tres mil toneladas de plata» (1Cr 22:14). ¡Cifras sorprendentes!

Salomón, el hijo de David, fue el que construyó el templo en Jerusalén. La construcción comenzó durante el cuarto año de su reinado (966 a.C.) y no se completó hasta el año décimo primero. La estructura se construyó en base a piedras cortadas y pulidas en canteras y transportadas luego al lugar del templo. Estas se recubrían luego con madera de cedro, en la que se tallaban querubines, palmeras y flores, y finalmente se les daba un baño de oro. En 1 Reyes 5 al 8 observamos una maravillosa descripción de la rica estructura que Salomón dedicó al Señor.

Josaba y su marido, el sumo sacerdote, escondieron al heredero del trono en esa estructura. El templo entonces albergaba no solo la presencia del Dios verdadero, sino al ancestro del Hijo de Dios, Jesús, el Mesías. A través de la valiente acción de una mujer, el linaje de David quedó protegido y se aseguró nuestra salvación por medio del Mesías.

Miércoles

SU LEGADO EN LAS ESCRITURAS

Léase 2 Reyes 11:1–21.

1. Atalía se crió como hija de Jezabel. ¿De qué modo le habrá afectado ese estilo de crianza para llegar a convertirla en la persona que fue?

2. La madre de Atalía y sus hermanos (Jezabel y sus hijos) fueron asesinados en Israel. El hijo de Atalía fue asesinado en Judá. A continuación ella ordenó el asesinato de los hijos de su hijo para poder reinar. ¿Cómo habrá justificado sus acciones en su propia conciencia?

3. ¿Qué habrá pensado Josaba cuando salvó al bebé Joás mientras sus hermanos y hermanas eran asesinados (versículo 2)? Describa los acontecimientos tal como imagina que ella los percibía desde su punto de vista.

4. Joás era el último descendiente del linaje del rey David. Josaba probablemente no sabía que desempeñaba un papel decisivo al tomar los recaudos para asegurar el nacimiento del futuro Mesías, Jesús, el descendiente de David que había sido prometido. ¿Qué le dice esto con respecto a la forma en que Dios obra en el mundo?

5. Atalía fue valerosa en cierto sentido: llevó a cabo acciones en su propio interés, con resultados horribles. Josaba fue valerosa de una manera mucho más admirable. ¿En qué momento su vida le ha exigido valor? ¿En qué sentido necesita valor ahora?

Jueves

LA PROMESA QUE RECIBE

*D*ios siempre gana. Tal vez sea una forma simplista de decirlo, pero no por eso resulta menos cierto. Aun cuando gente como Atalía intente acabar con una familia entera y ponerle fin al plan de redención de Dios, o gente como los sacerdotes de Baal lleve a los demás a adorar a ídolos en lugar de adorar al verdadero Dios, el Señor siempre triunfará al final. Las fuerzas negativas de nuestra cultura nos llevan a preguntarnos hacia dónde nos dirigimos como pueblo. Muchos de nuestros líderes muestran muy poca moral e integridad, y el ser deshonesto se pasa por alto en los lugares de trabajo. La bondad, por lo general, es excepción y no regla. Pero no desesperemos. Esta no es una batalla que Dios esté dispuesto a perder. Al final, ¡él va a prevalecer!

Promesas en las Escrituras

> *Quien en ti pone su esperanza jamás será avergonzado.*
>
> —Salmo 25:3

> *El corazón humano genera muchos proyectos,*
> *pero al final prevalecen los designios del Señor.*
>
> —Proverbios 19:21

> *Sin embargo, gracias a Dios que en Cristo siempre nos lleva triunfantes.*
>
> —2 Corintios 2:14

Viernes

SU LEGADO DE ORACIÓN

Pero Josaba, que era hija del rey y esposa del sacerdote Joyadá, raptó a Joás hijo de Ocozías cuando los príncipes estaban a punto de ser asesinados. Metiéndolo en un dormitorio con su nodriza, logró esconderlo de Atalía, de modo que no lo mataron. Hizo esto porque era la hermana de Ocozías.

—2 CRÓNICAS 22:11

REFLEXIONE SOBRE: 2 Crónicas 22:10–12; 23

ALABE A DIOS: Por su poder, que es mucho mayor que el poder del mal.

DÉ GRACIAS: Porque Dios siempre hace lo que dice que hará, sin que importen las adversidades que se presenten en su contra.

CONFIESE: Cualquier tendencia que tenga a permitir que las circunstancias difíciles sofoquen su fe.

PÍDALE A DIOS: Valor para actuar a favor de los inocentes sin que le importen las consecuencias.

Eleve el corazón

Las Escrituras a menudo nos transmiten las perspectivas más ricas cuando aprendemos a desacelerar y a orar sobre lo que acabamos de leer. Use la historia de Josaba para aprender a orar las Escrituras. Si bien se trata de un personaje secundario que pasan por alto la mayoría de los lectores, ella desempeñó un papel decisivo en la vida del pueblo de Dios.

Colóquese en su lugar por solo quince minutos. Imagine lo que debe de haber sentido no por unos minutos sino durante varios años al desafiar a la poderosa y malvada reina. ¿De dónde sacó las fuerzas? ¿Cuáles habrán sido sus tentaciones y temores? Permita que su imaginación la ayude a visualizar cómo habrá sido su vida. Pídale a Dios que le hable a través de su historia. Luego pídale la gracia para ser como ella, o ser una mujer que siempre valora la vida, la protege y la nutre.

Después de que lo haya hecho, tómese un momento para pensar sobre la alegría de Josaba cuando se enteró de la derrota final de Atalía, al saber que el muchacho cuya vida había salvado era ahora su rey. Permita que la historia de esta mujer la aliente a hacer lo correcto, pese a los riegos que esto pueda implicar.

Señor, cuando me enfrento al mal, sea en el gobierno, en la iglesia, en mi barrio o en mi familia, ayúdame a hacer todo lo que esté a mi alcance para resistirlo. Dame sabiduría para saber qué hacer, valor para actuar correctamente, y gracia para confiar en ti en cuanto a los resultados.

Huldá

SU NOMBRE SIGNIFICA

«Comadreja»

SU CARÁCTER: El rey le confió un asunto de gran importancia a ella, quien fue una profetisa cuyas palabras dieron comienzo a una reforma religiosa significativa.

SU DOLOR: Que el pueblo de Dios se rehusara a responderle con tierna obediencia, e ignorara repetidas advertencias en cuanto a las consecuencias de su infidelidad.

SU GOZO: Que como profetisa tuviera el privilegio de ser una mensajera de Dios.

ESCRITURAS CLAVE: 2 Reyes 22:14–20; 2 Crónicas 34:22–33

Lunes

SU HISTORIA

*E*lla apretó el rollo de piel contra su pecho, como si acunara a un ser vivo. El sumo sacerdote Jilquías y varios otros hombres de Jerusalén estaban de pie delante de ella. El rey Josías quería saber si las palabras, que habían leído en el Libro de la Ley que Jilquías acababa de descubrir en el templo, se cumplirían.

Sosteniendo el rollo por sus manijas de madera, ella lo desenrolló con cuidado y comenzó a leer:

—Escucha, Israel: el SEÑOR nuestro Dios es el único SEÑOR. Ama al SEÑOR tu Dios con todo tu corazón y con toda tu alma y con todas tus fuerzas... Teme al SEÑOR tu Dios, sírvele solamente a él, y jura solo en su nombre. No sigas a esos dioses de los pueblos que te rodean, pues el SEÑOR tu Dios está contigo y es un Dios celoso; no vaya a ser que su ira se encienda contra ti y te borre de la faz de la tierra (Deuteronomio 6:4–5, 13–15).

»Maldito serás en la ciudad y maldito en el campo... maldición, confusión y fracaso en toda la obra de tus manos... el SEÑOR te afligirá con tumores y úlceras... te hará sufrir de locura, ceguera y delirio... todos los reinos de la tierra te humillarán... porque desobedeciste al Señor tu Dios» (véanse Deuteronomio 28:15-68).

A pesar de la firmeza de su voz, Huldá sentía dolor de garganta por el esfuerzo de tener que emitir semejantes palabras en alta voz, amenazas terribles que le hacían derramar lágrimas, advertencias que le generaban en el recuerdo una imagen tras otra del pasado. En su mente veía cómo los reyes de Judá, Acaz y Manasés, sacrificaban a sus propios hijos a las deidades paganas. Veía subir el humo del incienso delante de los ídolos paganos en el templo. Recordaba el asesinato de los profetas, mientras se honraba a adivinos y brujos, mientras los reyes se inclinaban ante los astros y el pueblo seguía su ejemplo, prostituyéndose tras falsos dioses y rechazando con desdén la tierna propuesta del Todopoderoso. Veía que los hijos de Israel marchaban encadenados al partir de la tierra de leche y miel. Se le sonrojó la cara, al recorrerle el cuerpo una sensación de calor a la vez que le fluyeron de los labios palabras punzantes:

—Así dice el Señor, Dios de Israel: «Díganle al que los ha enviado que yo, el Señor, les advierto: "Voy a enviar desgracia sobre este lugar y sus habitantes, según todo lo que dice el libro que ha leído el rey de Judá. Ellos me han abandonado; han quemado incienso a otros dioses y me han provocado a ira con todos sus ídolos. Por eso mi ira arde contra este lugar, y no se apagará". Pero al rey de Judá, que los envió para consultarme, díganle que en lo que atañe a las palabras que él ha oído, yo, el Señor, Dios de Israel afirmo: "Como te has conmovido y humillado ante el Señor al escuchar lo que he anunciado contra este lugar y sus habitantes, que serían asolados y malditos; y como te has rasgado las vestiduras y has llorado en mi presencia, yo te he escuchado. Yo, el Señor, lo afirmo. Por lo tanto, te reuniré con tus antepasados, y serás sepultado en paz. Tus ojos no verán la desgracia que enviaré sobre este lugar"».

Huldá es una de solo cuatro mujeres con auténtico ministerio profético que menciona el Antiguo Testamento (junto con Miriam, Débora y la esposa de Isaías). Aun cuando profetas como Jeremías y Sofonías también estaban activos en esa época, el rey Josías consultó a Huldá con respecto al sorprendente descubrimiento del Libro de la Ley (material que probablemente constituya la parte central del libro de Deuteronomio).

Más allá de esta breve escena que arriba se relata de manera imaginativa, conocemos muy poco de su historia; solo que Dios le confió su palabra en un momento de crisis nacional. Cien años antes Judá había presenciado el castigo de Dios sobre el reino del norte. La desleal nación de Israel había sido conducida cautiva a Asiria, tal como lo habían advertido los profetas. Huldá seguramente conocía los detalles sórdidos del asunto. No se le puede haber escapado el significado alarmante que tenía para Judá. También es posible que haya soportado parte de los cincuenta y cinco años del reinado de Manasés, el peor de los reyes de Judá y el que más tiempo gobernó. Ciertamente debía sentirse más animada por las recientes reformas del rey Josías, y por sus intentos de restaurar el templo a pesar de que la gente prácticamente se había olvidado de Dios.

Pero sus palabras de profecía confirmaron el temor del rey. Judá estaba al borde del precipicio. Dios era un ser amante y celoso, que bendecía a los que lo amaban y le obedecían, y maldecía a los que no lo hacían. Con el correr de los siglos, su lenta ira iba en aumento hasta alcanzar un enardecido punto culminante. La infidelidad de Judá no había pasado inadvertida.

Luego de la profecía de Huldá, Josías llevó a cabo una de las mayores reformas religiosas de la historia, purgando del paganismo a Judá e incluso a algunos sectores de Israel. Pero los reyes que lo sucedieron muy pronto revirtieron este curso, y una vez más condujeron al pueblo por mal camino. Treinta y cinco años después de la profecía de Huldá, Judá fue llevado cautivo a Babilonia, y todas sus ciudades fueron destruidas.

El magnífico reino de David y Salomón había llegado a su fin. Sin embargo, aunque todas las otras naciones capturadas por Asiria y Babilonia dejaron de existir, Israel todavía tenía un futuro. Pese a ser castigada, nunca fue destruida. Aunque fue disciplinada, nunca fue abandonada. Y todo porque Dios todavía amaba a su pueblo.

Las palabras de Isaías, un profeta que precedió a Huldá por unas pocas décadas, proclamaron un día futuro de restauración: «Reconstruirán las ruinas antiguas, y restaurarán los escombros de antaño; repararán las ciudades en ruinas... En vez de vergüenza, mi pueblo recibirá doble porción; en vez de deshonra, se regocijará en su herencia» (Isaías 61:4, 7).

Juicio y misericordia, ley y gracia, castigo y salvación: esas son las tensiones que caracterizan la historia del romance de Dios con su pueblo. Huldá era una mujer que comprendía esta paradoja y no temía proclamar la verdad, aun delante de un rey. Le habrá costado articular las palabras, sin embargo las dijo. Valoró la palabra de Dios en un tiempo de crisis espiritual.

Martes

SU VIDA Y SU ÉPOCA

LIBROS Y ROLLOS

*L*os escritores antiguos registraban sus pensamientos e informaciones en tablillas de barro. Se han hallado cientos de miles de dichas tablillas, muchas de las cuales aún no se han leído. Y se calcula que un noventa y nueve por ciento de las antiguas tablillas que existen, todavía no se han descubierto.

Con el tiempo, se comenzó a escribir sobre rollos. El papel de dichos rollos se obtenía al procesar cañas de papiro, las cuales crecían a lo largo del río Nilo. Las distintas partes se unían con pegamento a fin de formar una larga hoja que luego se enrollaba sobre clavijas de madera; el rollo se iniciaba del lado derecho y acababa del lado izquierdo. Los que leían hebreo, generalmente hombres y en algunos casos niños —a las mujeres rara vez se les enseñaba— leían las columnas de letras de arriba hacia abajo y de derecha a izquierda. El lector iba enrollando las partes leídas, en tanto que desenrollaba lo que faltaba leer.

Pasado cierto tiempo, los israelitas comenzaron a preparar otra especie de papel, llamado pergamino, hecho con piel de animales. Tenían el cuidado de utilizar solo la piel de animales limpios para el papel destinado a registrar las Escrituras. La piel de los animales era tratada hasta quedar flexible y de color muy claro, y luego varias de dichas pieles tratadas se unían mediante costura a fin de formar un rollo. Por ejemplo, una antigua copia del libro de Isaías, encontrada entre los Rollos del Mar Muerto descubiertos en 1947, es un rollo que consta de diecisiete piezas de piel de diversos tamaños unidas entre sí. El rollo mide unos veinticinco centímetros de alto, y desenrollado alcanza la sorprendente longitud de unos siete metros y medio.

Los libros tal como hoy los conocemos, con sus páginas encuadernadas entre dos tapas, no aparecieron hasta el segundo siglo d.C. El hecho de que una sola persona realizara los escritos a mano y laboriosamente, limitó el número de estos libros hasta que en el siglo XV Johannes Gutenberg inventó la imprenta. ¿Cuál fue su primer libro? La Biblia, que ahora se conoce como la famosa Biblia Gutenberg. En la actualidad solo existen unos pocos ejemplares completos, unos diez, de esta primera impresión.

Los documentos originales del Antiguo y del Nuevo Testamento, llamados autógrafos, ya no existen. Tanto los pergaminos como los papiros se deterioran con el tiempo y al quedar expuestos a la humedad. También, los libros del Nuevo Testamento y las cartas tal vez se hayan leído literalmente hasta quedar destrozados, o quizá hayan sido destruidos durante las épocas de persecución.

El Libro de la Ley, descubierto en el templo durante los días de Josías, probablemente estuviese hecho de papiro. Los historiadores no saben con certeza cuánto texto de la ley había en dichos rollos. Algunos piensan que contenían el Pentateuco en su totalidad (de Génesis a Deuteronomio), en tanto que otros creen que solo incluía el libro del Deuteronomio. Sin embargo, la reacción de Josías nos lleva a pensar que al menos estaban incluidas las maldiciones de Levítico 26 o Deuteronomio 28. Huldá, la fiel profetisa durante un tiempo de infidelidad nacional, habló con denuedo acerca del juicio de Dios. Recalcó las palabras de juicio que Josías ya había leído en el Libro de la Ley, y fue más allá al pronunciar la suspensión temporal de dicha sentencia en cuanto a Josías, a causa de su aflicción por el pecado de su pueblo. Una vez más, Dios había mostrado, de modo fiel y maravilloso, tanto sus juicios divinos como su divina disposición a perdonar.

Miércoles

SU LEGADO EN LAS ESCRITURAS

Léase 2 Reyes 22:8–20.

1. La nación había ido tras los dioses falsos por tanto tiempo que se había olvidado del Libro de la Ley (probablemente parte de Deuteronomio) y lo había dejado de lado. ¿Cómo describiría la reacción emocional del rey al escuchar la ley de Dios? ¿Por qué supone que respondió de esa manera?

2. Describa a Huldá según se la imagina: su persona, su carácter, su relación con Dios.

3. ¿Qué revela acerca de Dios su mensaje a la nación y al rey en cuanto a su carácter y a su manera de tratar con su pueblo?

4. ¿Cómo le resultaría el hecho de tener que transmitirle a su propio pueblo el mensaje que Huldá le comunicó al suyo?

5. Cuando Dios le hace saber que obró mal, ¿cuál es su respuesta típica?

Jueves

LA PROMESA QUE RECIBE

*L*á historia de Huldá y sus palabras al rey ilustran el contraste que hay entre el juicio de Dios y su misericordia. Él juzga a los que merecen su castigo, pero es rápido en perdonar a los que se arrepienten. En realidad, él está deseoso de perdonar, y solo espera que nos acerquemos a él arrepentidos.

Promesas en las Escrituras

Por amor a tu nombre, SEÑOR,
perdona mi gran iniquidad.

—SALMO 25:11

¿Qué Dios hay como tú,
que perdona la maldad
y pasa por alto el delito
del remanente de su pueblo?
No siempre estarás airado,
porque tu mayor placer es amar.
Vuelve a compadecerte de nosotros.
Pon tu pie sobre nuestras maldades
y arroja al fondo del mar todos nuestros pecados.

—MIQUEAS 7:18–19

Si confesamos nuestros pecados, Dios que es fiel y justo, nos los perdonará y
nos limpiará de toda maldad.

—1 JUAN 1:9

Viernes

SU LEGADO DE ORACIÓN

Cuando el rey oyó las palabras de la ley, se rasgó las vestiduras en señal de duelo... «Con respecto a lo que dice este libro que se ha encontrado, vayan a consultar al SEÑOR por mí y por el remanente de Israel y de Judá».

—2 CRÓNICAS 34:19,21

REFLEXIONE SOBRE: 2 CRÓNICAS 34:14–33

ALABE A DIOS: Por hablarnos con claridad en cuanto a lo que espera de nosotros.

DÉ GRACIAS: Porque nos dejó su Palabra en la Biblia.

CONFIESE: Cualquier displicencia frente a los mandamientos de Dios.

PÍDALE A DIOS: La gracia de tomar su Palabra con seriedad de modo que pueda comprender la conexión que existe entre el amor y la obediencia.

Eleve el corazón

Toda mujer sabe del placer que significa tener la casa limpia, en la que los pisos se han lavado a fondo y encerado, las ventanas brillan y se han quitado las telarañas de todos los recovecos. Nuestro corazón puede mancharse por el desgaste cotidiano, por la desobediencia y por no prestar atención a cómo obrar según la voluntad de Dios. Dedique un día a la realización de una limpieza de primavera en su alma. ¿Cómo le parece que se ha conducido con respecto a lo básico: los Diez Mandamientos?

Haga un repaso de Deuteronomio 5:6–21 por si olvidó los mandamientos o no los conoce del todo. No sea demasiado literal al leerlos, al punto de olvidar que la idolatría puede tomar la forma del apego al dinero, al poder o incluso a alguna persona a la que ama más que a Dios. ¿Asesinó alguna vez a alguien con palabras envenenadas? ¿En alguna ocasión destruyó la reputación de alguien a causa de la envidia? Una vez que tome conciencia de sus fallas, no se revuelque en las mismas. Sencillamente admita su pecado, pida el perdón de Dios y también que le dé la gracia necesaria para cambiar. Pídale también que haga de su corazón un lugar atractivo para que more su presencia. Luego disfrute de su perdón y aférrese a su gracia.

Padre, que tenga oídos para escuchar tu Palabra y un corazón dispuesto a obedecerla. Límpiame de mis pecados y lávame hasta que quede más blanca que la nieve. Haz que mi alma sea limpia y pura, un lugar amplio y espacioso en el que habite tu Espíritu.

Ester

SU NOMBRE PUEDE DERIVAR DE

*«Ishtar» la diosa babilonia del amor,
o del término persa para «estrella»
Su nombre hebreo, «Jadasá», significa «mirto»*

SU CARÁCTER: Siendo huérfana en tierra extraña, estuvo dispuesta a esconder su identidad judía en una convocatoria por lograr la preferencia de un rey pagano. Ester parecía dispuesta a hacer concesiones morales al dormir con el rey y luego tomar parte en una boda que necesariamente le exigiría rendir homenaje a dioses extraños. Aun así, demostró gran valor en medio de una crisis. Antes de arriesgar su vida por su pueblo, se humilló y ayunó; luego puso su enorme belleza, sus modales y su sabiduría al servicio del plan de Dios.

SU DOLOR: Descubrir que su marido, el rey, sin ser consciente de ello, había puesto su vida y la de su pueblo en peligro.

SU GOZO: Ver que el luto se convertía en celebración una vez que los judíos fueron librados de sus enemigos.

ESCRITURAS CLAVE: Ester 1—10

Lunes
SU HISTORIA

Vasti, la reina de Persia, era la mujer más poderosa del Oriente Medio; pero su poder resultaba tan frágil como una vela en una tormenta. Su marido, Asuero, la había mandado a llamar para que se presentara en un banquete que ofrecía a sus nobles. Sin embargo, Vasti no tenía ninguna intención de desfilar, como si fuera una vaca premiada, delante de una horda de borrachos, y se negó.

¿Qué se debía hacer para castigar su insolencia? Uno de los consejeros del rey habló en nombre de todos:

—La reina Vasti no solo ha ofendido a Su Majestad, sino también a todos los funcionarios y a todos los pueblos de todas las provincias del reino. Porque todas las mujeres se enterarán de la conducta de la reina, y eso hará que desprecien a sus esposos, pues dirán: «El rey Asuero mandó que la reina Vasti se presentara ante él, pero ella no fue». El día en que las mujeres de la nobleza de Persia y de Media se enteren de la conducta de la reina, les responderán de la misma manera a todos los dignatarios de Su Majestad. ¡Entonces no habrá fin al desprecio y a la discordia!

Así que la pobre Vasti tuvo que sobrellevar el peso del temor de todo hombre. La que se rehusó a obedecer la orden real, quedó para siempre excluida de la presencia del rey, y de ese modo se sofocó una gran rebelión doméstica aun antes de que comenzara.

Después de un tiempo, se llevó a cabo la búsqueda de una nueva reina para reemplazar a Vasti. Sucedía que en esa época muchos judíos vivían en Persia. Exiliados de Judá cien años antes (luego de la caída de Jerusalén en el 587 a.C.), habían sido deportados a Babilonia, que a su vez había sido conquistada por Persia. Mardoqueo y Ester, su prima huérfana, estaban entre los que vivían en el exilio, a mil kilómetros al noreste de Jerusalén.

Como muchas otras jóvenes vírgenes, la hermosa Ester fue incluida en el harén del rey. Rehusar ese privilegio podía significarle la muerte. Por consejo de Mardoqueo mantuvo en secreto su origen judío, dado que el ser judía probablemente la descalificaría para ser reina, y pasó los siguientes doce meses a la espera de su cita con el rey. Cuando llegó el momento, Ester agradó tanto a Asuero que se convirtió en la reina en lugar de Vasti.

Cierto tiempo después, el rey ascendió a un amalecita llamado Amán a un puesto muy alto en Persia. Amán ocupaba una posición tan elevada que otros funcionarios se arrodillaban delante de él en señal de respeto. Sin embargo, había un hombre, el judío Mardoqueo, que se rehusaba a arrodillarse. Amán se disgustó tanto que decidió eliminar a todos los judíos del reino.

Para determinar el momento más favorable para destruirlos, Amán piadosamente consultó a sus dioses echando suertes (o sea, el *pur*). Y salió una fecha, once meses más adelante: el 7 de marzo según nuestros cálculos. Amán inmediatamente persuadió a Asuero a emitir un decreto en el que se ordenara que todos los judíos en sus territorios debían ser asesinados ese día. A modo de incentivo, el decreto señalaba que cualquiera que matara a un judío podía saquear sus pertenencias.

Mardoqueo reaccionó inmediatamente, poniéndose en contacto con su prima Ester y pidiéndole que rogara a Asuero misericordia. Pero Ester sentía temor y le respondió:

—Para cualquier hombre o mujer que, sin ser invitado por el rey, se acerque a él en el patio interior, hay una sola ley: la pena de muerte. La única excepción es que el rey, extendiendo su cetro de oro, le perdone la vida. En cuanto a mí, hace ya treinta días que el rey no me ha pedido presentarme ante él.

Mardoqueo mandó a decirle:

—No te imagines que por estar en la casa del rey serás la única que escape con vida de entre todos los judíos. Si ahora te quedas absolutamente callada, de otra parte vendrán el alivio y la liberación para los judíos, pero tú y la familia de tu padre perecerán. ¡Quién sabe si no has llegado al trono precisamente para un momento como este!

Así que Ester le envió a Mardoqueo las siguientes instrucciones:

—Ve y reúne a todos los judíos que están en Susa, para que ayunen por mí. Durante tres días no coman ni beban, ni de día ni de noche. Yo, por mi parte ayunaré con mis doncellas al igual que ustedes. Cuando cumpla con esto, me presentaré ante el rey, por más que vaya en contra de la ley. ¡Y si perezco, que perezca!

En el tercer día, Ester se acercó al rey. Tan pronto como Ausero la vio, le extendió el cetro de oro.

—¿Qué te pasa, reina Ester? —le preguntó—. ¿Cuál es tu petición? ¡Aun cuando fuera la mitad del reino, te lo concedería!

Pero Ester simplemente invitó al rey y a Amán a que fueran esa noche a un banquete que había preparado especialmente para ellos. Esa noche el rey otra vez la presionó, preguntándole qué era lo que deseaba, pero Ester sencillamente invitó al rey y a Amán a otro banquete, que se llevaría a cabo la siguiente noche.

Esa noche, camino a su casa, Amán vio a Mardoqueo sentado presuntuosamente, en lugar de arrodillarse mientras él pasaba. Se llenó de ira, pero su esposa lo consoló proponiéndole un plan malvado: solo precisaba construir una horca y luego pedirle al rey, la siguiente mañana, que colgara a Mardoqueo allí.

Mientras Amán construía, entusiasmado, la horca para su enemigo, el rey caminaba dando vueltas por el dormitorio real. Como no podía dormir, ordenó a uno de sus sirvientes que le leyera las crónicas reales. La lectura correspondiente a esa noche resultó ser acerca de la manera en que Mardoqueo una vez había salvado la vida del rey al advertirle de un complot en su contra. El rey quedó sorprendido al descubrir que Mardoqueo nunca había sido recompensado como correspondía por su lealtad.

Así que a la mañana siguiente le preguntó a Amán:

—¿Cómo se debe tratar al hombre al que el rey desea honrar?

Suponiendo que el rey tenía intenciones de recompensarlo a él de alguna manera nueva y maravillosa, el necio de Amán respondió haciendo una sugerencia grandiosa:

—Para el hombre a quien el rey desea honrar, que se mande traer una vestidura real que el rey haya usado, y un caballo en el que haya montado y que lleve en la cabeza un adorno real. La vestidura y el caballo deberán entregarse a uno de los funcionarios más ilustres del rey, para que vista al hombre a quien el rey desea honrar, y que lo pasee a caballo por las calles de la ciudad, proclamando a su paso: «¡Así se trata al hombre a quien el rey desea honrar!»

—Ve de inmediato —le dijo el rey a Amán—, toma la vestidura y el caballo, tal como lo has sugerido, y haz eso mismo con Mardoqueo, el judío que está sentado a la puerta del rey. No descuides ningún detalle de todo lo que has recomendado.

Amán quedó pasmado. ¡Él, que planeaba enterrar a su enemigo ese mismo día, de golpe se veía obligado a exaltarlo!

Esa noche, mientras el rey y Amán nuevamente estaban bebiendo vino en el banquete de la reina, el rey le imploró a Ester que le pidiera cualquier cosa que quisiera en su corazón. Esta vez ella dijo lo que tenía en mente:

—Si me he ganado el favor de Su Majestad, y si le parece bien, mi deseo es que me conceda la vida. Mi petición es que se compadezca de mi pueblo. Porque a mí y a mi pueblo se nos ha vendido para exterminio, muerte y aniquilación.

—¿Y quién es ese que se ha atrevido a concebir semejante barbaridad? —preguntó el rey.

—¡El adversario y enemigo es este miserable de Amán!

Así que la estrella de Amán, que se había elevado a tan gran altura, cayó de repente, como un rayo que se precipita del cielo. Fue colgado en la misma horca que había construido para el judío Mardoqueo, y todas sus propiedades le fueron entregadas a Ester. Además, el rey, a causa de que no podía revocar su propio edicto, emitió otro para contrarrestar el primero. Les concedía a los judíos de todo el imperio el derecho de protegerse, de destruir y de saquear a los enemigos que levantaran la mano en contra de ellos el 7 de marzo.

Cuando la noticia del edicto del rey se extendió, muchas personas de distintas nacionalidades se aterrorizaron tanto que decidieron hacerse judías. Esa fecha que los dioses de Amán habían determinado como día de ajuste de cuentas para los judíos se convirtió en día de ajuste de cuentas para sus enemigos. De ahí en más, los judíos han conmemorado estos acontecimientos mediante la fiesta del Purim. Como lo dice el libro de Ester, estos días se celebrarían «como el tiempo en que los judíos se libraron de sus enemigos, y como el mes en que su aflicción se convirtió en alegría, y su dolor en día de fiesta».

Sujeto al dominio extranjero luego de ser exiliado, el pueblo de Dios debe haber sentido que pertenecía a los sectores más vulnerables de la sociedad. Pero aun más vulnerable que un hombre judío exiliado en tierra extraña era una mujer judía. Y la más débil de todos debe haber sido una joven huérfana de descendencia judía. Dios empleó una vez más uno de sus métodos favoritos para concretar sus propósitos: levantó a una mujer imperfecta, la más débil entre los débiles, y la colocó en una posición de inmensa importancia estratégica.

Pero dependía de Ester decidir si jugaría el papel que Dios le ofrecía. Al igual que Moisés, ella eligió identificarse con el pueblo de Dios aun cuando significara arriesgar su vida para hacerlo. Y aun cuando el exilio fuera un castigo por la continua infidelidad de Israel, Dios les mostró que todavía estaba con su pueblo, liberándolos y protegiéndolos de maneras sorprendentes, y cambiando la suerte de sus enemigos a través de una serie de sorprendentes reveses. Los poderes terrenales operaban para matar y destruir, pero un poder celestial, de alcance mucho mayor, obraba para salvar y preservar.

Martes

SU VIDA Y SU ÉPOCA

FIESTA DEL PURIM

Cuando Amán echó suertes, o sea el *pur*, para descubrir cuál sería el mejor día para aniquilar a los judíos del reino de Asuero, sin ser consciente de ello, estaba estableciendo un festejo llamado Purim, en el que los judíos celebrarían su liberación en lugar de su aniquilación. Ester y su primo Mardoqueo obraron conjuntamente para revertir la conspiración de Amán, y al lograrlo, enviaron una notificación a todos los judíos que vivían en el reino de Asuero en la que se les exigía «que celebraran cada año los días catorce y quince del mes de *adar* como el tiempo en que los judíos se libraron de sus enemigos, y como el mes en que su aflicción se convirtió en alegría, y su dolor en día de fiesta» (Ester 9:21–22).

El 14 y el 15 de adar. Adar era el último mes del calendario judío, nuestros meses de febrero y marzo. Josefo, el general judío e historiador del primer siglo, señaló que los judíos de todo el mundo celebraban la festividad del Purim en su época; y hoy sigue siendo un festejo popular para los judíos.

La adoración y el ayuno son lo típico el primer día de esta festividad. Se lee en voz alta todo el libro de Ester, y la congregación responde con un «que su nombre sea borrado» cada vez que se menciona el nombre de Amán. Los niños del grupo responden al nombre de Amán haciendo sonar matracas y cascabeles. En el segundo día de la fiesta, aparecen el regocijo y la celebración. La comida, la música, las dramatizaciones y obras de teatro, las canciones especiales y los recitales se suman al ánimo festivo. Las personas intercambian regalos y se aseguran de no olvidar darles regalos y comida a los pobres, dado que ese fue un deseo especial de Mardoqueo (Ester 9:22).

Al igual que la Pascua, la fiesta del Purim celebra la liberación divina. Los judíos, salvados del gobierno de faraón y de la esclavitud en Egipto, y librados de la destrucción planeada por Amán, celebran la liberación que solo Dios pudo orquestar. Antes estaban condenados, y ahora estaban libres. Como creyentes, nosotros también tenemos motivo de celebración. En lugar de enviar a Moisés o a Ester, Dios nos envió a su propio Hijo para liberarnos y salvarnos de la terrible destrucción del pecado y de la muerte. ¡Sin duda eso constituye una razón más que suficiente para celebrar!

Miércoles

SU LEGADO EN LAS ESCRITURAS

Léase Ester 3:12—4:17.

1. Al ocultar su judaísmo y estar dispuesta a convertirse miembro del harén del rey Asuero, Ester parecía ceder ante la cultura pagana en la que vivía. ¿Qué piensa usted de sus acciones en este sentido?

2. Por otras fuentes antiguas sabemos que el marido de Ester, el rey, era conocido por su temperamento irracional y sus arranques de crueldad. Describa el dilema que enfrentaba Ester. ¿Qué sucederá si ella no hiciera nada? ¿Qué sucedería si hiciera lo que le pide Mardoqueo?

3. Mire los versículos 4:12–14. ¿Qué descubre en las palabras de Mardoqueo que tal vez haya motivado a Ester a correr el riesgo?

4. ¿Por qué pide Ester que todos los judíos de la ciudad que ayunen (4:15–16)?

5. A Dios no se lo nombra nunca en la versión hebrea original de esta historia; tampoco el escritor menciona la oración. ¿En qué lugar ve a Dios en esta historia, si es que lo ve?

6. La posición que ocupaba Ester no era por accidente, tampoco lo es la que ocupa usted. Piense en el tiempo y en la gente entre los cuales Dios la ha colocado. ¿Qué tendrá Dios para que haga usted justo en el lugar en el que ahora está?

Jueves

LA PROMESA QUE RECIBE

$\mathcal{D}$ios con frecuencia utiliza a los personajes que nos parecen menos apropiados para cumplir sus propósitos. Él levantó a una huérfana judía para que se convirtiera en reina de un gran imperio. Ester comienza siendo nadie y se transforma en alguien, en una mujer que, aunque algo reacia a hacerlo, arriesga su vida para tomar una actitud firme.

Otra vez, Dios muestra su propensión a usar a las personas menos adecuadas y más comunes para cumplir sus propósitos divinos. Sin embargo, tal vez se pregunte si Dios pudiera alguna vez usarla a usted para cumplir sus propósitos a pesar de todas sus flaquezas e imperfecciones y de su falta de talento o influencia. ¡Sí, puede! Él no busca gente perfecta, talentosa o influyente. Solo desea encontrar personas dispuestas.

Promesas en las Escrituras

¡Quién sabe si no has llegado al trono precisamente para un momento como este!

—ESTER 4:14

Porque si uno lo hace de buena voluntad, lo que da es bien recibido según lo que tiene, y no según lo que no tiene.

—2 CORINTIOS 8:12

Despojémonos del lastre que nos estorba, en especial del pecado que nos asedia, y corramos con perseverancia la carrera que tenemos por delante. Fijemos la mirada en Jesús.

—HEBREOS 12:1–2

Viernes

SU LEGADO DE ORACIÓN

Si ahora te quedas absolutamente callada, de otra parte vendrán el alivio y la liberación para los judíos, pero tú y la familia de tu padre perecerán. ¡Quién sabe si no has llegado al trono precisamente para un momento como este!

—ESTER 4:14

REFLEXIONE SOBRE: Ester 5—8

ALABE A DIOS: Porque él pone cabeza abajo la sabiduría y el poder del mundo, usando con frecuencia las tácticas más sorprendentes para realizar sus planes.

DÉ GRACIAS: Porque Dios tiene un propósito importante para su vida.

CONFIESE: Cualquier tendencia que tenga a considerar su vida en aislamiento del pueblo de Dios y a retroceder y no dar algún paso de fe que quizá Dios le llame a dar.

PÍDALE A DIOS: La gracia para actuar con sabiduría y valor.

Eleve el corazón

Muchas muchachas judías celebraban la fiesta del Purim vistiéndose como la reina Ester. Una forma en que podemos emularla hoy es a través del ayuno. Antes de entrar en acción, ella hizo uso de una disciplina espiritual de larga tradición a fin de exponer su necesidad delante de Dios. El ayuno era una señal visible de su dependencia y debilidad, una manera elocuente de rogar a Dios que la ayudara. Esta semana, elija un día para hacer usted también un ruego elocuente, un día de ayuno de su desayuno y almuerzo... ¡y de la cena también, si es valiente! Beba solo agua o jugo de frutas. Quizá tenga alguna necesidad en particular o algún problema que quisiera presentar delante de Dios. Dígale al Señor que lo necesita más de lo que necesita el alimento. No trate de manipularlo por el sacrificio que realiza, sino simplemente permita que se haga evidente su debilidad en presencia de él.

Señor, te necesito mucho más que el agua y el alimento. Sin tu presencia, tu protección, tu sabiduría, tu don de fe, estaría perdida. Tengo hambre solo de ti. Escucha mi oración y dame todo lo que necesito para cumplir tu voluntad. Úsame para cumplir tus propósitos tanto en la iglesia como en el mundo que me rodea.

La mujer de Proverbios 31

SU CARÁCTER: Ella representa el logro de una existencia vivida con sabiduría.

SU GOZO: Ser alabada por su marido e hijos como una mujer que sobrepasa a todas las demás.

ESCRITURA CLAVE: Proverbios 31:10–31

Lunes

SU HISTORIA

*P*roverbios rebosa de mujeres cuya descripción resulta bastante menos que brillante. Esposas caprichosas, prostitutas, mujeres de labios más suaves que el aceite, mujeres extrañas, mujeres chillonas, mujeres desafiantes, esposas que son como una gotera continua en días de lluvia o como carcoma en los huesos de su marido, mujeres cuyos pies nunca se quedan en casa, mujeres de rostro descarado, y hasta una mujer tan repulsiva que se la compara con una argolla de oro en el hocico de un cerdo.

Una mujer que lea Proverbios puede sentirse tentada a sacar como conclusión que los autores tienden a acusar al género femenino de debilidades que en realidad están arraigadas en la psiquis masculina, particularmente en lo que concierne al pecado sexual. Sin embargo, para equilibrar un poco la cuestión, también se hacen algunas descripciones odiosas de los hombres, entre los que se encuentran bribones, sinvergüenzas, perversos, necios rezongones y perezosos. Sin embargo, Proverbios en realidad empieza y termina con un retrato positivo de algunas mujeres: primero la presenta como la personificación de la sabiduría y luego como una mujer incapaz de obrar mal.

¿Quién es esa mujer que se describe en Proverbios 31, colocándola en un pedestal? ¿Es, como muchos suponen, la esposa y madre ideal? En los hogares judíos tradicionales, los maridos y los hijos recitaban el poema de Proverbios 31 en la mesa el día sábado. Escrito como un acróstico, cada verso comienza con una letra hebrea en secuencia alfabética, que hace fácil memorizar el poema. En él se describe a una mujer acaudalada y aristocrática que conduce una casa grande. Es esforzada en el trabajo, emprendedora, capaz, fuerte, sabia, hábil, generosa, cuidadosa de los demás, digna, temerosa de Dios, serena. En fin, todo eso redunda en honra para su marido. Se levanta cuando aún es oscuro para alimentar a su familia. Evalúa un campo, considera sus posibilidades, y lo compra. Hila y teje, y confecciona con eso ropa de lino, que luego vende. «Sus hijos se levantan y la felicitan; también su esposo la alaba: "Muchas mujeres han realizado proezas, pero tú las superas a todas"» (versículos 28–29).

La descripción de la mujer de Proverbios 31 nos brinda un contraste renovador con respecto a otras imágenes antiguas de las mujeres, que tienden a describirlas con términos más frívolos y *decorativos*, enfatizando solo su encanto o su belleza. Sin embargo, la mujer perfecta de Proverbios 31 no siempre ha hecho buenas migas con las mujeres comunes. En ocasiones algunos maridos críticos, y hasta ciertos predicadores, no han resistido la tentación de refregárselas por la cara a mujeres menos capaces. ¿Qué mujer podría estar a su altura? ¿El valor de una mujer puede medirse solo por sus logros en la esfera doméstica? ¿O será acaso la mujer de Proverbios 31 un símbolo de toda la contribución que una mujer puede hacer dentro de la cultura de sus días? Independientemente de cómo respondamos a dichas preguntas, hay mucho más en su historia que el solo constituirse en la esposa y madre ideal.

Antes de poder descubrir más acerca de su verdadera identidad, vale la pena hacernos una pregunta más amplia: ¿Acaso son tantas las mujeres que en realidad aparecen correteando por las páginas de Proverbios? Quizá de hecho, solo haya dos mujeres principales en Proverbios: la mujer sabia y la mujer necia (según algunos la han descrito). La última incluye a la adúltera y todas las otras que la complementan en los aspectos negativos; la primera abarca la sabiduría en lo abstracto, y la sabiduría concreta que se percibe en la mujer de Proverbios 31.

En Proverbios 3:13–16 se le instruye a un muchacho: «Dichoso el que halla sabiduría, el que adquiere inteligencia. Porque ella es de más provecho que la plata y rinde más ganancias que el oro. Es más valiosa que las piedras preciosas: ¡ni lo más deseable se le puede comparar! Con la mano derecha ofrece larga vida; con la izquierda, honor y riquezas». Aquí encontramos la sabiduría en forma abstracta, personificada como una mujer.

Proverbios 31 hace eco de esas mismas alabanzas: «Mujer ejemplar, ¿dónde se la hallará? ¡Es más valiosa que las piedras preciosas!... Ella le es fuente de bien, no de mal, todos los días de su vida. Anda en busca de lana y de lino y gustosa trabaja con sus manos. Es como los barcos mercantes, que traen de muy lejos su alimento. Se levanta de madrugada, da de comer a su familia y asigna tareas a sus criadas. Calcula el valor de un campo y lo compra; con sus ganancias planta un viñedo» (versículos 10, 12–16). Aquí se ofrece un ejemplo concreto de la forma en que se percibe la sabiduría en la vida de una persona.

En comparación, el hombre que recibe a las mujeres descaradas, a las prostitutas y a las adúlteras, no es otra cosa que un necio. Ha caído prisionero de la mujer necia, la cual le ofrece placeres engañosos que lo llevan a la muerte.

De principio a fin, Proverbios constituye un manual práctico acerca de cómo llevar una vida basada en la sabiduría. Finalmente hay solo dos alternativas, tanto para los hombres como para las mujeres: abrazar la sabiduría, o amar la necedad. La mujer de Proverbios 31 bien puede haber sido pensada para inspirar a varones y mujeres a través de una ilustración de lo que la vida virtuosa puede producir, en cualquiera de los dos sexos: abrigo para otros, serenidad, honor, prosperidad, generosidad, confianza en el futuro; en definitiva, verdadera bendición. ¿Quién no querría ser como esa mujer? ¿Quién no cantará sus alabanzas?

Martes

SU VIDA Y SU ÉPOCA

HILADOS Y TEJIDOS

La mujer de Proverbios 31 era realmente muy profesional en su trabajo con géneros y tejidos. Comenzaba por seleccionar la lana y el lino (versículo 13), y luego hilarlo (versículo 19). Tejía las hebras de lana y hacía rica ropa color escarlata para mantener a su familia abrigada durante el tiempo de la nieve (versículo 21). Hacía géneros con el lino para los cubrecamas, para confeccionar ropa fina para sí y también fajas y ropa para vender (versículos 22, 24).

Las tareas de hilado y tejido de géneros para confeccionar ropa, ropa de cama, alfombras y otros artículos necesarios, tradicionalmente les correspondían a las mujeres, y las mujeres hebreas invertían una tremenda cantidad de tiempo y de talentos a dichas tareas. Las fibras de las plantas, como el algodón o el lino, y también la lana de oveja se hacían girar y se retorcían a fin de conseguir una hebra larga. Dicha hebra luego podía usarse para unir telas, mediante el uso de agujas hechas de hueso, o bien podía usarse para producir nuevos géneros. El tejido en telar, arte que probablemente los hebreos hayan perfeccionado durante su tiempo en Egipto, se realizaba en un telar rudimentario.

Las familias de la época del Antiguo Testamento utilizaban telas para una variedad de propósitos. La tela más común y antigua de los tiempos bíblicos era la de lana. Las telas de lana se hilaban con el pelo de ovejas y corderos, y era usado por el común del pueblo para la ropa cotidiana, aun en el clima cálido. Con el lino, que sacaba de la planta del mismo nombre, se creaba el género con el que se confeccionaba la ropa interior. Algunos géneros de lino eran de hilado tan fino que formaban una tela sedosa y traslúcida, y con ella confeccionaban sus vestiduras los ricos. Los géneros pesados, tejidos con pelo de cabra o camello, daban forma a carpas impermeables y a prendas de abrigo.

¿Le parece una ardua tarea? Lo era. Las mujeres de la casa dedicaban prácticamente todo momento libre a realizar alguna de las tareas destinadas a producir telas. La «esposa ejemplar» de Proverbios 31 «gustosa trabaja con sus manos» (versículo 13), y parecería que el huso y la rueca nunca se apartan de sus manos (versículo 19). Por eso «no tiene que preocuparse de su familia» (versículo 21). Hilar y tejer la mantienen ocupada todo el tiempo, pero ella y su familia están preparadas para el período invernal.

¿Acaso el solo leer acerca de la mujer de Proverbios 31 ya le produce cansancio? ¿Le gustaría que se sentara a descansar un momento? Cualquiera sea su respuesta a la actitud de esta mujer descomunal, no se puede ignorar el hecho de que nunca desperdició el tiempo que tenía a su disposición. En nuestra cultura cómoda, de ropa hecha que se compra en las tiendas y de restaurantes de comida rápida, es posible que no tengamos necesidad de hilar nuestra propia tela ni de cocinar nuestra propia comida, pero ese no es el asunto en cuestión. Lo que importa es lo que hacemos con el tiempo que se nos ha concedido.

Miércoles

SU LEGADO EN LAS ESCRITURAS

Léase Proverbios 31:10–31.

1. ¿Le parece que este pasaje está desconectado de la realidad? ¿Qué cosa haría que pareciera más real para la mujer de hoy?

2. ¿Qué percepción tiene de esta mujer su marido y cómo la trata? ¿Por qué?

3. Enumere algunas de las diferentes tareas que mantienen ocupada a dicha mujer. Ahora detalle *de qué modo* realiza su trabajo.

4. Considere Proverbios 31:25. Imagine que alguien dijera esas palabras referidas a usted. ¿Cuáles son los pensamientos y las sensaciones que le vienen a la mente?

5. ¿Qué significa temer al Señor (Proverbios 31:30)? ¿Por qué es eso más importante que ser bella o habilidosa para decorar la casa, hacer manualidades o hacer negocios?

6. ¿Qué necesitaría para volverse una mujer que tema más al Señor y que pueda reírse del porvenir?

Jueves
LA PROMESA QUE RECIBE

*M*uchas mujeres consideran que Proverbios 31 resulta desalentador. No permita que le suceda lo mismo. Recuerde que, en última instancia, a dicha mujer sumamente capaz se la elogia no tanto por todos sus logros, sino por una sola cosa: porque teme al Señor. La mujer digna de alabanza no necesariamente es la que cose toda su ropa, es una cocinera excepcional o se destaca por su belleza: la mujer que recibe las alabanzas es la que teme al Señor. Ese es el blanco al que apuntar. No a la belleza exterior. No a una casa perfectamente decorada. Ni siquiera al logro de mayor conocimiento intelectual o perspicacia comercial. En lugar de todo eso, se debe apuntar a un amor a Dios que sea denodado y apasionado. Así usted también será digna de alabanza.

Promesas en las Escrituras

Temer al Señor ¡eso es sabiduría!
Apartarse del mal: ¡eso es discernimiento!

—JOB 28:28

Engañoso es el encanto y pasajera la belleza;
la mujer que teme al SEÑOR es digna de alabanza.

—PROVERBIOS 31:30

«Ama al Señor tu Dios con todo tu corazón, con todo tu ser, con todas tus fuerzas y con toda tu mente»; y: «Ama a tu prójimo como a ti mismo».

—LUCAS 10:27

Viernes

SU LEGADO DE ORACIÓN

Vale más la sabiduría que las piedras preciosas,
y ni lo más deseable se le compara.

—PROVERBIOS 8:11

REFLEXIONE SOBRE: Proverbios 8:11–36

ALABE A DIOS: Por el don de la sabiduría, que preserva, bendice y aun pro-
longa nuestra vida.

DÉ GRACIAS: Por los beneficios de la sabiduría que ya ha probado en su
vida cotidiana.

CONFIESE: Toda tendencia que tenga a escoger la sabiduría del mundo
en lugar de la sabiduría de Dios.

PÍDALE A DIOS: Que cada día la lleve a ser una mujer que anhela la sabiduría,
y que la prefiere al oro y la plata.

Eleve el corazón

El libro de Proverbios está lleno de afirmaciones medulares que contienen
profunda sabiduría para la vida diaria. Busque en dicho libro algunas de
las Escrituras más conocidas y luego memorícelas. Aquí incluimos unas pocas
con las que puede comenzar:

Gran remedio es el corazón alegre,
pero el ánimo decaído seca los huesos.

—PROVERBIOS 17:22

Al necio no le complace el discernimiento;
tan solo hace alarde de su propia opinión.

—PROVERBIOS 18:2

El que adquiere cordura a sí mismo se ama,
y el que retiene el discernimiento prospera.

—PROVERBIOS 19:8

Señor, tú sabes más que yo cuál es la clase de corazón en el que mejor se
desarrolla la sabiduría: aquel que se nutre de paciencia, de fe y de humildad.
Ayúdame a cultivar un corazón en el que la sabiduría pueda arraigarse rápi-
damente y florecer. Que la sabiduría sea una parte tan importante de mi vida
que me sirva para brindarles refugio a otros.

La sulamita

Su Carácter: Su voz es la única proveniente de una mujer que nos habla directa y extensamente en las Escrituras. Las voces de Rut, Ester, Ana y María, por ejemplo, han sido mediadas por una narración. La sulamita declara abiertamente sus anhelos y el deseo de unirse a su amado en matrimonio.

Su Dolor: Haber estado separada de su amado en algunas ocasiones.

Su Gozo: Disfrutar de un amor tan apasionado.

Escrituras Clave: Cantar de los Cantares 1—8

Lunes
SU HISTORIA

*E*lla es joven, hermosa y deseable. Él es apuesto, fuerte y ágil; un pastor o un rey que prodiga extrañas alabanzas a su amada. Compara el cabello de la sulamita con los rebaños de cabras que retozan en los montes, su nariz con la torre del Líbano, y sus dientes con ovejas recién bañadas («cada una de ella tiene su pareja»). Sonreímos ante estas imágenes. Pero nos fascina esta colección de canciones de amor tan bellamente escritas. Y aunque sabemos que no se trata de una antigua tarjeta del día de los enamorados, sin embargo, no tenemos certeza de cómo clasificar estos cantos.

A diferencia de cualquier otro libro de la Biblia, el Cantar de los Cantares está lleno de imágenes eróticas. La sulamita es tan apasionada como su amado, y ella inicia el contacto con él, declarándole abiertamente sus sentimientos. Anhela los besos de su boca, y está tan enamorada que aun el nombre de su amado es como una dulce fragancia para ella. La sulamita ronda por la ciudad de noche (o sueña haberlo hecho), buscándolo. Desea que él sea su hermano para poder besarlo en público sin causar escándalo. Cada declaración que emite provoca una apasionada respuesta de su amado, que canta acerca de ella:

Tu talle se asemeja al talle de la palmera,
y tus pechos a sus racimos.
Me dije: «Me treparé a la palmera;

de sus racimos me adueñaré».
¡Sean tus pechos como racimos de uvas,
    tu aliento cual fragancia de manzanas,
    y como el buen vino tu boca!
                    —CANTAR DE LOS CANTARES 7:7–9

A pesar de lo antiguo de las imágenes, nos llega el mensaje.

La historia de la sulamita y su amado no conforma precisamente una historia que siga una línea narrativa clara, sino una expresión poética de amor con todos sus altibajos emocionales. Los cantos captan el deseo, la angustia, las tensiones y el éxtasis del amor. Pero los que hablan y las escenas que transmiten cambian con tanta rapidez que pueden resultarnos difíciles de entender. No resulta sorprendente que haya habido más interpretaciones diferentes del Cantar de los Cantares que de cualquier otro libro de las escrituras hebreas.

Lo que hace a esta porción de las Escrituras aun más enigmática es el hecho de que no menciona a Dios ni una sola vez. Pero si Dios no tuviera nada que ver con esas canciones de amor, ¿cómo podría ese material haber llegado a formar parte del canon de las Escrituras?

Los judíos creían que el tema principal del libro no eran los amantes en particular, sino el amor de Dios por su pueblo, Israel. Los cristianos, inicialmente, lo leían como una parábola del amor de Cristo por la iglesia, y luego como una parábola de su amor por cada alma en particular. Los comentaristas modernos tienden a visualizarlo más literalmente, como una expresión de lo sagrada que es la vida matrimonial, la expresión de amor más plena entre un hombre y una mujer. Estos últimos alaban su inclusión en la Biblia debido a que celebra el amor conyugal y la expresión sexual de dicho amor. Cualquiera que se incline a creer que la Biblia enseña una perspectiva negativa del sexo debería leer este libro de la Escrituras antes de arribar a semejante conclusión.

Pero ¿quién fue el que escribió estas canciones de amor tan elocuentes? Algunos dicen que varios poetas, mientras otros sostienen que fueron escritas por Salomón en alabanza de una de sus muchas esposas. Sin embargo, otros han sugerido que fueron escritas por una mujer. Cualquiera sea el caso, la mayoría admite que la poesía del Cantar de los Cantares puede comprenderse de más de una manera. La historia de la sulamita, por misteriosa que sea, conmueve nuestro anhelo de amar y ser amada.

Martes

SU VIDA Y SU ÉPOCA

AMOR ROMÁNTICO

*L*a poesía erótica del Cantar de los Cantares no es una mera expresión de deseo sexual sino de amor romántico entre un hombre y una mujer jóvenes. El amor entre el amado y la amada no tiene que ver simplemente con el placer físico y la intimidad sino con una profundidad de sentimientos y con el compromiso. El verdadero amor no se desvanece por los cambios que produce el tiempo, sino que se vuelve más fuerte aun que la muerte. Ni las aguas del tiempo ni los ríos de la desilusión o la tragedia pueden arrasar con él (Cantar de los Cantares 8:6–7).

La mayoría de los matrimonios de la época bíblica eran arreglados. Cuando los niños eran aún pequeños, sus padres hacían alianzas para proporcionarles esposo y esposa a sus hijos. Muchos de dichos matrimonios se llevaban a cabo cuando los participantes todavía eran muy jóvenes, tan jóvenes que los rabinos finalmente establecieron como edad mínima para casarse los doce años para las niñas y los trece para los varones. Aun así, eran apenas niños, y el amor romántico y comprometido se iba desarrollando a lo largo de los años de matrimonio.

Aunque no todos los matrimonios constituían parejas enamoradas desde un comienzo, muchos de esos matrimonios arreglados finalmente adquirían el amor como característica. Isaac amó a la esposa que el siervo de su padre le había conseguido (Génesis 24:67). Elcaná amaba a Ana, una esposa que probablemente había llegado a él a través de un arreglo con la familia (1 Samuel 1:8). Un hermoso ejemplo de ese amor dispuesto al sacrificio por parte de un marido hacia su esposa es el que encontramos en Éxodo 21:2-5, en el que el esposo está dispuesto a convertirse en esclavo de por vida antes que abandonar a la esposa que ama.

Un hombre podía, sin embargo, escoger su propia esposa, aun en contra de los deseos de sus padres o de los arreglos que hubieran hecho. Jacob deseaba casarse con Raquel porque la amaba (Génesis 29:18), y obtuvo a su hermana, Lea, también como parte del trato. Sansón le rogó a su padre que le consiguiera cierta joven filistea, con la certeza de que ella era la persona justa para él (Jueces 14:3).

El Antiguo Testamento parece dar por sentado que los maridos amarían a su esposa, sea que las hubieran elegidos ellos mismos o no. El Maestro, en Eclesiastés, les dice a los maridos: «Goza de la vida con la mujer amada» (Eclesiastés 9:9), como si el amor de un marido por su mujer ya estuviera dado. El Nuevo Testamento, sin embargo, insta a los esposos a amar a sus esposas. En cuatro ocasiones distintas y muy claras (Efesios 5:25, 28, 33; Colosenses 3:19), Pablo menciona el hecho de que los maridos deben amar a su esposa, y una vez compara dicho amor con el que Cristo tiene por su iglesia.

Si es tan afortunada como para haber experimentado en su matrimonio un amor aunque sea la mitad de apasionado que el que se descrito en el Cantar de los Cantares, léalo a la luz de su historia, y agradezca a Dios por su bendición. Pero aun si no lo ha experimentado, igual puede alegrarse de que el amor conyugal y su expresión sexual desde el mismo comienzo haya sido idea de Dios. También puede leer el Cantar de los Cantares como un diálogo entre Dios y su propia alma. El amor de Dios, después de todo, es más apasionado que cualquier amor humano que se pueda experimentar. Él es el verdadero amado de su alma, y está pronto a cantar con usted el más grande y hermoso canto de todos.

Miércoles

SU LEGADO EN LAS ESCRITURAS

Léase Cantar de los Cantares 4:9—5:1.

1. ¿Qué imagen del amor matrimonial le ofrece este pasaje?

2. ¿Qué pensamientos y sentimientos hace brotar en usted el considerar su propio matrimonio o soltería, a la luz de este pasaje?

3. Imagine que Dios tiene esa pasión por usted. ¿Cómo le respondería?

Léase Cantar de los Cantares 8:6–7

4. ¿De qué modo expresan estos versículos el compromiso que existe entre el amado y la amada? ¿Qué resulta necesario para poder sostener un compromiso así?

5. A lo largo de la historia, las relaciones de amor íntimo han sido distorsionadas y profanadas de una manera vergonzosa. El Cantar de los Cantares nos proporciona la visión de Dios acerca de lo que él planeó que fueran las relaciones amorosas. ¿Qué puede hacer para intentar lograr una relación de este tipo con su marido o con Dios?

Jueves

LA PROMESA QUE RECIBE

*D*ios no nos promete a todos el tipo de amor terrenal íntimo y erótico que encontramos en Cantar de los Cantares. El Señor ha bendecido a muchos matrimonios con él, pero se trata de algo que no todos disfrutan. Sin embargo, él promete amar a su pueblo con la misma profundidad de amor que aquí se describe. Y eso la incluye a usted. Usted es su tesoro, su amada y él se deleita en usted del mismo modo en que esos amantes se deleitan uno en el otro.

Promesas en las Escrituras

Porque para el SEÑOR tu Dios tú eres un pueblo santo; él te eligió para que fueras su posesión exclusiva entre todos los pueblos de la tierra.

—DEUTERONOMIO 7:6

Bendito sea el SEÑOR,
  pues mostró su gran amor por mí.

—SALMO 31:21

Porque el SEÑOR se complace en su pueblo;
  a los humildes concede el honor de la victoria.

—SALMO 149:4

Con amor eterno te he amado.

—JEREMÍAS 31:3

Porque el SEÑOR tu Dios está en medio de ti
  como guerrero victorioso.
Se deleitará en ti con gozo,
  te renovará con su amor,
  se alegrará por ti con cantos.

—SOFONÍAS 3:17

Viernes

SU LEGADO DE ORACIÓN

Grábame como un sello sobre tu corazón;
  llévame como una marca sobre tu brazo.
Fuerte es el amor, como la muerte,
  y tenaz la pasión, como el sepulcro.
Como llama divina es
  el fuego ardiente del amor.
Ni las muchas aguas pueden apagarlo,
  ni los ríos pueden extinguirlo.
Si alguien ofreciera todas sus riquezas
  a cambio del amor,
  solo conseguiría el desprecio.

—CANTAR DE LOS CANTARES 8:6–8

REFLEXIONE SOBRE: Cantar de los Cantares 1:2–4; 2:10–13; 8:6–8

ALABE A DIOS: Porque nada nos puede separar de su amor.

DÉ GRACIAS: Porque la pasión de Cristo nos ha hecho hermosos ante los ojos de Dios.

CONFIESE: Cualquier falla que tenga en cuanto a creer que Dios verdaderamente es el Amado de su corazón.

PÍDALE A DIOS: Que la ayude a entrar en ese diálogo de amor con él.

Eleve el corazón

La sulamita había quedado tan cautivada por su amado que su nombre era para ella como un perfume que daba buena fragancia a todo su mundo. En los tiempos bíblicos los nombres en realidad revelaban cómo era la persona. Conocer el nombre de alguien equivalía a conocer la esencia de dicha persona. Esta semana encienda una vela perfumada al tomarse un tiempo para reflexionar en uno o en varios de los nombres de Dios. Busque algunos pasajes de las Escrituras que resulten pertinentes, y pídale a Dios que se revele más profundamente a usted.

Creador de los cielos y la tierra (Génesis 14:19)
Mi canción (Éxodo 15:2)
Príncipe de paz (Isaías 9:6)
Buen pastor (Juan 10:14)
Consejero (Juan 14:26)
Padre misericordioso (2 Corintios 1:3)

Salvador (1 Timoteo 4:10)
Luz (1 Juan 1:5)

Señor, yo te he puesto como un sello sobre mi corazón. Ni la muerte ni la vida, ni ángeles ni demonios, ni el presente ni el porvenir, ni los poderes, ni lo alto ni lo profundo, ni ninguna otra cosa en toda la creación conseguiría separarme de tu amor.

Gómer

SU NOMBRE SIGNIFICA

«*Consumación*»

Su Carácter: A pesar de ser una mujer casada, mantenía numerosas aventuras románticas, y les atribuía a sus amantes los regalos que le había hecho su marido.

Su Dolor: Haberse convertido en el símbolo del adulterio espiritual: una representación de la infidelidad de Israel hacia Dios.

Su Gozo: Que su marido continuara amándola a pesar de sus infidelidades.

Escrituras Clave: Oseas 1—3

Lunes

SU HISTORIA

*E*l hombre estaba de pie delante de la puerta, y estiraba el cuello procurando ver en la semipenumbra. Sus miembros se habían vuelto rígidos y helados, a pesar de que el calor del desierto todavía entibiaba la angosta calle. Salvo algún que otro perro callejero, doblado sobre sí mismo y hecho un ovillo contra la pared de alguna casa vecina, no veía nada. Era demasiado tarde para que una mujer anduviera sola por las calles. Pero, en realidad, ella no estaría sola, ¿o sí?

Todavía no quería entrar, pues no deseaba percibir la ausencia de su parloteo ni acostarse en la cama vacía. Mañana al mediodía, la noticia de su traición saciaría el hambre de chisme que tenían todas las almas de la ciudad, tal como la bazofia llena la panza de los cerdos. Oseas, el hombre que conducía con sus profecías a la nación, no podía siquiera controlar a su propia esposa.

Sintió que en su interior se desataban cual tormenta la aflicción y la furia. Su intención había sido proteger su corazón; jamás quiso entregarse tan completamente. Y su sufrimiento era aun peor por amarla tanto. Porque Gómer había despilfarrado sus regalos, se había burlado de su ternura, y había permitido que otros amantes la sedujeran.

¿Acaso no se lo había advertido Dios cuando lo instruyó: «Ve y toma por esposa una prostituta, y ten con ella hijos de prostitución, porque el país se ha prostituido por completo. ¡Se ha apartado del SEÑOR!»». Él les había puesto estos nombres a sus hijos: «Jezrel» (Dios siembra), «Lorrujama» (indigna de compasión) y «Loamí» (pueblo ajeno). Cada hijo sucesivo simbolizaba cuánto crecía el distanciamiento entre marido y mujer. Oseas se preguntaba si siquiera era el progenitor de los dos últimos.

La palabra del Señor, que llenaba la boca de Oseas, ahora perturbaba su alma, volvía y lo acosaba con una fuerza arrolladora. De modo que así se sentía Dios con respecto a su propio pueblo: amargamente traicionado, arrancado de cuajo, disgustado, ultrajado. El amor tierno que les había mostrado y todos sus dones no significaban nada para un pueblo enamorado de los dioses cananeos. Los dirigentes de Israel eran como las peores prostitutas: aparentaban virtud mientras actuaban como rameras, engañaban a los pobres e imploraban a los ídolos que los bendijeran con paz y riquezas.

Pero la paz se mostraba esquiva con ellos. Seis reyes habían gobernado el reino del norte durante un período de solo veinticinco años. Cuatro fueron asesinados por sus sucesores y uno capturado en una batalla. Durante todo ese tiempo, Asiria revoloteaba como buitre en torno a sus fronteras.

Si solo Israel aprendiera sus lecciones y volviera al Señor antes de que fuera demasiado tarde... si solo Gómer regresara... Oseas deseaba gritarle a la cara, sacudirla para que despertara de su pecado. Basta ya de paciencia. Basta de ternura. Ella había ignorado sus amenazas, sacudiéndoselas de encima como hacen los burros con las moscas. ¿Qué alternativa le quedaba a él ahora? La desnudaría para avergonzarla, y castigaría su infidelidad.

En medio de su amarga aflicción, oyó la voz de Dios, fuerte y clara:

—Ve y ama a esa mujer adúltera, que es amante de otro. Ámala como ama el SEÑOR a los israelitas, aunque se hayan vuelto a dioses ajenos.

Así que Oseas tomó de nuevo a su mujer, a la que no podía dejar de amar. Y la palabra de Dios transformó a Lorrujama en Rujama (compadecida) y a Loamí en Amí (pueblo mío).

La historia de Gómer y Oseas ilustra el celo amoroso de Dios por su pueblo. Por primera vez un profeta se atreve a hablar de Dios como marido y de Israel como su esposa. Pero esa es una embrollada historia de amor, en la que el corazón de Dios resulta herido repetidas veces. A pesar de sus ruegos, y sin importarle las amenazas, Israel no va a regresar a él hasta que el reino del norte sea destruido por Asiria, algunos años más tarde.

Sin embargo, las vidas entrelazadas de Oseas y Gómer constituyen un recordatorio para los israelitas tanto del juicio de Dios como de su amor. Las hermosas palabras de Oseas aún nos conmueven cuando pensamos acerca de la iglesia hoy, y consideramos nuestra infidelidad y el perdón de Dios: «Yo te haré mi esposa para siempre, y te daré como dote el derecho y la justicia, el amor y la compasión... Conozcamos al SEÑOR; vayamos tras su conocimiento. Tan cierto como que sale el sol, él habrá de manifestarse; vendrá a nosotros como la lluvia de invierno, como la lluvia de primavera que riega la tierra».

Ya no somos Lorrujama, sino Rujama (compadecidos), y tampoco Loamí sino Amí (pueblo mío). Porque nuestro Hacedor se ha convertido en nuestro Esposo, que odia nuestro pecado, pero todavía nos ama.

Martes

SU VIDA Y SU ÉPOCA

PROFETAS

*O*seas, el marido de Gómer, apareció en escena como el último de los profetas que habló «la palabra del SEÑOR» (Oseas 1:1) al reino del norte, Israel, que ya estaba condenado. En muy poco tiempo, los asirios conquistarían la capital de Samaria y se llevarían a miles de israelitas cautivos. Al comenzar el libro de Oseas diciendo que esa era «la palabra del SEÑOR» que había venido a Oseas, afirma su autoridad como profeta, dado que Dios le había hablado y él debía transmitir ese mensaje a la gente.

Los israelitas en Palestina tenían la ley que Dios había dado a Moisés y al pueblo en el Sinaí. Se componía de los Diez Mandamientos y de todas las otras reglas para la vida que se incluían en los libros de Moisés (de Génesis a Deuteronomio). Sin embargo, esas leyes no cubrían muchas de las situaciones de la vida y de las decisiones a tomar. Dios instituyó la función de profeta por las muchas ocasiones en las que se necesitaba una revelación específica de su parte, para que la gente supiera qué rumbo seguir.

No siempre sabemos de qué modo recibían los profetas los mensajes de parte de Dios. En ocasiones tenían visiones y sueños. Ezequiel y Daniel registraron visiones que contenían mensajes muy definidos de Dios. Otras veces, como en el caso de Oseas, los profetas simplemente declaraban que sus palabras provenían del Señor. El énfasis de los profetas de Dios nunca estaba puesto en el método a través del cual recibían su palabra (ya fuera misteriosa o clara y obvia) sino en el mensaje en sí y en la necesidad de que la gente lo obedeciera. Dios dejó muy en claro que si el pueblo solo escuchaba y actuaba en obediencia a las palabras de los profetas, él les daría todo lo que necesitaban apara enfrentar un futuro que les era desconocido.

Del mismo modo en que Dios hizo provisión para su pueblo en la Tierra Prometida, él ha hecho provisión para nosotros. Quizá no nos revele milagrosamente el camino ni nos transmita su voluntad de una manera sobrenatural, como lo hizo con los israelitas; sin embargo, él se ha revelado y también nos ha revelado sus planes a través de la Biblia, y sus mensajeros hoy subrayan y explican lo que las Escrituras nos dicen. Podemos estar seguros de que Dios irá con nosotros, del mismo modo en que lo hizo con los israelitas, y nos sostendrá la mano al enfrentar lo que sea que nos depare el futuro.

Miércoles
SU LEGADO EN LAS ESCRITURAS

Léase Oseas 1:2—2:7; 3:1–5.

1. ¿De qué manera refleja Oseas 2:2–7 los sentimientos que tenía Oseas por Gómer? ¿En qué sentido reflejan estos versículos los sentimientos de Dios para con su pueblo?

2. ¿Por qué resulta el adulterio un símbolo adecuado de la forma en que los seres humanos tratan a Dios?

3. Redacte en sus propias palabras la promesa de Dios a su pueblo que aparece en Oseas 1:10—2:1.

4. En Oseas 3:2, el profeta tiene que comprar con dinero y bienes a Gómer para rescatarla de la situación en la que ha acabado. Aparentemente se había fugado y terminó vendiéndose ella misma a la prostitución a fin de sobrevivir. ¿Qué necesitaría un hombre para poder hacer lo que Oseas hizo, según lo que dice en 3:1–3?

5. ¿Se parece a Gómer en algún sentido? ¿De qué modo la ha buscado Dios y la ha comprado para que regresara?

Jueves

LA PROMESA QUE RECIBE

*S*e trata de un matrimonio tempestuoso. De una esposa que no se decide a serle fiel al marido que la ama. De un marido que no solo se mantiene fiel, sino que sigue amando. De hijos cuya paternidad es dudosa. Todos esos son elementos no de una telenovela sino de un hermoso cuadro de lo que es el amor y la fidelidad de Dios hacia su pueblo, a menudo desamorado e infiel. Las promesas que se enumeran en cuanto a la vida de Gómer se aplican no solo al pueblo de Israel sino al pueblo del Señor hoy. Dios nos ama y se mantiene fiel a nosotros. Aun cuando lo abandonemos y nos alejemos, él nos espera con los brazos abiertos. Solo pide de nosotros arrepentimiento para que sus bendiciones vuelvan a fluir en abundancia.

Promesas en las Escrituras

Les daré un corazón que me conozca, porque yo soy el SEÑOR. Ellos serán mi pueblo, y yo seré su Dios, porque volverán a mí de todo corazón.

—JEREMÍAS 24:7

Conozcamos al SEÑOR;
vayamos tras su conocimiento.
Tan cierto como que sale el sol,
él habrá de manifestarse;
vendrá a nosotros como la lluvia de invierno,
como la lluvia de primavera que riega la tierra».

—OSEAS 6:3

Por tanto, para que sean borrados sus pecados, arrepiéntanse y vuélvanse a Dios, a fin de que vengan tiempos de descanso de parte del Señor.

—HECHOS 3:19

Viernes

SU LEGADO DE ORACIÓN

«En aquel día —afirma el SEÑOR—, ya no me llamarás "mi señor", sino que me dirás "esposo mío"»

—OSEAS 2:16

REFLEXIONE SOBRE: Oseas 1—3

ALABE A DIOS: Por su misericordia.

DÉ GRACIAS: Porque Dios la amó aun antes de que usted pensara en amarlo.

CONFIESE: Cualquier tendencia a amar el dinero, los placeres, a sus hijos, a su marido o a su carrera más de lo que lo ama a él.

PÍDALE A DIOS: Que aumente sus ansias de conocerlo de manera más íntima.

Eleve el corazón

A veces las parejas se van distanciando, no porque alguno de ellos se haya vuelto infiel sino por una cuestión de exceso de ocupaciones. Si su relación con Dios está empantanada por las pequeñas cuestiones de la vida, ¿por qué no planea pasar una noche o un fin de semana en intimidad con él? Que sea un tiempo de aquietar su alma en su presencia, de acallar las demandas cotidianas de la vida. Pase el día caminando por una playa solitaria, o escondida en un centro de retiros o en alguna casa o cabaña de un amigo. Lleve su Biblia y un libro de poemas escrito por Christina Rossetti, o el libro de Mark Buchanan *The Rest of God* [El descanso de Dios], o la novela de C. S. Lewis *The Lion, the Witch an the Wardrobe* [El león, la bruja y el guardarropas], o el de Kathleen Norris, *The Cloister Walk* [El camino del claustro].

Si tiene una personalidad artística, lleve papel y pinturas y comuníquese con Dios a través de los dibujos que puedas crear. Que sea un tiempo de alabanza, de decirle cuánto lo ama, de agradecerle por todas sus maneras de amarla. No trates de tener una tremenda experiencia espiritual, solo relájese y hágale saber al Señor que desea estar con él.

Señor, ¿cómo puedo comenzar a descubrir con cuánta fidelidad me has amado? Llévame a tu presencia y mantenme cerca de ti. Acalla mi agitado corazón y háblame.

Elisabet

SU NOMBRE SIGNIFICA

«Dios es mi juramento»

SU CARÁCTER: Elisabet descendía de Aarón y era una mujer a la que la Biblia
                considera «recta e intachable delante de Dios». Como a al-
                gunos otros pocos hombres y mujeres, se la alabó por guardar
                los mandamientos y reglas del Señor al pie de la letra. Fue la
                primera persona en reconocer a Jesús como Señor.

SU DOLOR: Ser estéril durante la mayor parte de su vida.

SU GOZO: Dar a luz a Juan, luego conocido como Juan el Bautista, el
                precursor del Mesías. Su nombre, asignado divinamente, sig-
                nifica «el Señor es benigno».

ESCRITURA CLAVE: Lucas 1:5–80

Lunes

SU HISTORIA

Sus ojos eran de color café dorado. Como pasas de uva insertadas en un pas-
tel, parpadeaban hacia el mundo desde unas mejillas que se habían cocinado demasiado tiempo al sol. Mechones de cabello níveo se desparramaban por debajo
del chal de lana, haciendo cosquillas al rostro arrugado. Sus pequeñas manos se
apoyaban en el vientre redondo, procurando descubrir cualquier signo de movimiento. Pero todo estaba quieto. Desde su puesto de observación en la azotea de
la casa, notó que una silueta caminaba por el sendero y se preguntó quién sería
su visitante.

Ella y Zacarías se habían sentido bastante contentos en su tranquilo hogar
durante los últimos meses, recluidos pero felices. Cada mañana, al abrir los ojos,
sentía como si caminara en medio de un sueño fantástico. A veces, se sacudía de
la risa al pensar en el modo en que Dios había reacomodado su vida, plantando
un hijo en su marchito vientre de anciana.

Seis meses atrás, a Zacarías le había tocado en suerte quemar el incienso delante del Lugar Santísimo, privilegio que solía ocurrir solo una vez en la vida. Pero durante esa semana de servicio sacerdotal en el templo, casi se murió de un susto cuando de pronto se le apareció una figura, junto al altar del incienso. «Tu esposa Elisabet te dará un hijo, y le pondrás por nombre Juan», le dijo el ángel. «Tendrás gozo y alegría, y muchos se regocijarán por su nacimiento, porque él será un gran hombre delante del Señor». Fue como con Sara y Abraham. Como con Rebeca e Isaac. Como con Raquel y Jacob. Una vez más Dios estaba encendiendo un fuego con dos palos secos.

Por mucho que lo intentara, Elisabet no lograba entender la reacción de su marido ante ese mensajero que tanto lo había aterrorizado. Si uno ha llegado a posar sus ojos sobre un ángel, ¿cómo puede no creer que cualquier cosa resulta posible? Pero Zacarías dejó escapar su escepticismo y ahora sufría las consecuencias. Había perdido el habla y no le sería concedida de nuevo hasta que lo anunciado por el ángel sucediera. Durante esos días se comunicaba garabateando las palabras sobre una tablilla.

Elisabet volvió a mirar a aquella figura que avanzaba por el sendero, una niña que semejaba un brote tierno. La mujer mayor bajo con cuidado las escaleras y entró a la casa a darle la bienvenida a su huésped. Pero junto con las palabras de saludo de la joven le llegó algo que se sentía con la misma fuerza de un vendaval, sacudiendo las vigas de la casa y los soportes del techo. Calmándose, la mujer mayor se sintió de pronto revigorizada. Su bebé, aún no nacido, saltó dentro de ella cuando alzó la voz respondiendo al saludo: «¡Bendita tú entre las mujeres, y bendito el hijo que darás a luz! Pero, ¿cómo es esto, que la madre de mi Señor venga a verme? Te digo que tan pronto como llegó a mis oídos la voz de tu saludo, saltó de alegría la criatura que llevo en el vientre. ¡Dichosa tú que has creído, porque lo que el Señor te ha dicho se cumplirá!»

María había hecho el viaje desde Nazaret para visitar a su parienta Elisabet. El mismo ángel que le había hablado a Zacarías en el templo le había susurrado a la virgen, que ya tenía en su seno al niño, el secreto del embarazo de la mujer mayor. El magnífico canto de alabanza que brotó de los labios de María durante su encuentro debe haber ido cobrando forma en el transcurso del viaje, de unos cien kilómetros en dirección sur, hasta que llegó a los campos montañosos de Judea en los que vivía Elisabet.

Mi alma glorifica al Señor,
*   y mi espíritu se regocija en Dios mi Salvador,*
porque se ha dignado fijarse en su humilde sierva.
Desde ahora me llamarán dichosa todas las generaciones,
*   porque el Poderoso ha hecho grandes cosas por mí.*
*   ¡Santo es su nombre!*
De generación en generación

se extiende su misericordia a los que le temen.
Hizo proezas con su brazo:
  desbarató las intrigas de los soberbios.
De sus tronos derrocó a los poderosos,
  mientras que ha exaltado a los humildes.
A los hambrientos los colmó de bienes,
  y a los ricos los despidió con las manos vacías.
Acudió en ayuda de su siervo Israel
  y, cumpliendo su promesa a nuestros padres,
mostró su misericordia a Abraham
  y a su descendencia para siempre.

—Lucas 1:46–55

Las dos mujeres se sostuvieron la una a la otra, sus vínculos familiares eran ahora más fuertes que los que podían forjar simplemente la carne y la sangre. Porque el Dios de Israel —el Dios de Sara, Rebeca, Raquel, Lea, Miriam, Débora, Noemí, Rut, Abigaíl y Ana— estaba en acción otra vez a fin de dar cumplimiento a la antigua promesa. Y era bienaventurada la que no dudó que lo que el Señor había dicho se cumpliría.

Martes

SU VIDA Y SU ÉPOCA

INCIENSO

A Zacarías, el marido de Elisabet, se le concedió un privilegio especial y muy serio. Cuando le tocó el turno de servir en el templo a su grupo sacerdotal, él fue elegido por suertes (que era la forma de selección señalada por Dios) para quemar el incienso. Cada mañana y cada anochecer, tomaba fuego del altar de las ofrendas quemadas y lo colocaba en el altar de oro del incienso que estaba ubicado delante de la cortina que separaba el Lugar Santo del Lugar Santísimo. Entonces volcaba sobre ese fuego el polvo de incienso tomado de una urna de oro. Ese día, mientras Zacarías llevaba a cabo sus obligaciones, los adoradores, de pie afuera del templo, oraban. El humo y el aroma del incienso simbolizaban sus oraciones, que se elevaban a Dios. La fragancia también servía para sahumar el aire saturado del olor a la sangre de los animales que se mataban para el sacrificio.

Los registros históricos más antiguos sobre la adoración incluyen información acerca de la quema de incienso. Todas las naciones que rodeaban a Palestina apreciaban el dulce aroma del incienso, el que impregnaba no solo sus lugares de culto sino también sus hogares. El incienso que Zacarías quemó en el templo estaba hecho según una «receta» especial (Éxodo 30:34–38) que contenía especias y sales, que eran molidas hasta quedar como un polvo. El incienso sagrado podía usarse solo en el templo, para la adoración, y nunca para propósitos comunes de todos los días.

El profeta Jeremías con frecuencia condenaba a los israelitas por quemar incienso a los dioses falsos. Pero se volvía severísimo en sus denuncias cuando quemaban incienso a Dios sin que su corazón estuviera volcado a la adoración (Jeremías 6:20). Dios les había hecho saber con claridad que el simple hecho de quemar incienso no le agradaba; eso constituía apenas un símbolo. Él buscaba corazones que se volcaran a él con fidelidad y confianza.

¿Acaso esa no es la aplicación obvia también para nosotros en la actualidad? En todas nuestras formas de adoración —los himnos y las canciones de alabanza, las liturgias, dramatizaciones y lecturas— lo que a Dios le importa es nuestro corazón. ¿Está volcado a Dios con fidelidad y confianza?

Miércoles

SU LEGADO EN LAS ESCRITURAS

Léase Lucas 1:5–25, 39–45.

1. ¿Qué aprende sobre Elisabet y Zacarías en Lucas 1:5–7? Lo que dice Lucas 1:6 ¿implica que ellos eran perfectos? Si no es así, ¿qué significan esas palabras?

2. Imagine que se le acerca un ángel y hace un anuncio inesperado e increíble. ¿Cómo piensa que reaccionaría?

3. Cuando Elisabet se encontró con María, fue llena del Espíritu Santo e hizo exclamaciones en alta voz, y profirió una bendición (Lucas 1:42–44). ¿Alguna vez se sintió movida a alabar a Dios de una manera semejante? Si es así, ¿cuándo? Si no, ¿qué tendría que sucederle para que lo hiciera?

4. Elisabet iba a ser la madre de un profeta; sin embargo, ella alabó a Dios por lo que él hacía en la vida de María. ¿Qué nos dice eso acerca de Elisabet?

5. Relea Lucas 1:45. ¿Qué quiere el Señor que crea usted?

Jueves

LA PROMESA QUE RECIBE

¡*D*ios siempre cumple sus promesas! Durante cientos de años Dios le había dicho al pueblo de Israel que enviaría al Mesías, al que sería como un puente que nos conectara con Dios mismo. A aquel cuyo sacrificio nos proporcionaría la redención definitiva, para siempre. Los sucesos del primer capítulo de Lucas son apenas el comienzo del cumplimiento de la mayor promesa que Dios le había hecho a su pueblo. Junto con María podemos decir: «Mi alma glorifica al Señor, y mi espíritu se regocija en Dios mi Salvador».

Promesas en las Escrituras

Pero para ustedes que temen mi nombre, se levantará el sol de justicia trayendo en sus rayos salud. Y ustedes saldrán saltando como becerros recién alimentados.

—Malaquías 4:2

Juan vio a Jesús que se acercaba a él, y dijo: «¡Aquí tienen al Cordero de Dios, que quita el pecado del mundo!»

—Juan 1:29

Este mensaje es digno de crédito y merece ser aceptado por todos: que Cristo Jesús vino al mundo a salvar a los pecadores.

—1 Timoteo 1:15

Viernes

SU LEGADO DE ORACIÓN

¡Dichosa tú que has creído, porque lo que el Señor te ha dicho se cumplirá!

—LUCAS 1:45

REFLEXIONE SOBRE: Lucas 1:5–80

ALABE A DIOS: Porque él es el creador que le da forma a cada niño en el vientre.

DÉ GRACIAS: Por el don de los hijos.

CONFIESE: Cualquier tendencia a desvalorizar la vida humana, incluyendo la vida de los que aún no han nacido.

PÍDALE A DIOS: Que restaure su aprecio por el milagro de la vida humana.

Eleve el corazón

Una persona es una persona, aunque sea muy pequeña.

TOMADO de *Horton Hears a Who*
[Horton escucha a alguien], del DR. SEUSS

La visita de María a Elisabet probablemente haya sucedido mientras Elisabet estaba en su sexto mes de embarazo. La mujer joven tal vez se haya quedado lo suficiente como para ayudar a la mayor con su parto. De cualquier modo, María estaba en el primer trimestre de su embarazo y Elisabet en el tercero. Lo que sigue es lo que tal vez les sucedía a los niños que crecían en sus vientres:

Jesús:

18 días: el sistema nervioso hace su aparición.

4 semanas: su corazón comienza a latir.

30 días: la mayor parte del sistema de órganos ya ha empezado a formarse.

7 semanas: sus rasgos faciales se hacen visibles.

8 semanas: la mayor parte de las estructuras y órganos de su cuerpo ya están presentes.

10 semanas: se comienzan a formar pequeños dientes en sus encías.

12 semanas: su cerebro ya está completamente formado y puede sentir dolor. Hasta puede ser que se chupe el dedo.

Juan:

6 meses: puede tomarse una mano con la otra, patear, rotar y escuchar voces y sonidos externos al vientre.

Tómese unos momentos para alabar a su Creador con las hermosas palabras del Salmo 139:13–16:

Tú creaste mis entrañas;
me formaste en el vientre de mi madre.
¡Te alabo porque soy una creación admirable!
¡Tus obras son maravillosas,
y esto lo sé muy bien!
Mis huesos no te fueron desconocidos
cuando en lo más recóndito era yo formado,
cuando en lo más profundo de la tierra era yo entretejido.
Tus ojos vieron mi cuerpo en gestación:
todo estaba ya escrito en tu libro;
todos mis días se estaban diseñando,
aunque no existía uno solo de ellos.

Amado Dios, tú eres el Señor y el Dador de la vida. Ayúdame a respetarla, protegerla y nutrirla, sin que me importe el color, la edad ni el sexo del ser humano con el que me encuentre. Te pido esto en el nombre de Jesús, el pan y el agua de vida. Amén.

María

La madre de Jesús

SU NOMBRE PUEDE SIGNIFICAR

«Amargura»

Su Carácter: Era una virgen de una familia pobre de un oscuro pueblito de Galilea. Su respuesta al ángel Gabriel nos muestra a una mujer joven de fe y humildad inusuales. Su sí incondicional al plan de Dios para su vida implicaba sufrir y correr un gran riesgo en lo personal. Debe haber pasado por períodos de confusión, temor y oscuridad a medida que se desarrollaban los acontecimientos de su vida. Se la respeta no solo por ser la madre de Jesús, sino también su primera discípula.

Su Dolor: Ver al hijo que amaba avergonzado, torturado y luego entregado a la muerte como si perteneciese a la peor clase de criminales.

Su Gozo: Ver a su hijo levantarse de los muertos; recibir el Espíritu Santo junto con los otros discípulos de Cristo.

Escrituras Clave: Mateo 1:18–25; 2; Lucas 1:26–80; 2:1–52; Juan 19:25–27

Lunes

SU HISTORIA

Se sentó en el banco y cerró los ojos; la silueta de la anciana mujer se recortaba contra el cielo azul de Jerusalén. Aun la madera en que se apoyaba convocaba imágenes. Aunque ya no podía recordar la expresión exacta de sus labios cuando sonreía, o los rasgos de su rostro cuando dormía junto a ella, todavía tenía la imagen de sus manos ásperas y oscuras, expertas en modelar la madera para distintos propósitos. José había sido un buen carpintero y un marido aún mejor.

En estos días los recuerdos le venían sin buscarlos, como un viento borrascoso que la trasladaba a otros tiempos y lugares. Algunos dicen que la gente que está a punto de ahogarse ve pasar su vida, hasta en los más mínimos detalles, justo antes de morir. Ella pensó que la edad producía efectos similares, con la diferencia de que uno puede revivir los recuerdos con mucha mayor tranquilidad...

Una fresca brisa jugaba con su falda mientras ella trataba de mantener en equilibrio el cántaro que llevaba sobre la cabeza, en su camino al pozo. Notó que un extraño se le aproximaba en dirección opuesta. Aun en medio de la luz crepuscular, sus vestiduras brillaban como si hubiesen sido blanqueadas con el más fuerte de los jabones.

«¡Te saludo, tú que has recibido el favor de Dios! El Señor está contigo», le dijo en alta voz.

Ningún nazareno, estaba segura, hubiera saludado a una muchacha soltera de ese modo. Pero con cada paso que daban, acercándose, las palabras de él se tornaban menos suaves y más audaces; se abalanzaban sobre ella como agua que se estrella contra un acantilado:

«No tengas miedo, María...
      Dios te ha concedido su favor...
          Darás a luz un hijo...
              Lo llamarán hijo del Altísimo...
                  El Espíritu Santo vendrá sobre ti...
                      Tu parienta Elisabet va a tener un hijo en su vejez».

Ola sobre ola caía sobre ella mientras escuchaba las palabras del ángel; primero sintió confusión y temor, luego asombro y gratitud. Y, finalmente, un torrente de gozo y paz. Todo su ser se impregnó de luz. Luego escuchó más palabras, pero esta vez brotaban de sus propios labios y no de los de él:

«Aquí tienes a la sierva del Señor... Que él haga conmigo como me has dicho».

Aunque el ángel se marchó, la paz permaneció en María. El Altísimo había visitado a la más baja de sus siervas y le había dado la promesa que toda mujer judía anhelaba oír: «Darás a luz un hijo, y le pondrás por nombre Jesús... Dios el Señor le dará el trono de su padre David, y reinará sobre el pueblo de Jacob para siempre. Su reinado no tendrá fin».

La luna parecía una sonrisa colgada en el cielo nocturno cuando María levantó los cántaros llenos de agua hasta el borde y comenzó a caminar a través de los campos. Mientras el agua se balanceaba y salpicaba al ritmo de sus movimientos, notó que ella también se sentía plena y satisfecha, como si acabara de comer su plato favorito. Sabía que las preguntas vendrían al llegar la mañana. Por ahora le bastaba con mirar las estrellas y saber que Dios obraba a fin de dar forma a su futuro.

«Mamá, mamá», gritó, corriendo hacia ella, y extendiendo sus brazos regordetes como en súplica.

«Jesús, ¿qué es lo que te sucede, hijo?», le preguntó sonriendo. Tomó al robusto niño en sus brazos antes de que tambaleara en su acostumbrado enredo de brazos y piernas. Pero él era puros besos, mientras daba gritos y apoyaba su cabeza llena de rizos contra el pecho de su madre, como si quisiera esconderse dentro de su carne suave y cálida. Ella suspiró contenta. Cuántas madres había conocido... Pero ninguna le había descrito de un modo adecuado en qué consistía la maravilla de tener un hijo: las risas, la constante sorpresa, la ternura. Por no mencionar el temor y las preocupaciones que formaban parte del paquete.

Pero ese no era momento para entregarse a tales consideraciones. Los hombres que habían llegado de oriente ya habían partido de regreso. ¡Qué extraños le parecieron esos magos con su historia de una estrella que los había guiado hasta Belén en busca de un nuevo rey! Se habían inclinado delante de su niñito de ojos oscuros, desplegando delante de él tesoros de oro, incienso y mirra, como si estuvieran rindiendo honores a la realeza. Una mañana, sin embargo, empacaron con urgencia, diciéndoles que en un sueño habían sido advertidos que debían regresar a su tierra sin dar aviso al rey Herodes de que su búsqueda había sido exitosa. La sola mención del nombre de ese rey la llenaba de pavor. Belén quedaba apenas unos diez kilómetros al sur de Jerusalén, peligrosamente cerca del hombre que había asesinado a sus propios hijos por temor a perder el trono. ¿Cómo reaccionaría un gobernante como él ante los rumores de que en Belén había un niño rey?

Hacía dos noches que José la había sacudido, despertándola del sueño, mientras le contaba en voz baja detalles del sueño que acababa de tener: «María, un ángel se me apareció. Tenemos que irnos antes de que amanezca. ¡Herodes planea buscar a nuestro hijo para matarlo!»

Ahora iban rumbo a Egipto, revirtiendo los pasos de Moisés, Aarón y Miriam, que habían conducido a sus antepasados hacia la libertad tanto tiempo antes. María se preguntaba, mientras descansaban, si alguna vez volverían a ver su tierra.

«Mujer», dijo en un suspiro suave, doloroso, a través de labios resecos por la sangre pegada, y con sus delgados brazos abiertos a los lados, como implorando. Las palmas de sus manos estaban sujetas por clavos. La miró y luego dirigió sus ojos al joven parado a su lado: «Ahí tienes a tu hijo». Las palabras le salían titubeantes.

Entonces le dijo al hombre en un suspiro: «Ahí tienes a tu madre».

Ella quería poder llegar a tocarlo con toda la fuerza de su amor, y esconder esa aflicción en su pecho, diciéndole que él era el hijo al que verdaderamente necesitaba. ¿El Dios que había tenido piedad de Abraham no tendría piedad de ella también? ¿Le permitiría sufrir lo que al patriarca le había evitado, el sacrificio de su propio hijo? Toda su vida había amado al Dios cuyo ángel le había hablado, llamándola «muy favorecida». Pero, ¿cómo podría una mujer cuyo hijo estaba muriendo sobre una cruz romana considerarse «favorecida»?

De pronto volvieron a su mente sus propias palabras, como si una versión más joven de ella le susurrara al oído: «Aquí tienes a la sierva del Señor. Que él haga conmigo como me has dicho».

El cielo del mediodía se oscureció, pero todavía podía percibir la silueta retorcida de su hijo sobre la cruz, que la buscaba con la mirada. Las espinas rodeaban su cabeza en forma de corona, un crudo recordatorio del cartel que el gobernador romano había clavado al madero: «Jesús de Nazaret, rey de los judíos».

Pensó en los magos y en sus costosos regalos. El oro y el incienso, tesoros reales que les habían ayudado a sobrevivir durante su estadía en Egipto. Pero siempre se había preguntado el por qué de la mirra. Ahora sabía: era el óleo balsámico que los sabios habían traído para el rey al que vinieron a adorar.

«Dios mío, Dios mío ¿por qué me has desamparado?» Su clamor la destrozó. La tierra tembló violentamente y ella cayó de rodillas, y apenas pudo completar las palabras del salmo, recitándolas para el hombre que colgaba muerto sobre la cruz:

> *Dios mío, clamo de día y no me respondes;*
> *clamo de noche y no hallo reposo...*
> *Pero yo, gusano soy y no hombre;*
> *la gente se burla de mí,*
> *y el pueblo me desprecia.*
> *Cuantos me ven, se ríen de mí;*
> *lanzan insultos, meneando la cabeza...*
> *Pero tú me sacaste del vientre materno;*
> *me hiciste reposar confiado en el regazo de mi madre.*
> *Fui puesto a tu cuidado desde antes de nacer;*
> *desde el vientre de mi madre mi Dios eres tú...*
> *Me han traspasado las manos y los pies.*
> *Puedo contar todos mis huesos;*
> *con satisfacción perversa la gente se detiene a mirarme.*
> *Se reparten entre ellos mis vestidos*
> *y sobre mi ropa echan suertes.*
> *Pero tú, Señor, no te alejes;*
> *fuerza mía, ven pronto en mi auxilio...*
> *¡Alaben al Señor los que le temen!*

¡Hónrenlo, descendientes de Jacob!...
Del Señor se hablará a las generaciones futuras.
A un pueblo que aún no ha nacido
se le dirá que Dios hizo justicia.

—SALMO 22

Para cuando María abrió sus ojos, el sol del poniente había convertido la ciudad en una tierra dorada. Sonrió, enjugó las lágrimas de su rostro arrugado. ¡Cuán verdaderas habían resultado las palabras del ángel! Ninguna mujer desde Eva en adelante había sido bendecida como ella, la madre del Mesías. Sí, el pasado aún vivía dentro de ella, pero el futuro la llenaba de gozo. Pronto vería a su hijo otra vez, y en dicha ocasión las manos de él serían las que le enjugarían las últimas lágrimas.

Martes

SU VIDA Y SU ÉPOCA

ÁNGELES

*M*aría se encogió de miedo cuando el ángel Gabriel se le apareció, lo cual no constituía una reacción extraña. Con mucha frecuencia en las Escrituras, cuando un ángel se le aparecía a un ser humano, la reacción que provocaba era de temor. Aunque no se nos dice exactamente cómo es la apariencia de un ángel o de qué modo se presenta, encontramos una descripción en el evangelio de Mateo que señala que «su aspecto era como el de un relámpago, y su ropa era blanca como la nieve» (Mateo 28:3). Ciertamente resulta obvio por la reacción de los que los han visto que los ángeles son seres sobrenaturales, y por lo tanto atemorizan.

Las 291 referencias a los ángeles en las Escrituras nos proporcionan un cuadro general sobre sus variadas ocupaciones. Los ángeles que están en el cielo se hallan de pie delante del trono de Dios y lo adoran (Apocalipsis 5:11–12). Un ángel ayudó a Agar e Ismael cuando pasaban por problemas en el desierto (Génesis 21:17). Fue un ángel el que liberó a los apóstoles de la prisión (Hechos 5:19). Un ángel condujo a Felipe a un camino en el desierto en el que se encontró con el eunuco etíope y le dio testimonio (Hechos 8:26). Un ángel se le apareció a Pablo para reconfortarlo (Hechos 27:23–24), a Elías cuando se hallaba agotado y desanimado en el desierto (1 Reyes 19:3–9), y a Daniel y sus amigos cuando se encontraban en lugares peligrosos (Daniel 3:28; 6:22). A veces Dios usa ángeles para castigar a sus enemigos (Génesis 19:1; 2 Reyes 19:35).

Los ángeles jugaron un papel importante en la vida de Jesús. Luego de aparecer primero a Zacarías, María y José, los ángeles les anunciaron el nacimiento de Jesús a los pastores (Lucas 2:9). Ángeles fueron a ministrarle a Jesús luego de ser tentado en el desierto (Mateo 4:11) y cuando estaba en el huerto antes de la crucifixión (Lucas 22:43). Un violento terremoto acompañó al ángel que vino a la tierra a quitar la piedra que estaba delante de la tumba de Jesús (Mateo 28:2). Cuando Jesús ascendió al cielo, dos ángeles, que se veían como «dos hombres vestidos de blanco» (Hechos 1:10), les dijeron a los discípulos que el regresaría de la misma manera.

En el libro de Apocalipsis, Juan describe una escena gloriosa: «Luego miré, y oí la voz de muchos ángeles que estaban alrededor del trono, de los seres vivientes y de los ancianos. El número de ellos era millares de millares y millones de millones. Cantaban con todas sus fuerzas: "¡Digno es el Cordero, que ha sido sacrificado, de recibir el poder, la riqueza y la sabiduría, la fortaleza y la honra, la gloria y la alabanza!" (Apocalipsis 5:11–12).

Imaginemos esa escena: cientos de miles de seres, blancos y resplandecientes como el relámpago, todos moviéndose armoniosamente alrededor del trono de Dios. ¿Podemos imaginar sus sonoras voces, sobrenaturales, alabando a Jesús? ¡Digno es el Cordero! Y entonces, «cuanta criatura hay en el cielo, y en la tierra, y debajo de la tierra y en el mar» (Apocalipsis 5:13) se unió a ellos cantando la misma canción de alabanza. ¡Qué espectáculo! ¡Qué sonido! María será una de las que estarán allí, alabando a su hijo. ¿Estará usted alabando a su Salvador?

Miércoles

SU LEGADO EN LAS ESCRITURAS

Léase Lucas 1:26–38

1. Imagínese en el lugar de María. ¿Qué pensamientos y sentimientos le invaden cuando escucha lo que Gabriel dice en el versículo 28? ¿Y en el 31? ¿Y en el 32–33? ¿Y en el 35?

2. ¿Qué parte de todo esto le resultaría más difícil de aceptar con la misma calma y humildad que expresó María en el versículo 38? ¿Por qué?

Léase Lucas 1:46–55

3. ¿Qué le dice la canción de María con respecto a su carácter y a las cosas que eran más importantes para ella?

Léase Juan 19:25–30

4. Imagine que María recuerda su canto, que aparece en Lucas 1:46-55, mientras ve morir a su hijo. ¿Cómo le sonaría dicha canción en ese momento?

5. ¿En qué circunstancias necesita decirle a Dios: «Aquí está la sierva del Señor. Hágase conmigo conforme a tu palabra»? ¿Por qué le resulta fácil o difícil el decirlo?

Jueves

LA PROMESA QUE RECIBE

*C*uando Dios dice que nada es imposible (Lucas 1:37), lo dice de verdad. Él es todopoderoso, omnipotente; es el Salvador del mundo. No importa lo que nos haya prometido, no importa cuán imposibles de cumplir nos parezcan esas promesas, él puede hacerlo, y lo hará.

Promesas en las Escrituras

Porque el pueblo de Israel cruzó el río Jordán en seco... Esto sucedió para que todas las naciones de la tierra supieran que el Señor es poderoso, y para que ustedes aprendieran a temerlo para siempre.

—JOSUÉ 4:22–24

Para los hombres es imposible... más para Dios todo es posible.

—MATEO 19:26

Pues la locura de Dios es más sabia que la sabiduría humana, y la debilidad de Dios es más fuerte que la fuerza humana.

—1 CORINTIOS 1:25

Viernes

SU LEGADO DE ORACIÓN

¡Te saludo, tú que has recibido el favor de Dios! El Señor está contigo.

—LUCAS 1:28

REFLEXIONE SOBRE: Lucas 1:26–38

ALABE A DIOS: Porque nada es imposible para él.

DÉ GRACIAS: Porque el cuerpo de una mujer se convirtió en la morada de la divinidad.

CONFIESE: Cualquier tendencia que tenga a devaluarse como mujer.

PÍDALE A DIOS: Que la haga una mujer que, como María, lleve a Jesús al mundo mediante la expresión de su carácter, poder, perdón y gracia.

Eleve el corazón

Elija un episodio de la vida de María: su encuentro con Gabriel, el nacimiento de su hijo, la escena con los pastores, la presentación en el templo, la visita de los magos, la huída a Egipto, la agonía de su hijo en la cruz, su presencia entre los discípulos en el aposento alto. Imagínese en su lugar. ¿Cuáles son sus luchas y sus alegrías? ¿Qué pensamientos pasan por su mente? ¿Hay algo o alguien que la tome por sorpresa?

Pídale al Espíritu Santo que guíe sus reflexiones, que la ayude a imaginar los sonidos, los paisajes, los olores que darían vida a cada una de esas escenas. Permita que las Escrituras alimenten su alma con una comprensión más profunda acerca del propósito de Dios para su vida. Ore para que Dios le dé la gracia de ser como la mujer que dijo: «Aquí tienes a la sierva del Señor. Que él haga conmigo como me has dicho»

Mi alma está llena de ti, mi Dios, y no puedo contener mi alegría. Todo el que me vea me llamará bienaventurada porque tú te has fijado en mí. Tú viste mi bajeza y mi necesidad y llenaste mi vacío con tu presencia. Fórmame a tu semejanza para que, como María, pueda llevarte a un mundo que necesita desesperadamente tu amor. Te lo pido en el nombre del hijo de María. Amén.

Ana

SU NOMBRE SIGNIFICA

«Favor» o «Gracia»

Su Carácter: Casada solo durante siete años, pasó los largos años de su viudez en ayuno y oración en el templo, entregada totalmente a Dios. Por ser profetisa, fue una de las primeras en dar testimonio de Jesús.

Su Dolor: Como viuda, probablemente haya estado entre los miembros más vulnerables de la sociedad, sin la posibilidad de que nadie le proveyera en lo económico para subsistir en caso de que su salud fallara.

Su Gozo: Que sus ojos hubieran visto al Mesías que tanto anhelaba ver.

Escritura Clave: Lucas 2:22–38

Lunes
SU HISTORIA

Un pajarito atravesó volando el atrio de los gentiles, llegó volando hasta el atrio de las mujeres, y luego se adentró en el atrio de Israel (uno de los atrios interiores del templo, solo accesible a los hombres judíos). Ana parpadeó al observar el aleteo que se elevaba hacia el sol y luego se desvanecía. Se preguntaba en qué privilegiado rincón del templo se habría escondido ese pajarillo.

Durante la mayor parte de sus ochenta y cuatro años había sido una viuda que pasaba sus días en ayuno y oración en el templo. Aunque Ana había caminado por ese atrio exterior miles de veces, nunca dejaba de prestarle atención a la inscripción de advertencia, escrita en griego y latín: «Ninguna persona ajena debe traspasar la valla que rodea al templo, ni su cerco. Cualquiera que sea descubierto haciéndolo, será responsable de su propia muerte, la que le sobrevendrá». Entrar a la presencia del Santo era algo atemorizante.

Aunque ella no repetía la oración de los hombres judíos, que alababan a Dios por no haberlos hecho gentiles ni mujeres, agradecía al menos el privilegio de poder avanzar más allá del atrio de los gentiles hasta el atrio de las mujeres, donde estaba mucho más cerca del lugar Santísimo. Habiendo llegado allí, inclinó su cabeza, meciéndose al ritmo de sus oraciones (Salmo 84:1–3):

> *¡Cuán hermosas son tus moradas,*
> *Señor Todopoderoso!*
> *Anhelo con el alma los atrios del Señor;*
> *casi agonizo por estar en ellos.*
> *Con el corazón, con todo el cuerpo,*
> *canto alegre al Dios de la vida.*
> *Señor Todopoderoso, rey mío y Dios mío,*
> *aun el gorrión halla casa cerca de sus altares;*
> *También la golondrina hace allí su nido,*
> *para poner sus polluelos.*

De pronto una voz interrumpió su recitado de ese salmo tan conocido. Observó que el anciano Simeón sostenía un bebé contra su pecho, y pronunciaba palabras que le sacudían el alma:

—Según tu palabra, Soberano Señor, ya puedes despedir a tu siervo en paz. Porque han visto mis ojos tu salvación, que has preparado a la vista de todos los pueblos: luz que ilumina a las naciones y gloria de tu pueblo Israel.

Al igual que ella, Simeón no había vivido para otra cosa sino para la redención que vendría a Israel. Aunque no había visto nada, había creído. Ana observaba el modo en que los padres del niño estaban pendientes de las palabras del anciano. Luego él entregó de nuevo el bebé a su madre, ahora hablando en voz más suave:

—Este niño está destinado a causar la caída y el levantamiento de muchos en Israel, y a crear mucha oposición, a fin de que se manifiesten las intenciones de muchos corazones. En cuanto a ti, una espada te atravesará el alma.

Ana colocó sus brazos con suavidad alrededor de los hombros de la joven madre y le echó una mirada al bebé dormido. Salieron palabras de gratitud de sus labios. Su corazón fue animado; su esperanza infatigable. Más vivamente que Jacob, que había soñado con una escalera llena de ángeles que subían y bajaban, o Moisés, que había contemplado una zarza que ardía en el desierto, Ana, viuda y profetisa de la tribu de Aser, había experimentado la misma presencia de Dios. Sus ojos habían visto al niño prometido, cuya luz esparciría las tinieblas y traería libertad a todo el pueblo de Dios.

Ahora ella también se sentía como un gorrión remontándose libremente en la casa de Dios. Ya no importaba que se le hubiera prohibido la entrada a los atrios internos del templo. Dios mismo derribaba las paredes que separaban a los judíos de los gentiles, a los hombres de las mujeres, y se revelaba a todos los que tenían hambre de su presencia. Aquel día, un niño había transformado el atrio de las mujeres en el lugar más santo de cuantos existen.

Las Escrituras no nos dicen si Ana alguna vez realmente deseó ser admitida a los atrios interiores del templo de Jerusalén. Pero su anhelo de Dios resulta obvio. Se percibe con claridad que era una mujer con gran hambre espiritual, que había entregado su vida a Dios y recibía la recompensa de conocer a Jesús y a sus padres apenas cuarenta días después del nacimiento del niño, en ocasión de su presentación en el templo.

Martes

SU VIDA Y SU ÉPOCA

ATRIOS DEL TEMPLO

La anciana Ana probablemente hubiera pasado más de sesenta años en el templo. En realidad, nunca salía de allí, «sino que día y noche adoraba a Dios con ayunos y oraciones» (Lucas 2:37). La prueba de su devoción no está dada simplemente por el hecho de que ella hubiera pasado todos esos años en oración, sino porque ella reconoció al Cristo. (Después de todo, apenas tenía seis semanas). A pesar de que Ana había abandonado su estilo de vida normal, de que dedicaba horas y horas cada día a la oración, y de que pasaba tiempo sin tocar los alimentos como señal de devoción, sin embargo, no se le permitía acceder al templo en realidad. Aunque quedaba relegada al atrio exterior de las mujeres, nunca permitió que dicha restricción estrujara su corazón o ahogara su amor por Dios.

Salomón fue el constructor del primer templo, una estructura muy detallada, de piedra caliza, revestida de oro por dentro. Zorobabel construyó el segundo templo cuando los judíos retornaron de su cautiverio en Babilonia. Herodes el Grande construyó el tercer templo, en el que Ana adoraba. Él fue un constructor infatigable, y el templo de Jerusalén había sido solo uno de sus proyectos.

El templo de Herodes tenía cuatro atrios sucesivos, cada uno de los cuales era más excluyente que el anterior. El atrio exterior era conocido como el atrio de los gentiles. Ese era el único lugar al que se les permitía entrar a los no judíos. También ese fue el lugar desde el que Jesús arrojó a los que comerciaban en el templo. El atrio interior estaba dividido en dos sectores: el atrio de las mujeres, en el que Ana acostumbraba adorar, y el atrio de Israel. Todos los judíos, tanto hombres como mujeres, podían entrar en el atrio de las mujeres, pero solo los varones judíos eran admitidos al atrio de Israel. El atrio de los sacerdotes rodeaba el edificio del templo en sí, y solo podían acceder a él los que ejercían el sacerdocio levítico.

Las costumbres del tiempo de Ana pueden haber establecido restricciones a su adoración, pero no había reglas terrenales que pudieran impedir su verdadera adoración y su devoción. ¡Sea como Ana! ¡No permita que nada limite su devoción a Dios! Ninguna regla o restricción humana. Ninguno de sus pecados o errores del pasado. Ninguna situación de la vida que no pueda superar. Que nada se atraviese en su camino en lo que hace a adorar a Dios y en cuanto a reconocer a su Salvador.

Miércoles
SU LEGADO EN LAS ESCRITURAS

Léase Lucas 2:22–38.

1. Simeón «aguardaba con esperanza la redención de Israel» (versículo 25). Ana sabía que había otros en el templo «que esperaban la redención de Jerusalén» (versículo 38). Esto hace referencia a la venida del Mesías. ¿Cómo sería esperar por estas cosas durante años y años?

2. ¿Qué le dicen las palabras de Simeón acerca de la misión de Jesús?

3. ¿Por qué cree que había tanta gente esperando y orando por la llegada del Mesías? ¿Qué le dice eso acerca de la manera en que veían sus vidas?

4. Describa el estilo de vida de Ana (versículo 37). ¿Qué aspectos de su vida le parecen atractivos o extraños?

5. ¿Qué ansía que Dios lleve a cabo antes de que muera? Si no anhela nada, ¿por qué supone que es así?

Jueves

LA PROMESA QUE RECIBE

*L*á vida de Ana se desarrollaba en torno a la oración y el ayuno en el templo. Evidentemente no tenía familia, ni hogar, ni empleo. En lugar de eso, Dios era su familia, el templo su hogar, y la oración su tarea. Aunque usted no tenga la libertad de dedicar todo su tiempo a la oración, como ella, puede estar segura de que el tiempo que dedica a esto nunca constituye un desperdicio. Si ansía ver a su Salvador, para experimentar su presencia en su vida, permita que la devoción de Ana le anime.

Promesas en las Escrituras

Obedézcanme. Así yo seré su Dios, y ustedes serán mi pueblo. Condúzcanse conforme a todo lo que yo les ordene, a fin de que les vaya bien.

—JEREMÍAS 7:23

¡Ya se te ha declarado lo que es bueno!
Ya se te ha dicho lo que de ti espera el Señor:
Practicar la justicia, amar la misericordia,
y humillarte ante tu Dios.

—MIQUEAS 6:8

Nunca dejen de ser diligentes; antes bien, sirvan al Señor con el fervor que da el Espíritu.

—ROMANOS 12:11

Viernes

SU LEGADO DE ORACIÓN

Nunca salía del templo, sino que de día y noche adoraba a Dios con ayunos y oraciones.

—Lucas 2:37

Reflexione Sobre: Lucas 2:36–38

Alabe a Dios: Porque Jesús es el verdadero Pan del cielo que satisface al corazón hambriento.

Dé Gracias: Por los hombres y mujeres que tienen hambre y sed del reino de Dios.

Confiese: Cualquier tendencia a estar tan encerrada en sus propias preocupaciones que falle en su tarea de orar por los que lo necesitan.

Pídale a Dios: Que aumente su hambre por su reino.

Eleve el corazón

Ana hizo mucho más que simplemente anhelar la venida del Mesías; oraba y ayunaba a diario por el advenimiento del reino de Dios. Aun cuando el cristianismo se haya extendido a través de todo el globo, todavía hay mucha gente que sufre guerras e injusticias, y la mayoría tiene poco y nada que comer, y hay muchos más que viven en la oscuridad espiritual. Esta semana extiéndase más allá de sus preocupaciones inmediatas. Busque en un atlas, en un mapa o en un globo terráqueo un país por el cual orar. Lea informes de los periódicos o artículos de las revistas que la ayuden a comprender lo que sucede en dicha nación. Ore y ayune por su paz, por el pan diario de sus habitantes, por libertad y justicia, y por que la luz de Cristo brille sobre ellos.

Jesús, anhelo que tu luz se esparza a través de todo el mundo para que los pueblos de toda la tierra te conozcan. Dame hoy una carga por alguna nación o grupo étnico que tenga muy poco conocimiento de ti. Muéstrame cómo orar de manera que tu reino crezca.

La samaritana

Su Carácter: Mirada con desdén por los judíos por ser samaritana y despreciada por sus muchas aventuras románticas, difícilmente alguien la hubiera elegido para hacer llegar el evangelio a una región en la que todavía no había sido oído.

Su Dolor: Haber vivido de un modo que la relegaba a la marginalidad social.

Su Gozo: Que Jesús haya atravesado las barreras culturales, raciales y religiosas para poder revelarse a ella.

Escritura Clave: Juan 4:1–42

Lunes

SU HISTORIA

*C*ada día la mujer iba con su cántaro a buscar agua al pozo de Jacob, que estaba justo al lado de Sicar, un pueblo que quedaba a mitad de camino entre Jerusalén y Nazaret. Aunque era el momento más caluroso del día, ella lo prefería al atardecer, en que se reunían las mujeres allí. Estaba cansada de sus lenguas infatigables. Resultaba mejor el calor abrasador que sus comentarios afilados.

Se sorprendió, sin embargo, de ver que ese día ya alguien había llegado al pozo, un judío de Galilea, según mostraba su aspecto. Al menos no tenía nada que temer de su lengua, porque los judíos hacían todo lo posible por evitar a los samaritanos, dado que los despreciaban por haberse mezclado con otras razas y no adoraban en el templo de Jerusalén sino en su lugar santo del monte Gerizim. Por una vez estaba contenta de sentirse ignorada, y agradecida también, porque los hombres no les hablaban a las mujeres en público.

Pero al aproximarse al pozo, aquel hombre la sorprendió al romper las reglas con las que ella contaba para sentirse protegida.

—Dame un poco de agua —le dijo.

¿Qué clase de judío es este?, se preguntó. Ciertamente no se trata de un fariseo, o hubiese tomado el camino más largo que rodea Samaria para llegar a Galilea. Echando la cabeza hacia atrás, le respondió:

—¿Cómo se te ocurre pedirme agua, si tú eres judío y yo soy samaritana?

Pero él no se inmutó.

—Si supieras lo que Dios puede dar, y conocieras al que te está pidiendo agua, tú le habrías pedido a él y él te habría dado agua que da vida.

Ella le respondió:

—Señor, ni siquiera tienes con qué sacar agua, y el pozo es muy hondo; ¿de dónde, pues, vas a sacar esa agua que da vida? ¿Acaso eres tú superior a nuestro padre Jacob, que nos dejó este pozo, del cual bebieron él, sus hijos y su ganado? Eso le va a bajar los humos, supuso.

Pero el hombre insistió.

—Ve a llamar a tu esposo, y vuelve acá.

El pedido la dejó sin aliento. Su lengua, ligera para responder, ahora apenas podía articular una respuesta:

—No tengo esposo.

—Bien has dicho que no tienes esposo —le dijo Jesús—. Es cierto que has tenido cinco, y el que ahora tienes no es tu esposo. En esto has dicho la verdad.

Sus palabras la partieron. Tratando de disimular la herida, ella intentó cambiar de tema, desviando la conversación hacia la vieja controversia que había entre judíos y samaritanos.

—Señor, me doy cuenta de que tú eres profeta. Nuestros antepasados adoraron en este monte, pero ustedes los judíos dicen que el lugar donde debemos adorar está en Jerusalén.

Jesús le dijo:

—Créeme, mujer, que se acerca la hora en que ni en este monte ni en Jerusalén adorarán ustedes al Padre. Ahora ustedes adoran lo que no conocen; nosotros adoramos lo que conocemos, porque la salvación proviene de los judíos. Pero se acerca la hora, y ha llegado ya, en que los verdaderos adoradores rendirán culto al Padre en espíritu y en verdad, porque así quiere el Padre que sean los que le adoren.

La mujer le respondió:

—Sé que viene el Mesías, al que llaman el Cristo. Cuando él venga nos explicará todas las cosas.

Entonces Jesús declaró:

—Ese soy yo, el que habla contigo.

Dejando su cántaro de agua, la mujer volvió al pueblo y le dijo a la gente:

—Vengan a ver a un hombre que me ha dicho todo lo que he hecho. ¿No será este el Cristo?

Mientras tanto sus discípulos, que habían ido al pueblo a buscar comida, regresaron y le insistían:

—Rabí, come algo.

Pero Jesús les respondió:

—Yo tengo un alimento que ustedes no conocen.

_____

Trató de escabullirse una y dos veces, pero nada de lo que la mujer decía lograba mantener a Jesús a raya. Él continuaba presionando sobre lo que estaba debajo de la superficie, invitándola a alcanzar una comprensión más profunda, cerrándole el paso al revelarle su conocimiento de los detalles más íntimos de su vida. Abrumada, finalmente admitió la verdad. Y cuando lo hizo, Jesús la sorprendió con una revelación con respecto a sí mismo. Admitió, por primera vez, que era el Mesías. Sin saberlo, ella había estado conversando con su Salvador.

Jesús había llegado al pozo con sed, hambre y cansancio de ese viaje que realizaba hacia el norte, a Galilea. Para cuando los discípulos regresaron de hacer compras en Sicar, él se veía fresco y renovado por su encuentro con la mujer.

Ella, a su vez, había quedado tan profundamente tocada por sus palabras, que declaraba delante de quien quisiera oírla:

—Me ha dicho todo lo que he hecho.

Los samaritanos le insistieron a Jesús para que se quedara dos días y muchos llegaron a creer. Le dijeron a la mujer:

—Ya no creemos solo por lo que tú dijiste; ahora lo hemos oído nosotros mismos, y sabemos que verdaderamente éste es el Salvador del mundo.

Martes

SU VIDA Y SU ÉPOCA

AGUA

*A*gua fresca y clara. Un elemento al que hoy la mayoría de nosotros no le da todo su valor. Con solo girar el grifo, contamos inmediatamente con agua fresca y limpia. En Palestina, sin embargo, el agua es escasa y muy valorada.

Los veranos, mayormente largos y sin lluvia, hacen que la mayoría de los ríos de Palestina se sequen por completo. Aun el río Jordán se vuelve poco profundo, angosto y barroso durante los meses de verano. Los antiguos pueblos de Palestina dependían de la lluvia que caía en los meses de primavera y otoño para acopiar su provisión de agua. Aunque era escasa en otras épocas del año, la lluvia que caía durante esas temporadas mantenía los manantiales y fuentes fluyendo y las cisternas llenas.

Los judíos eran partidarios de juntar cada pequeña cantidad de agua de lluvia que cayera, y de guardarla para un uso futuro durante la época de sequía. Las cisternas, piletas cubiertas cavadas en la roca específicamente para acopiar agua de lluvia, eran numerosas. En Jerusalén, solo el área del templo contaba con treinta y siete cisternas, una de ellas lo bastante grande como para contener más de dos millones de galones de agua. Canales, cañerías y vías fluviales conducían el agua de lluvia de la superficie a las cisternas subterráneas, que brindaban una constante provisión acuífera, aun durante las temporadas secas.

Un rocío denso les proporcionaba buena parte de la humedad necesaria para el crecimiento de las cosechas durante los meses de verano. Las noches cálidas y despejadas de los veranos palestinos son las que producen las condiciones adecuadas para que se forme el rocío. Además, cuando había agua abundante, los granjeros regaban con ella las cosechas y viñedos para maximizar el producto de sus campos.

El agua para beber se guardaba y se transportaba en cantimploras de cuero de cabra. Muchos pueblos y ciudades tenían agua potable a la venta en sus mercados y en las calles. Solo se usaba una pequeña cantidad de agua para lavar, simplemente porque era demasiado escasa. Sin embargo, las reglas de buena hospitalidad requerían que los huéspedes recibieran en la casa en la que se hospedaban un recipiente de agua para al menos lavar sus pies y manos luego de transitar los caminos polvorientos (Génesis 18:4; Juan 13:5).

El conseguir agua a diario en el pozo o cisterna del vecindario era tarea de las mujeres más jóvenes de una casa. Generalmente iban hasta el pozo bien a la tarde, cuando el aire era más fresco. Resulta interesante notar que la mujer samaritana fue al pozo al mediodía («la hora sexta»), probablemente para evitar a las otras mujeres que podían mirarla con desprecio.

El agua tiene un uso simbólico a lo largo de las Escrituras. David comparó sus dificultades con «aguas profundas» (Salmos 69:1–2, 14; 124:5) El libro de Proverbios compara las palabras de la gente con aguas profundas y las palabras sabias con «arroyos de aguas vivas» (Proverbios 18:4). Las buenas noticias son como agua fresca (Proverbios 25:25). Varios pasajes se refieren a que nuestros pecados son lavados (Salmo 51:7; Efesios 5:26; Hebreos 10:22). Jesús le dijo a la samaritana que él tenía agua que podría calmar su sed para siempre. El agua de la que hablaba no era, por supuesto, la que se compone de dos partes de hidrógeno y una parte de oxígeno, sino agua espiritual: agua que nos llena tanto de él que suple todas nuestras necesidades, satisface nuestros deseos y sacia toda nuestra sed.

Miércoles

SU LEGADO EN LAS ESCRITURAS

Léase Juan 4:4–42.

1. Trace la secuencia de reacciones emocionales de la samaritana a medida que se desarrolla el encuentro con Jesús. ¿Qué cree que sentía en los versículos 7–9? ¿En los versículos 10–12? ¿En los versículos 13–15? ¿En el 16? ¿En los versículos 17–20? ¿Y en los versículos 21–26?

2. Al considerar su vida, ¿de qué cree que tenía sed esta mujer?

3. Además de Cristo, ¿con qué cosas está acostumbrada a intentar satisfacer su sed espiritual? ¿Con la familia? ¿Con su carrera? ¿Haciendo compras? ¿Buscando entretenimientos?

4. En los versículos 25–26 vemos que por primera vez Jesús reconoce exactamente quién es. ¿Por qué cree que decidiría decírselo a esa mujer, una marginada de la sociedad, en un pueblo de Samaria, en lugar de hacerlo delante de los líderes de la cultura y la religión judía, o ante sus propios discípulos? ¿Cómo reacciona usted ante su decisión?

5. ¿Qué le parece que convenció a la samaritana acerca de que Jesús era quien decía ser?

6. Si Jesús es realmente el Salvador que sabe todo lo que usted ha hecho, ¿qué puede enseñarle la mujer samaritana con respecto a cómo responderle a él hoy?

Jueves

LA PROMESA QUE RECIBE

¿*T*iene sed? ¿Hay un deseo dentro de usted que no parece poder satisfacer? ¿Tiene hambre de algo que llene un vacío que ni siquiera puede definir? Busca por todas partes, lo intenta todo, pero descubre que no hay nada en este mundo que pueda satisfacerle. Solo Jesús puede proporcionarle el agua viva que le llene hasta desbordar, que satisfaga sus anhelos, que calme su sed tan completamente que nunca vuelva a estar sedienta.

Promesas en las Escrituras

Sácianos de tu amor por la mañana,
y toda nuestra vida cantaremos de alegría.

—SALMO 90:14

Dichosos los que tienen hambre y sed de justicia,
porque serán saciados.

—MATEO 5:6

Dichosos ustedes que ahora pasan hambre, porque serán saciados.

—LUCAS 6:21

Todo el que beba de esta agua volverá a tener sed —respondió Jesús— pero el que beba del agua que yo le daré, no volverá a tener sed jamás, sino que dentro de él esa agua se convertirá en un manantial del que brotará vida eterna.

—JUAN 4:13

Viernes

SU LEGADO DE ORACIÓN

La mujer dejó su cántaro, volvió al pueblo y le decía a la gente: «Vengan a ver a un hombre que me ha dicho todo lo que he hecho. ¿No será este el Cristo?» Salieron del pueblo y fueron a ver a Jesús.

—JUAN 4:28–30

REFLEXIONE SOBRE: Juan 4:4–42

ALABE A DIOS: Porque en su reino los últimos serán los primeros.

DÉ GRACIAS: Por la forma en que ha descubierto la necesidad que usted tiene de él.

CONFIESE: Cualquier tendencia que tenga a actuar como si Dios no pudiera usar su estado de necesidad, sino solamente su fuerza.

PÍDALE A DIOS: Que le dé la humildad de enfrentar la profunda necesidad que tiene de gracia.

Eleve el corazón

Siempre resulta difícil admitir nuestros pecados, en particular cuando pensamos que Dios nos va a amar solo si nos comportamos bien. Aunque puede ser que nunca hayamos articulado un pensamiento semejante, esto configura nuestra teología más de lo que nos gustaría admitir. Esta semana haga una lista de todo lo que Dios sabe de usted y que desearía que él no supiera. Agradézcale por amarla a pesar de sus pecados. Luego rompa la lista, y recuerde las palabras del Salmo 103:11–12:

> Tan grande es su amor por los que le temen
>   como alto es el cielo sobre la tierra.
> Tan lejos de nosotros echó nuestras transgresiones
>   como lejos del oriente está el occidente.

Señor, tú lo sabes todo de mí, aun las cosas que escondo de mí misma. Dame la gracia de admitir mi pecado, y creer que aunque tú me ves, igual me amas. Ayúdame a soltar cualquier cosa que me prive de experimentar el agua viva de tu Espíritu Santo que brota en mi interior.

La mujer pecadora

Su Carácter: Ella era una pecadora conocida, posiblemente una prostituta o una adúltera. En lugar de intentar defender lo indefendible en su vida, admitió su pecado y se puso en evidencia al realizar un apasionado despliegue de amor y gratitud.

Su Dolor: Haber ofendido a Dios de un modo tan grave.

Su Gozo: Que Jesús perdonara sus pecados y la elogiara por su gran fe y amor.

Escritura Clave: Lucas 7:36–50

Lunes

SU HISTORIA

La mujer sintió como si su mundo se hubiera desenmarañado en un instante. Las puertas se habían abierto, las paredes se desplomaron, los pensamientos concernientes al futuro ya no la asustaban sino que la emocionaban. Se sentía limpia y entera, inocente como una muchacha que todavía viviera en la casa de su padre. Su corazón se hallaba en una salvaje confusión entre la tristeza y el gozo cuando siguió al rabí y traspuso la puerta.

Ignorando las miradas de los hombres, caminó hasta el lugar en el que Jesús estaba reclinado a la mesa. En sus manos llevaba un frasco de alabastro con perfume. Su cuerpo temblaba al aproximarse a él. Apenas se daba cuenta de lo que hacía cuando cubrió sus pies de besos y luego los ungió con el precioso perfume, secándolos entonces con sus cabellos. ¿De qué otro modo podía expresar sus sentimientos al hombre que la había amado tanto?

Como buen fariseo, Simón amaba la ley y medía sus días según el ritmo constante de las normas por las que vivía. Constituían una cerca que salvaguardaba su pureza y protegían su necesidad de sentirse seguro de manera estable. Qué bueno era que el Dios santo les hubiera provisto un mapa a los justos, una forma de vida que los separaba de los judíos comunes, como la mujer que acababa de trasponer la puerta, con la esperanza de recoger unas migajas de su mesa.

A Simón le sorprendió que una mujer pecadora, aun cuando pasara hambre, entrara en su casa. Pero su sorpresa creció aun más cuando notó que ella no comía sino que lloraba con tanta profusión que sus lágrimas salpicaban los pies de uno de sus invitados. Toda la escena le causaba repulsión, ofendía su sentido del orden: una conocida ramera besaba los pies de aquel hombre, enjugándolos con sus cabellos, y luego derramó perfume sobre los mismos. Fue un espectáculo increíble.

Pero lo más sorprendente lo constituía el hecho de que su invitado parecía disfrutar de las atenciones que ella le dispensaba. «Si este hombre fuera profeta, sabría quién es la que lo está tocando, y qué clase de mujer es: una pecadora». Todas sus preguntas referentes a Jesús quedaron de lado ante la escena que acababa de presenciar. Su manera ordenada de ver el mundo no corría demasiado peligro, dado que la reforzada el juicio que acababa de emitir.

Como si hubiera podido oír los pensamientos secretos de Simón, Jesús se volvió y le dijo:

—Simón, tengo algo que decirte.

—Dos hombres le debían dinero a cierto prestamista. Uno le debía quinientas monedas de plata, y el otro cincuenta. Como no tenían con qué pagarle, les perdonó la deuda a los dos. Ahora bien, ¿cuál de los dos lo amará más?

—Supongo que aquel a quien más le perdonó —contestó Simón.

—Has juzgado bien —le dijo Jesús.

Entonces se volvió hacia la mujer y le dijo a Simón:

—¿Ves a esta mujer? Cuando entré en tu casa, no me diste agua para los pies, pero ella me ha bañado los pies en lágrimas y me los ha secado con sus cabellos. Tú no me besaste, pero ella, desde que entré, no ha dejado de besarme los pies. Tú no me ungiste la cabeza con aceite, pero ella me ungió los pies con perfume. Por eso te digo: si ella ha amado mucho, es que sus muchos pecados le han sido perdonados. Pero a quien poco se le perdona, poco ama.

Los otros invitados comenzaron a decir entre ellos:

—¿Quién es este que hasta perdona pecados?

Jesús le dijo a la mujer:

—Tu fe te ha salvado. Vete en paz.

Aunque esa mujer era una notoria pecadora, ella reconocía su gran necesidad de gracia. El arrepentimiento puso a su mundo de cabeza, y abrió toda una nueva perspectiva de las cosas. En comparación con ella, Simón era un religioso que, sin duda, se había esforzado por llevar una vida respetable. Su pecado se había replegado, y estaba allí, oculto aun para él mismo. Su hábito de juzgar a otros había formado una cerca alrededor de su perspectiva unidimensional del universo, y escondía su vida, prolija y ordenada, del impredecible poder de la gracia.

Pero tanto Simón como la mujer habían contraído una deuda que no tenían posibilidades de pagar. Aunque el pecado de Simón fuera menos obvio, era más peligroso. Se comportaba como un hombre que seguía las indicaciones de un mapa que estaba seguro que lo conduciría al cielo; pero cuando el cielo descendió y entró en su casa, ni siquiera se dio cuenta. La mujer, en cambio, tenía conciencia de lo perdida que había estado. Como se le había perdonado mucho, amaba mucho. Ella encontró el cielo a los pies de Jesús.

Martes

SU VIDA Y SU ÉPOCA

LAVADO DE LOS PIES

*L*a escena de esta historia constituye una de las trece instancias en que las Escrituras hablan con respecto al lavado de pies. La mujer pecadora de esta historia es la que lleva a cabo este acto reservado para el siervo más bajo e inexperto de una casa.

La mayor parte de la gente en Palestina usaba sandalias o andaba descalza, así que sus pies estaban constantemente sucios a causa del polvo de los caminos y campos. Cuando entraban en una casa, se quitaban las sandalias ante la puerta. El buen anfitrión, o la buena anfitriona, se aseguraba de que se les lavaran los pies a sus huéspedes en cuanto llegaban a su hogar. Solo hacía falta una palangana de agua fría y una toalla. Luego de caminar por caminos calurosos y polvorientos, el lavado de pies les proporcionaba no solo limpieza al entrar en una casa, sino la posibilidad de ser refrescados al comenzar su visita.

Cuando llegaron los tres visitantes a ver a Abraham en el tiempo en el que vivía «junto al encinar de Mamre» (¿no parece un maravilloso lugar en el que habitar?), él les proveyó agua para lavar sus pies (Génesis 18:1–5). Lot respetó las reglas básicas de la hospitalidad oriental cuando invitó a los dos ángeles a quedarse en su hogar, diciéndoles: «Les ruego que pasen la noche en la casa de este servidor suyo. Allí podrán lavarse los pies» (Génesis 19:1–3). Labán les proporcionó agua a todos los que estaban con el siervo de Abraham para que se lavaran los pies (Génesis 24:32). En Egipto José se aseguró de que sus hermanos tuvieran agua para lavar sus pies luego de su largo viaje desde Palestina (Génesis 43:24). A los sacerdotes se les ordenaba lavarse siempre los pies y las manos antes de entrar al templo (Éxodo 30:19–21). No sorprende, entonces, que en la lista de buenas obras que el Nuevo Testamento menciona, y por las que debía ser conocida una viuda, se incluya el «lavar los pies a los creyentes» junto con el criar sus hijos y practicar la hospitalidad (1 Timoteo 5:10).

El hecho de que el lavado de pies fuera una tarea reservada al siervo más bajo de la casa torna aun más conmovedora la acción de Jesús al lavar los pies de sus discípulos (Juan 13). El simple acto que llevó a cabo los sacudió y les mostró de una manera muy clara que era posible ser un siervo líder. Lavó. Tocó los pies sucios de polvo y mugre. ¡Se arrodilló delante de aquellos que en realidad deberían haberse arrodillado delante de él!

No siempre las cosas son tan fáciles ¿verdad? Como realizar las tareas humildes y desagradables que requieren poca experiencia y que, además, nadie nota.

Limpiar el piso de la cocina de la iglesia. Lavar el cabello engrasado de un anciano que no puede hacerlo por sí mismo. Doblar la ropa lavada. Atender a los niños enfermos. ¿Qué tarea servil tiene en su lista de cosas por hacer hoy? La tarea en sí no es importante, sino la actitud con que se la realiza. ¿La realizará con un sentimiento de que merece hacer cosas mejores? ¿O lo hará con una simple actitud de amor por aquel al que sirve?

Miércoles

SU LEGADO EN LAS ESCRITURAS

Léase Lucas 7:36–50.

1. ¿Cuánto le costó a esta mujer hacer lo que hizo?

2. ¿Que debería suceder para que usted fuera así de franca en su expresión de amor por Jesús?

3. ¿En qué cree que pensaba la mujer mientras Jesús hablaba con Simón? (versículos 40–47). ¿Y cuando le habló a ella? (versículos 48–50).

4. ¿Cómo reaccionaría si una prostituta entrara en su iglesia o en un estudio bíblico casero e hiciera un despliegue como ese?

5. ¿De qué maneras puede mostrarse comprensiva y afectuosa con las personas cuyas vidas han sido hechas añicos por el pecado, como esta mujer? ¿Y con aquellos cuyas vidas se caracterizan por juzgar a otros, como el fariseo? ¿Quién tiene mayor necesidad de perdón?

6. Dedique un tiempo a la reflexión sobre la deuda que Jesús ha cancelado en su favor. Considere los pecados específicos por los que le ha perdonado. ¿Cómo puede expresarle su gratitud?

Jueves

LA PROMESA QUE RECIBE

*S*eamos sinceros; muchos de nosotros reaccionaríamos ante esta mujer pecadora del mismo modo que el fariseo. Es más fácil mirar a las personas, cuya vida ha sido devastada por el pecado, juzgándolas que mostrándoles amor. Pero Jesús los miró a ella y a Simón y vio lo mismo en ambos: su necesidad de perdón. Y los perdonó con generosidad. No sabemos cuál fue la respuesta de Simón a Jesús, pero la de la mujer resulta evidente por sus lágrimas y besos.

Esta historia no se incluyó en las Escrituras solo para que veamos el perdón que se le concedió a una mujer pecadora; se incluyó para que podamos descubrir que, independientemente de lo pecadores, quebrantados y atrincherados en el error que estemos, el perdón está a nuestra disposición si solo lo buscamos con fe; él lo prometió.

Promesas en las Escrituras

Por amor a tu nombre, Señor,
perdona mi gran iniquidad.

—Salmo 25:11

Nuestros delitos nos abruman,
pero tú los perdonaste.

—Salmo 65:3

Todo el que cree en él recibe, por medio de su nombre, el perdón de los pecados.

—Hechos 10:43

En él tenemos la redención de nuestros pecados, conforme a las riquezas de la gracia que Dios nos dio en abundancia.

—Efesios 1:7–8

Él nos libró del dominio de la oscuridad y nos trasladó al reino de su amado Hijo, en quien tenemos redención, el perdón de pecados.

—Colosenses 1:13–14

Viernes

SU LEGADO DE ORACIÓN

Por esto te digo: si ella ha amado mucho, es que sus muchos pecados le han sido perdonados. Pero a quien poco se le perdona, poco ama.

—LUCAS 7:47

REFLEXIONE SOBRE: Lucas 7:36–50

ALABE A DIOS: Por el poder del perdón en su vida.

DÉ GRACIAS: Porque Dios todavía está dispuesto a perdonarla, sin que importe con cuánta frecuencia o cuán seriamente haya pecado.

CONFIESE: Cualquier rastro de sentido de justicia propia que se haya deslizado en su vida.

PÍDALE A DIOS: Que la proteja del orgullo, para que pueda darse cuenta de sus pecados y creer que él desea perdonarla y que tiene poder para hacerlo.

Eleve el corazón

¿Cuándo fue la última vez que lágrimas de arrepentimiento lavaron su alma? ¿Le resulta más fácil concentrarse en las fallas de otros que en las propias? El tomar una actitud dura con respecto a los pecados evidentes de otros (aun los pecados de los políticos que no tienen principios o los de los maridos insensibles) solamente marchitará su amor por Dios.

No importa cuánto tiempo hace que entregó su vida a Dios, el orgullo tiene maneras de deslizarse de nuevo en la vida, encerrándola en una perspectiva del universo en blanco y negro. Recuerde que al fariseo se le perdonó poco, no porque su pecado fuera insignificante, sino porque su arrepentimiento fue escaso. Esta semana analice su corazón para descubrir si ha juzgado a otros, sea poco o mucho. Haga una lista de la gente que siente que ha cometido injusticias contra usted. Líbrese de los juicios que ha emitido contra ellos y pídale a Dios que los bendiga. Luego rompa esa hoja como señal de que se arrepiente de los juicios que emitió. La próxima vez que se sienta tentada a juzgar a alguien, rápidamente repita este ejercicio en su mente.

Señor, cuando otros me rechazaban, tú me abrazaste. Lo que era intocable en mí, tú lo tocaste. Hazme una mujer que ama mucho, una mujer que no tema caer a tus pies, y bañarlos con sus lágrimas.

La mujer con hemorragias

Su Carácter: Estaba tan desesperada por sanarse que ignoró las costumbres de su época y buscó la oportunidad de tocar a Jesús.

Su Dolor: Haber sufrido una enfermedad crónica que la aisló de los demás.

Su Gozo: Finalmente haber encontrado paz y libertad, luego de largos años de sufrimiento.

Escrituras Clave: Mateo 9:20–22; Marcos 5:25–34; Lucas 8:43–48

Lunes

SU HISTORIA

*L*a mujer revoloteaba alrededor de la multitud. Ninguno le prestó atención cuando se fusionó con ese gentío; era apenas alguien más que entraba en el enjambre. Su vergüenza desapareció, y fue reemplazada por un torrente de alivio. Nadie la había privado de unirse a los demás. Nadie había retrocedido ante su toque.

Empujó para poder acercarse, pero una ruidosa muchedumbre de hombres todavía le bloqueaba la visual. Podía oír a Jairo, un dirigente de la sinagoga, levantando su voz por encima del murmullo de los demás, rogándole a Jesús que lo acompañara a su casa a fin de sanar a su hija antes de que fuera demasiado tarde.

De pronto se produjo un movimiento en el grupo que estaba frente a ella, y este se partió en dos, como las aguas del Jordán delante de los hijos de la promesa. Era lo único que necesitaba. Su brazo se movió rápidamente a través de esa abertura, y sus dedos lograron rozar el borde de las vestiduras. El instante sintió una calidez que la invadía por completo, expeliendo el dolor, despejando todo decaimiento. Su piel se erizó y la recorrió un escalofrío. Se sintió fuerte y restaurada como si fuera una muchacha joven; volvía a ser ella misma, tan contenta y atolondrada que, de hecho, quería apresurar sus pasos para a salir corriendo antes de dar todo un espectáculo al reírse a carcajadas por este milagro que había pasado inadvertido.

Pero Jesús le bloqueó la huída y silenció a la multitud haciendo una pregunta extraña:

—¿Quién me ha tocado?

—¿Qué quién lo ha tocado? ¡Debe estar bromeando! —murmuraron muchos—. ¡Si la gente empuja y se estrujan unos a otros por acercarse a él!

Ahora temblando, la mujer cayó a sus pies:

—Durante doce años he sufrido de hemorragias y he gastado todo mi dinero en médicos pero solo empeoré. Hoy pensé: «Si al menos logro tocar su manto, quedaré sana». Pero ella sabía que reconocer haberlo tocado implicaba contaminarlo... aún al rabí.

Habían sido doce años de soledad, Doce años en los que los médicos la habían despojado de todo su dinero. Y su aflicción íntima y personal se llegó a convertir en un tema de público conocimiento. Cada taza que tocaba, cada silla en la que se sentaba era un objeto contaminado para los demás. Aunque su impureza era considerada una cuestión ritual y no ética, la había convertido en una marginada, haciéndole imposible vivir con un marido, o tener un hijo, o disfrutar de la intimidad de una amistad o de la relación familiar. Seguramente que el rabí también la censuraría.

Pero en lugar de reprenderla y avergonzarla, Jesús la alabó:

—Hija, tu fe te ha sanado. Vete en paz y queda sana de tu aflicción.

Sus palabras deben de haber sido como agua que rompía un dique; irrumpió en su aislamiento y la liberó. Él no se había dirigido a ella de una manera brusca, sino con ternura; no considerándola una «mujer» ni una «pecadora», sino más bien una «hija». Ya no estaba sola, sino que era parte de su familia por virtud de la fe.

Ese día, incontables hombres y mujeres habían estrujado y apretado a Jesús, pero solo una persona lo había tocado en verdad. Y en lugar de haberse contaminado por el contacto con ella, el toque de él demostró tener más poder de contagio, al hacerla pura y restaurarla otra vez.

Martes

SU VIDA Y SU ÉPOCA

SANGRADO MENSTRUAL

*C*ualquier mujer que sufra de «hemorragias» sabe de las dificultades que presenta esa enfermedad, y de los efectos debilitantes que tiene. Cuando la sangre fluye libre y frecuentemente en lugar de hacerlo en sus patrones mensuales regulares, las mujeres padecen no solo el desorden de esa condición sino que también pueden llegar a experimentar una pérdida de fortaleza y de peso.

La mujer de esta historia había sufrido de hemorragias durante doce largos años. Probablemente estuviera delgada y débil. A causa de la impureza ritual que rodeaba esa condición, muy probablemente ella no apareciera en público a menudo. Imagine lo que es pasar doce años así:

> *Cuando una mujer tenga flujo continuo de sangre fuera de su período menstrual, o cuando se le prolongue el flujo, quedará impura todo el tiempo que le dure, como durante su período. Toda cama en la que se acueste mientras dure su flujo quedará impura, como durante su período. Todo aquello sobre lo que se siente quedará impuro, como durante su período. Todo el que toque cualquiera de estos objetos quedará impuro. Deberá lavarse la ropa y bañarse, y quedará impuro hasta el anochecer.*
>
> —LEVÍTICO 15:25–27

Una mujer era considerada impura durante solo siete días cuando tenía su período regular (Levítico 15:19). Esta mujer sobrellevó no solo los inconvenientes propios de la menstruación, sino la maldición de ser considerada impura por doce años. Cualquiera y cualquier cosa que tocara se volvía impura. Imagine: ella le pasa a su marido un plato de comida y si sus manos se tocan, él es considerado impuro. Ella ayuda a una vecina con el lavado de sus ropas y si sus manos se rozan, la otra mujer queda impura. Cualquier lugar en el que se sentara en su casa se convierte en impuro, lo mismo que si ocupa algún asiento en la casa de un vecino o en un lugar público. Antes de que haya pasado mucho tiempo, todos son conscientes de su impureza y nadie desea estar cerca de ella.

Muchas causas diferentes pueden haber ocasionado la dolencia de esta mujer: un fibroma o un tumor, una infección, un desequilibrio hormonal. Fuera lo que fuese, los médicos que la habían atendido a lo largo de los años la habían llevado a gastar todo su dinero sin brindarle alivio alguno. Con su franqueza y compasión características, Marcos, el autor del evangelio, dice que esta mujer «había sufrido mucho a manos de varios médicos». Es más, a veces sus tratamientos probablemente hubieran sido peores que la enfermedad. Sin embargo, a pesar de todo el dinero que ella gastó y de la agonía por la que pasó, su enfermedad parecía imposible de curar. Hasta que se encontró con el Dios de lo imposible.

Lo que los doctores no pudieron hacer, Jesús lo hizo. Sin remedios repulsivos o dolorosos. Sin tener que realizar visitas a los médicos, que estaban más interesados en el rédito económico que en curarla. Con apenas el suave y amoroso toque de su manto, ella fue sanada. Curada. Liberada. ¡Y de inmediato!

La gloria de Cristo es que él logra resultados en circunstancias en las que otros fracasan. Él produce sanidad cuando los médicos declaran que no es posible. Ofrece perdón cuando el corazón nos dice que jamás podremos ser perdonados. Extiende su consuelo cuando el sufrimiento es demasiado grande para ser sobrellevado, y paz cuando todo a nuestro alrededor se ha convertido en caos. Él produce lo posible luego de doce años de imposibilidad.

Miércoles

SU LEGADO EN LAS ESCRITURAS

Léase Marcos 5:24–34.

1. Elija tres palabras que describan el sufrimiento que esta mujer experimentó durante esos doce años.

2. Probablemente ella haya tocado a otras personas por accidente en medio de la muchedumbre mientras intentaba acercarse a Jesús. ¿Qué riesgos corría al hacerlo, siendo que era considerada una mujer impura? ¿Qué hace falta para poder asumir riesgos de este tipo?

3. ¿Por qué cree que temía admitir que era la persona que había tocado a Jesús?

4. ¿Hay algo en esta mujer, sus sufrimientos, sus acciones, su sanidad, que le hacen pensar en sí misma?

5. Si ha buscado a Jesús por sanidad y todavía no la ha recibido, ¿qué hace con esta historia?

Jueves

LA PROMESA QUE RECIBE

*D*ios promete sanarnos. Esa afirmación puede confrontar a muchos que han venido sufriendo enfermedades y discapacidades durante años sin fin; pero necesitamos recordar que nuestro concepto de sanidad no necesariamente es el mismo que tiene Dios. Para algunos, la sanidad no se producirá aquí en la tierra. La verdadera sanidad, la que curará aun a los que no han padecido ninguna dolencia física en particular durante su vida terrenal, se efectuará en el cielo y no aquí. Allí Dios promete concedernos la mayor sanidad, tanto de nuestras enfermedades como de nuestras discapacidades y de nuestra inclinación al pecado.

Promesas en las Escrituras

Yo soy el Señor, que les devuelve la salud.

—Éxodo 15:26

Señor, mi Dios, te pedí ayuda y me sanaste.

—Salmo 30:2

Alaba, alma mía, al Señor,
y no olvides ninguno de sus beneficios.
Él perdona todos tus pecados
y sana todas tus dolencias;
él rescata tu vida del sepulcro
y te cubre de amor y compasión.

—Salmo 103:1–4

Ellos serán su pueblo; Dios mismo estará con ellos y será su Dios. Él les enjugará toda lágrima de los ojos. Ya no habrá muerte, ni llanto, ni lamento, ni dolor, porque las primeras cosas han dejado de existir».

—Apocalipsis 21:3–4

Viernes

SU LEGADO DE ORACIÓN

Cuando oyó hablar de Jesús, se le acercó por detrás entre la gente y le tocó el manto. Pensaba: «Si logro tocar siquiera su ropa, quedaré sana».

—MARCOS 5:27–28

REFLEXIONE SOBRE: Marcos 5:21–34

ALABE A DIOS: Porque su toque produce paz y libertad.

DÉ GRACIAS: Porque la fe es un don que aumenta con el uso.

CONFIESE: Cualquier tendencia a mantenerse siempre dentro de terreno seguro y que eso pueda comenzar a apagar su fe.

PÍDALE A DIOS: Que le traiga a la memoria la historia de esta mujer la próxima vez que se encuentre ante la oportunidad de tener que ejercer verdadera fe.

Eleve el corazón

El intentar llevar una vida cristiana sin fe es lo mismo que tratar de comer un trozo de carne con un sorbete, o procurar besar a alguien sin usar los labios, o intentar propulsar un avión con pedales. No satisface, no entusiasma y no le llevará a ninguna parte. Si siente que la chispa de la fe se va apagando, pídale a Dios que tome lo poco que tiene y lo avive hasta que se vuelva una llama. Antes de irse a dormir cada noche, durante esta semana, recuerde esto y encienda una pequeña vela junto a su cama y eleve la siguiente oración:

Padre, perdóname por tener tan poca fe.
Auméntala.
Reduce mi ego;
hazlo pequeño.
Dame la oportunidad
de tocarte y de que me toques,
a pesar de que me sienta tonta,
de que esté asustada,
y de que eso me resulte extraño.
Aviva mi pequeña chispa para que brille
iluminando el camino que tengo por delante.
Amén.

Haga esta oración creyendo, y Dios no fallará en proveerle oportunidades para ejercitar su fe. (¡No olvide apagar la vela antes de quedar dormida!)

Herodías

«Heroica»

SU CARÁCTER: Era una mujer orgullosa que utilizaba a su hija para manipular a su marido, de modo que él hiciera lo que ella quería. Actuó con arrogancia de principio a fin, con una absoluta falta de respeto por las leyes de la tierra en la que estaba.

SU VERGÜENZA: Ser reprendida por un profeta advenedizo por haber dejado a su marido, Felipe, para casarse con su medio hermano Herodes Antipas.

SU TRIUNFO: Que su plan para asesinar a su enemigo, Juan el Bautista, diera resultado.

ESCRITURAS CLAVE: Mateo 14:3–12; Marcos 6:14–29; Lucas 3:19–20; 9:7–9

Lunes

SU HISTORIA

Su abuelo, Herodes el Grande, había gobernado Judea durante treinta y cuatro años. Herodes había traído prosperidad a una región problemática del Imperio Romano, construyendo teatros, anfiteatros y pistas de carrera, así como un palacio y un templo magnífico en Jerusalén. Además de tan ambiciosos esfuerzos, había arbitrado los medios para que se redujeran los impuestos en dos ocasiones.

Pero el reino de Herodes escondía sombras que se fueron haciendo más oscuras a medida que pasaban los años. Herodías conocía bien las historias: la forma en que su abuelo había matado un montón de niños judíos en Belén, y el modo en que había asesinado a su esposa favorita (su propia abuela) y a tres de sus hijos a causa de intrigas, verdaderas o imaginarias. Con el avance de la edad y las enfermedades no mejoró en nada su carácter. Herodes estaba decidido a lograr que su propia muerte produjera un tiempo de duelo universal y no de celebración. Así que, en un acto final y malévolo, ordenó que todos los principales líderes judíos se reunieran en Jericó. Entonces los hizo prisioneros en un estadio y ordenó que fueran ejecutados en el mismo momento de su muerte. Pero el último deseo del rey no se cumplió: se liberó a los prisioneros tan pronto como se produjo su muerte, en la primavera del año 4 DC.

No había sido un buen hombre su abuelo.

El marido de Herodías y su medio hermano Antipas eran los afortunados sobrevivientes de la sangrienta familia de Herodes el Grande, pero Antipas había mostrado ser el más afortunado de los dos. Porque mientras Felipe y Herodías languidecían en Roma sin territorio que gobernar, Antipas había sido nombrado tetrarca de Galilea y Perea. Ella pudo percibir el poder de ese hombre la primera vez que los visitó en Roma. Y el poder, reflexionó ella, era su afrodisíaco favorito.

Aunque Herodes Antipas estaba casado con la hija del rey Aretas IV, gobernante de Nabatea, al este, rápidamente se divorció de ella para tomar por esposa a Herodías. En una sola movida arriesgada le había robado la mujer a su hermano, había comprometido su frontera oriental, y se había distanciado de sus súbditos judíos, cuya ley prohibía el intercambio de esposas, en especial entre hermanos. Pero con Herodías a su lado, Herodes Antipas debió haberse sentido lo bastante poderoso como para hacer frente a las consecuencias.

Sin embargo, ni Herodes Antipas ni Herodías esperaban que su trasgresión se convirtiera en un tema que despertara agitación pública. Después de todo, ¿quiénes causarían agitación aparte de la acostumbrada banda compuesta por la chusma advenediza? La nación de Israel no había sido perturbada por un verdadero profeta durante más de cuatrocientos años.

Pero los problemas se aproximaban en la forma de un nuevo Elías, al que Dios había estado alimentando con langostas y miel en el desierto que circundaba sus dominios. A dicho profeta, Juan el Bautista, no le interesaba en absoluto la diplomacia. No era posible comprarlo ni atemorizarlo, y andaba predicando un mensaje de arrepentimiento a todos los que quisieran escucharlo:

—Voz de uno que grita en el desierto: «Preparen el camino para el Señor, háganle sendas derechas».

Juan el Bautista no perdonaba a nadie, ni a la gente común que lo seguía como rebaño por el desierto, ni a los fariseos autosuficientes, ni a los privilegiados saduceos, y ciertamente mucho menos a Herodes Antipas y a Herodías, a los que increpó por su matrimonio ilegal. Herodías quería que Antipas matara a Juan, pero él tenía que andar con pies de plomo para no iniciar una revuelta entre el creciente número de seguidores de Juan. Ese pretexto le bastaría a su ex suegro Aretas para atacar el flanco oriental de Antipas. Así que, de acuerdo con el historiador judío Josefo, Antipas metió preso a Juan en Maqueronte, una fortaleza ubicada al este del Mar Muerto.

El día del cumpleaños de Herodes Antipas celebró un banquete en su honor, al que asistió toda una colección de personalidades dignas de aparecer en «Quién es quién». Durante la velada, Salomé, la joven hija de Herodías, danzó para Herodes Antipas y sus invitados, y esto le agradó tanto al rey que le prometió a su hijastra darle lo que ella quisiera, hasta la mitad de su reino.

Salomé, siempre la buena hija, se apresuraba a buscar el consejo de su madre. ¿Debería pedir un palacio espléndido o una parte del tesoro real? Pero a Herodías solo le interesaba una cosa. Cuando Salomé regresó a la sala de banquetes, sorprendió a Antipas con un horrendo pedido: «Dame en una bandeja la cabeza de Juan el Bautista».

A pesar de que Herodes Antipas se entristeció a causa de su pedido, le preocupaba más la perspectiva de quebrantar un juramento que había hecho en público. Por lo tanto, sin prestar atención a la ley judía, que prohibía tanto la ejecución sin juicio como la decapitación, inmediatamente dictaminó la muerte de Juan.

Esa noche Herodías debió haber saboreado su triunfo sobre el hombre al que Jesús se refería como el más grande que hubiera vivido. Juan había sido enviado como el último de los profetas, un nuevo Elías cuya predicación tenía como fin preparar el camino delante de Jesús. Si Herodías hubiera prestado atención al llamado al arrepentimiento que hizo Juan, su corazón podría haberle dado la bienvenida al evangelio. En lugar de ser recordada para siempre como miembro de una dinastía sangrienta, podía haberse convertido en una verdadera hija de Dios. Sin embargo, en vez de echar su suerte junto a las grandes mujeres de la Biblia, eligió convertirse en un acabado ejemplo de las que fueron las peores: Jezabel fue su madre espiritual. Al hacerlo, cerró su corazón a la verdad y a las posibilidades transformadoras de la gracia.

Martes

SU VIDA Y SU ÉPOCA

LOS HERODES

*L*os dos maridos de Herodías formaban parte de la familia herodiana de gobernantes, y también ella misma. Su primer marido, Herodes Felipe, lo mismo que su segundo marido, Herodes Antipas, eran sus tíos. La familia de los Herodes gobernó en Judea y en las áreas circundantes por más de ciento veinticinco años. El primero de ellos, conocido como Herodes el Grande, fue rey de Judea desde el año 37 aC hasta el 4 dC. Su reinado se caracterizó por la división y por los problemas domésticos, pero también por la prosperidad. Mientras se mantuvo en el poder, construyó anfiteatros, palacios, fuertes, templos paganos, y el templo de Herodes en Jerusalén. Dicho templo coronó sus logros, y era considerado por el historiador Josefo como la obra más noble de Herodes. La literatura rabínica de la época declaraba: «El que no ha visto el templo de Herodes, nunca ha visto un edificio hermoso».

Las cinco esposas de Herodes el Grande le dieron siete hijos varones, la mayoría de los cuales gobernó partes del Cercano Oriente para el Imperio Romano. Felipe, hijo de Herodes y de la hija de Simón, Mariamne, fue el primer marido de Herodías. Herodías fue hija de otro de los hijos de Herodes. O sea, era nieta de Herodes y al mismo tiempo su nuera. Pero ella no fue la única de los descendientes de Herodes que mantuvo ese tipo de relación; Berenice, biznieta de Herodes, se constituyó en consorte de su hermano, Herodes Agripa II, también biznieto de Herodes.

Los acontecimientos sucedidos a raíz de aquel banquete de cumpleaños, que se describen en Marcos 6, constituyen la culminación de años de vida corrupta por parte de una familia que tenía el poder y sabía cómo usar y abusar de él. Las acciones de Herodías, aunque horrorosas, realmente no sorprenden. Cada paso dado en el sentido de requerir la muerte de Juan el Bautista quizá resultara pequeño y pasara desapercibido; pero esos pasos, dados uno tras otro, incesantemente, fueron conformando un camino para el pecado, hasta que aquello que hubiera parecido impensable años antes, luego se aceptó como razonable. El pecado es así. Tal como nuestras madres nos han enseñado, y esto es verdad, una pequeña mentira lleva a otra un poco mayor y esa conduce a otra más grande. El sendero del pecado está salpicado de pequeñas decisiones, tal vez insignificantes, pero que nos llevan a transitar un camino de alejamiento de la verdad y de Dios.

Miércoles
SU LEGADO EN LAS ESCRITURAS

Léase Marcos 6:14–29.

1. Note las diferentes respuestas que se dan con respecto a Juan en los versículos 19–20. ¿Qué le dicen esas respuestas con respecto a Herodes y Herodías?

2. ¿Cuál es su típica manera de responder cuando se ve confrontada con un pecado o una falla? ¿Se enoja? ¿Se pone de mal humor? ¿Escucha lo que la otra persona le dice pero no cambia de comportamiento? ¿Llora o se siente herida? ¿Hace todo lo posible por agradar a la otra persona? ¿Enfrenta los aspectos de la represión en los que se le señalan cosas que son ciertas?

3. ¿Qué señales encuentra en esta historia con respecto a que el poder, o sea el control para poder salirse con la suya, le resultaba muy importante a Herodías?

4. ¿En qué momentos el salirse con la suya fue muy importante para usted? ¿Qué cosas hizo para conseguir lo que quería? ¿Cuáles fueron las consecuencias?

5. ¿Cómo imagina que se sentiría Salomé siendo la hija de Herodías?

Jueves

LA PROMESA QUE RECIBE

Aunque nos parezca negativa, la única lección que sacamos de Herodías es que el pecado nos devorará; y esa es una promesa. Si el pecado siempre encuentra una manera de introducirse en nuestra vida, a la larga nos consumirá. Existe una sola forma de evadirlo: abandonar el pecado y arrepentirnos. Encontraremos así el perdón y una nueva vida en Cristo. Él promete perdonar hasta los pecados más groseros, el estilo de vida más depravado, las conductas más licenciosas. Es posible que aun así tengamos que enfrentar las consecuencias de nuestros pecados, pero ya no tendremos que temer ser juzgados por ellos. Con Cristo como nuestro mediador, llegaremos a volvernos tan limpios como si nunca hubiéramos pecado.

Promesas en las Escrituras

Pero te confesé mi pecado,
y no te oculté mi maldad.
Me dije: «Voy a confesar
mis transgresiones al Señor»,
y tú perdonaste
mi maldad y mi pecado.

—Salmo 32:5

No nos trata conforme a nuestros pecados
ni nos paga según nuestras maldades.
Tan grande es su amor por los que le temen
como alto es el cielo sobre la tierra.
Tan lejos de nosotros echó nuestras transgresiones
como lejos del oriente está el occidente.

—Salmo 103:10–12

¿Son sus pecados como escarlata?
¡Quedarán blancos como la nieve!
¿Son rojos como la púrpura?
¡Quedarán como la lana!

—Isaías 1:18

Viernes

SU LEGADO DE ORACIÓN

Juan le había estado diciendo a Herodes: «La ley te prohíbe tener a la esposa de tu hermano». Por eso Herodías le guardaba rencor a Juan y deseaba matarlo.

—MARCOS 6:18–19

REFLEXIONE SOBRE: Marcos 6:14–29

ALABE A DIOS: Porque él nos da oportunidades de arrepentirnos y volver a él.

DÉ GRACIAS: Por los hombres y mujeres con los que se ha cruzado en la vida que tuvieron el coraje de decirle la verdad.

CONFIESE: Cualquier tendencia a responder poniéndose a la defensiva ante las críticas constructivas.

PÍDALE A DIOS: Que le dé gracia para responder con humildad ante la corrección.

Eleve el corazón

La mayoría de nosotras detesta ser criticada. Parte de nuestra actitud defensiva radica en nuestra incapacidad de ver la conexión entre quebrantamiento y gracia. Responderíamos de una manera diferente si comprendiéramos que el arrepentimiento es como una azada que rompe el terreno de un jardín para prepararlo para la semilla. Si queremos cultivar el fruto del Espíritu en nuestra vida (amor, alegría, paz, paciencia, amabilidad, bondad, fidelidad, humildad y dominio propio) debemos recibir la verdad, nos venga como nos venga.

Ser receptivas a la crítica no significa que nos volvamos mujeres de baja autoestima. Simplemente implica que nos mostremos abiertas con respecto a nuestros pecados y faltas, y que creamos que Dios desea perdonarnos y ayudarnos a cambiar. Esta semana tome un tiempo para auscultar su alma. ¿Intenta Dios llamarle la atención acerca de algo que está desbalanceado en su vida? ¿Acaso levanta un profeta en su propia familia, un hijo o un marido que intenta decirle la verdad? Si es así, preste atención, y luego ore con respecto a lo que ha escuchado. Resista la tentación de hacer que la persona pague por lo que le ha dicho, mostrándose malhumorada, guardándole rencor, o criticándola a la vez. En lugar de eso, sea la primera en decir que lo lamenta. El hábito del arrepentimiento hará de su corazón un terreno fértil para la gracia de Dios.

Padre, sé lo engañoso que puede ser el corazón humano. Por favor, dame el valor de ser sincera y la fe de creer en tu perdón. Que mi corazón se convierta en un lugar de quebrantamiento en el que la gracia y la verdad puedan florecer.

Juana

SU NOMBRE SIGNIFICA

«El Señor da con gracia»

Su Carácter: Se trató de una mujer de alto rango en la corte de Herodes, y experimentó la sanidad que le vino de parte de Jesús. Respondió entregándose totalmente a él, apoyando su ministerio y siguiéndolo dondequiera que iba. La historia de su sanidad puede haber llegado a conocimiento del mismo Herodes.

Su Gozo: Encontrar la tumba vacía, excepto por los ángeles que proclamaban que Jesús estaba vivo.

Escrituras Clave: Lucas 8:1–3; 24:10 (y Mateo 14:1–12 y Lucas 23:7–12 para encontrar el trasfondo en cuanto a Herodes y su corte).

Lunes

SU HISTORIA

*J*uana era una mujer pudiente, acostumbrada a una atmósfera mundana. Uno no podía vivir en la corte de Herodes sin aprender a navegar en las poderosas corrientes de las intrigas que giraban continuamente en torno a su trono. Pero nada la había preocupado y enfermado tanto como la muerte del profeta Juan. Ese hombre santo había sido asesinado por hablar la cruda verdad, y su cabeza le había sido entregada a Herodías en una bandeja, como si fuera un tentador platillo para satisfacer su hambre de venganza. ¡Qué triste se había puesto al ver a Jesús afligirse por el asesinato de su primo!

La propia vida de Juana había sido tan cambiada por Cristo que tal vez ella esperaba poder influir sobre Herodes a su favor. Casada con Cuza, el administrador de las vastas propiedades de Herodes, estaba bien posicionada como para realizar dicha tarea. ¡Con cuánta atención podría haberla escuchado Herodes si ella le hubiera contado los detalles de su sanidad milagrosa! Pero luego de la muerte de Juan, Juana debe haberse preguntado qué pasaría con Jesús si alguna vez tuviera la desdicha de caer en las manos de Herodes. ¿Y qué sucedería con sus seguidores en ese caso?

A pesar de que Juana pudo haber sido consciente de los crecientes riesgos que su fe le demandaría, no existe ni la menor evidencia de que ella haya retrocedido ante ellos. A diferencia de Nicodemo, no hizo el más mínimo esfuerzo por ocultar su admiración por Jesús. Junto con otras mujeres, ella proveyó para sus necesidades de su propio bolsillo. Quizá sus donaciones hicieron las cosas un poco más fáciles para ese maestro que no tenía lugar en el que reclinar su cabeza (Mateo 8:20).

Todo lo que realmente sabemos acerca de Juana, además de su estatus de esposa de Cuza, es que Jesús la curó de algún padecimiento físico o espiritual, que ella pertenecía al grupo de mujeres que viajaba con Jesús y sus discípulos, que apoyaba su ministerio con sus propios bienes, y que estuvo presente en el momento de la resurrección de Jesús junto con María Magdalena y María, la madre de Santiago. Si su fe le costó mucho o poco, tanto en cuanto a su matrimonio como en la corte, es solo un asunto de especulación.

Juana probablemente estuviera entre las mujeres presentes durante la crucifixión. Y al igual que las otras que fueron a la tumba a ungir el cuerpo de Jesús, ella debe haber caído sobre su rostro en temor reverente ante los ángeles que las recibieron con noticias asombrosas: «¿Por qué buscan ustedes entre los muertos al que vive? No está aquí: ¡ha resucitado! Recuerden lo que les dijo cuando todavía estaba con ustedes en Galilea: "El Hijo del hombre tiene que ser entregado en manos de hombres pecadores, y ser crucificado, pero al tercer día resucitará"».

Ella debe de haber corrido junto con las otras a contarles a los discípulos acerca de este descubrimiento increíble. Aunque Pedro y los otros discípulos atribuyeron la historia al desvarío de algunas mujeres histéricas, Juana difícilmente hubiera dudado. Porque era una mujer que vivía en una atmósfera en la que se movía el poder, y acababa de presenciar un poder mayor que el de Herodes. Y tiene que haberlo reconocido como el mismo poder que la había sanado.

No importaba que su marido sirviera a un hombre que se oponía a Cristo; Juana sabía a quién le correspondía su lealtad. Aun siendo una mujer de alto rango, llegó a pertenecer al círculo íntimo de los seguidores de Cristo, echando su suerte con pescadores y gente pobre más que con los ricos y poderosos. Dios la honró, permitiendo que estuviera entre los primeros testigos de la resurrección.

Martes

SU VIDA Y SU ÉPOCA

SANIDAD

*P*ara las enfermedades menores, la gente de antes dependía de los miembros de su familia o de los vecinos que eran hábiles en el arte de sanar. Cuando la enfermedad era más severa, la trataba un sacerdote, que también hacía las veces de médico. Dado que se consideraba que la mayoría de las enfermedades eran causadas por espíritus o demonios, los sacerdotes-médicos constituían los sanadores más apropiados, aunque también ya estaba establecida la profesión médica, tal como se aprecia en Colosenses 4:14, que llama a uno de los discípulos «Lucas, el querido médico». La práctica médica se enfocaba principalmente en remedios espirituales. La mayoría de los pueblos del Cercano Oriente creía que los espíritus que ocasionaban enfermedades entraban a través de aberturas en la cabeza. Algunos médicos egipcios llegaron hasta a abrir agujeros en la cabeza de sus pacientes para permitirles a los demonios una vía de escape.

La información sobre las enfermedades en las Escrituras tienen más que ver con prevención que con cura. Cuando un paciente se recuperaba de una enfermedad, independientemente del tratamiento que hubiera producido su sanidad, el reconocimiento se elevaba a Dios. Por ejemplo, se le reconoció a Dios la desaparición de la llaga que tenía Ezequías, luego de que fuera tratado con una pasta de higos (2 Reyes 20:1–7).

Una de las primeras sanidades de Jesús fue la de un hombre que sufría de una enfermedad de la piel conocida como lepra (Marcos 1:40–42). La gente le temía a la lepra no solo por la destrucción que ocasionaba en la piel y en las extremidades, sino porque se pensaba que era contagiosa. Cualquiera que padeciera la enfermedad era considerado un marginado, un impuro, y se lo separaba de sus amigos, familia y todo entorno familiar, con muy pocas esperanzas de curarse. Pero entonces Jesús apareció en el cuadro. Con solo dos pequeñas frases, «Sí quiero. ¡Queda limpio!», logró lo que todos los demás no habían podido hacer, y el hombre se fue sano.

Juana forma parte de una lista junto con varias otras mujeres que «habían sido sanadas de espíritus malignos y de enfermedades» por Jesús. Las Escrituras no especifican de qué padecimiento en particular se trataba en su caso, pero seguramente fue algo significativo, algo a lo que no había podido encontrar alivio mediante métodos convencionales. Ella y las otras mujeres que habían sido sanadas ahora seguían a Jesús y lo apoyaban con sus propios recursos, lo mismo que a los discípulos.

Ninguna enfermedad o deformación estaba más allá del poder sanador de Jesús. Él eliminó las parálisis (Marcos 2:3–12). Detuvo las hemorragias (Marcos 5:25–29). Los que estaban mudos o ciegos volvían a hablar y a ver (Mateo 9:27–33; 20:29–34; Marcos 8:22–26). Las fiebres desaparecían de los cuerpos ante su toque (Marcos 1:30–31). Restauró los miembros encogidos o deformados (Marcos 3:1–5; Lucas 13:11–13). Los que estaban poseídos por demonios de cualquier tipo encontraban a través de las manos de Jesús alivio y liberación (Mateo 12:22; Marcos 1:23–26; 9:17–29).

Ese mismo Jesús sana todavía hoy. A veces a través de la notable habilidad y conocimiento de la medicina moderna y de los médicos. A veces sin ninguna intervención humana. A veces llevándose al enfermo a su hogar en el cielo. Siempre de un modo divino, aunque a veces no sea un milagro. Y siempre con su toque tierno, que todo lo penetra.

Miércoles
SU LEGADO EN LAS ESCRITURAS

Léase Lucas 8:1–3.

1. ¿Qué nos dice acerca de Jesús el que las mujeres viajaran junto con él y sus discípulos, y que ellas fueran las que pagaran las cuentas?

2. ¿Qué nos dice acerca de Juana el que ella hiciera eso?

Léase Lucas 23:55—24:12.

3. Los discípulos varones de Jesús se escondieron por temor a ser arrestados ellos también. ¿Por qué piensa que Juana y las otras mujeres se arriesgaron a que las asociaran con un hombre que había sido ejecutado por traición?

4. ¿Qué cree que fue lo que sorprendió y asustó a Juana y a las otras mujeres al llegar a la tumba? (Lucas 24:5).

5. ¿Qué admira en Juana? ¿En qué le gustaría parecerse a ella?

Jueves
LA PROMESA QUE RECIBE

*E*l gozo llega por la mañana. Juana descubrió eso de una manera milagrosa el día de la resurrección. Fue a la tumba esperando ocuparse de un cuerpo muerto y hacer su duelo. En lugar de eso, su aflicción se convirtió en una alegría tremenda. Nuestro gozo puede no llegar esta mañana, o mañana por la mañana, y ni siquiera a la siguiente mañana. Enfrentamos demasiados sufrimientos, demasiadas situaciones difíciles, demasiadas aflicciones aquí sobre la tierra como para poder pensar que el gozo llegará junto con cada amanecer. Pero vendrá. Él lo ha prometido. Al final del día, al final de la vida, habrá una mañana gozosa para todos los que confían en él.

Promesas en las Escrituras

Si por la noche hay llanto,
por la mañana habrá gritos de alegría.

—Salmo 30:5

Del oriente al occidente
tú inspiras canciones de alegría.

—Salmo 65:8

Sácianos de tu amor por la mañana,
y toda nuestra vida cantaremos de alegría.

—Salmo 90:14

¡Despierten y griten de alegría,
moradores del polvo.

—Isaías 26:19

Viernes

SU LEGADO DE ORACIÓN

Recuerden lo que les dijo cuando todavía estaba con ustedes en Galilea: «El Hijo del hombre tiene que ser entregado en manos de hombres pecadores, y ser crucificado, pero al tercer día resucitará».

—LUCAS 24:6–7

REFLEXIONE SOBRE: Lucas 24:1–12

ALABE A DIOS: Por la verdad que el salmista proclama: «Los malvados conspiran contra los justos y crujen los dientes contra ellos; pero el SEÑOR se ríe de los malvados, pues sabe que les llegará su hora» (Salmo 37:12–13).

DÉ GRACIAS: Porque la victoria final es de Dios... ¡y nuestra!

CONFIESE: Toda tendencia a creer que Dios tiene buenas intenciones pero le falta poder.

PÍDALE A DIOS: Que le dé una conciencia más clara de su majestad.

Eleve el corazón

Vale la pena escuchar todo el año *El Mesías* de Handel, una de las piezas de música favoritas de Navidad. Handel escribió esta, su obra maestra, en solo veinticuatro días, cuando estaba a punto de ser encarcelado a causa de sus deudas. Al concluir el movimiento que ha llegado a conocerse como «El aleluya», se volvió hacia su sirviente, mientras las lágrimas le corrían por el rostro, y exclamó: «Me pareció ver todo el cielo delante de mí, y al gran Dios mismo». Considere la posibilidad de comprar una grabación de *El Mesías* esta semana. Cuando escuche la música y la letra, pídale al Señor la gracia de «ver todo el cielo delante de sí, y al gran Dios mismo».

Señor, tú te ríes de los gobernantes y de los poderes de este mundo que se oponen a ti. Ayúdame a descubrir que ningún mal, por terrible y prolongado que resulte, puede permanecer delante de ti. Dame una mayor comprensión acerca del poder y la majestad de la resurrección.

La mujer cananea

Su Carácter: A pesar de ser gentil, se dirigió a Jesús llamándolo «Señor, hijo de David». Su gran fe dio como resultado la liberación de su hija.

Su Dolor: Que un espíritu maligno poseyera a su hija.

Su Gozo: Que Jesús liberara a su hija de la esclavitud espiritual.

Escrituras Clave: Mateo 15:21–28; Marcos 7:24–30

Lunes
SU HISTORIA

Su cuerpo se movía espasmódicamente y se retorcía, mientras agitaba los brazos. Con ojos abiertos como platos, la niña hablaba a fantasmas que su madre no podía ver, y el rostro se le demudaba con la misma rapidez que cambian las nubes en una tormenta repentina. Temor, sorpresa, y luego una risa alocada, como si alguien le hubiera robado el alma. Mechones pegajosos de cabello oscuro se le adherían a las mejillas.

Su madre se preguntaba qué le había sucedido a la dulce niña que solía seguirla como perrito faldero, dondequiera que fuera. ¡Cómo extrañaba esos besos suaves y el botoncito de nariz que le rozaba la mejilla! Apenas había podido dormir durante las últimas noches por temor a lo que su hija pudiera hacerse a sí misma. Ninguna de las dos, pensaba, podría soportar esta situación por mucho tiempo más.

Justo esa mañana se había enterado de que por ahí andaba un sanador judío que, según le dijeron sus amigos, había llegado a Tiro con la esperanza de aliviarse un poco de las multitudes que lo rodeaban en Galilea. No le importaba que los judíos raramente se dieran con los gentiles. Ella lo buscaría y le suplicaría que la ayudara; de ser necesario, ella misma aparentaría un ataque. Haría cualquier cosa por lograr que la escuchara. Y no le llevó mucho tiempo hallarlo.

Se aproximó a Jesús, rogando:

—¡Señor, hijo de David, ten compasión de mí! Mi hija sufre terriblemente por estar endemoniada.

Pero Jesús ignoró a la mujer; no le respondió.

Finalmente sus discípulos le dijeron:

—Despídela, porque viene detrás de nosotros gritando.

Pero Jesús sabía que no sería fácil deshacerse de ella. La única forma, de hecho, sería respondiendo a su ruego. Les dijo a los discípulos, entonces:

—No fui enviado sino a las ovejas perdidas del pueblo de Israel.

Al escucharlo, la mujer cayó a sus pies de nuevo, implorando:

—¡Señor, ayúdame!

Entonces Jesús se dio vuelta y le dijo:

—No está bien quitarles el pan a los hijos y echárselo a los perros.

Pero ni aun así la mujer se dio por vencida, y le contestó:

—Sí, Señor; pero hasta los perros comen las migajas que caen de la mesa de sus amos.

—¡Mujer, qué grande es tu fe! Que se cumpla lo que quieres —le respondió Jesús.

Así que la mujer cananea volvió junto a su hija, que había sido liberada del espíritu maligno en el mismo momento en que Jesús había hablado.

Las Escrituras no dan ningún tipo de detalles sobre la niñita de esta historia; solo dicen que estaba poseída por un demonio. Pero, a juzgar por incidentes similares, como el del endemoniado gadareno, cuya historia se cuenta en Lucas 8, o el muchacho de Mateo 17, que se arrojaba una y otra vez al fuego, los signos de la posesión demoníaca debían ser obvios y atemorizantes.

Pero, ¿por qué se mostró Jesús tan rudo con la pobre mujer, ignorando su pedido y luego refiriéndose a ella y su hija como a perros?

Su respuesta nos va a sonar un poquito menos áspera si tomamos en cuenta que el término que él uso al llamarlos «perros» no era aquella palabra burlona con que normalmente un judío designaba a los gentiles. En lugar de eso, el término era el que se utilizaba al mencionar a los perros pequeños que la gente tenía como mascotas. Jesús además quería dejar en claro que su primera misión se dirigía a los israelitas. Si Jesús hubiera realizado muchas sanidades y milagros en Tiro y Sidón, se hubiera arriesgado a la misma clase de escenas multitudinarias que había vivido hacía poco en Galilea, y de ese modo hubiera inaugurado el ministerio a los gentiles adelantándose a los tiempos de su Padre.

La mujer no tenía por qué conocer la razón de su silencio, y por lo tanto eso habrá sido una prueba para su fe. Pero en lugar de darse por vencida o tomarlo como una ofensa, ella aguzó rápidamente su ingenio, demostrando tanto una profunda humildad como una fe tenaz. Se trataba de una combinación a la que Jesús parecía no poder resistirse; era suelo fértil como para que creciera en él un milagro. La mujer cananea seguramente se regocijó ese día al ver a salvo y en su sano juicio a su amada hija, y se sintió agradecida por el pan de vida que había caído de la mesa del Amo.

Martes

SU VIDA Y SU ÉPOCA

POSESIÓN DEMONÍACA

El Nuevo Testamento abunda en historias de gente poseída por demonios. Los demonios son ángeles caídos, emisarios de Satanás enviados a la tierra a oprimir a los seres humanos y descarriarlos. Bajo el control de Satanás, su única meta es hacer avanzar sus propósitos. Tienen poderes sobrenaturales aquí en la tierra: una inteligencia sobrenatural: conocen la verdad y tratan de ocultarla (1 Juan 4:1–3), y reconocen que Jesús es el Hijo de Dios (Marcos 5:7). También tienen fuerza sobrenatural: un hombre poseído por los demonios podría escaparse aun cuando estuviese encadenado (Lucas 8:29).

Aunque cuenten con una fuerza sobrenatural, los demonios no son más poderosos que Dios o su Hijo. Cada vez que los demonios se encontraban cara a cara con Cristo o sus discípulos, según el Nuevo Testamento lo señala, temblaban y se sometían a su voluntad.

A aquellas personas a las que el Nuevo Testamento señala como gente poseída por los demonios tal vez nosotros las describiríamos como enfermos de algún tipo, física o mentalmente. No resulta fácil determinar la diferencia que existe entre estas dos cosas. Luego de que Jesús echó fuera un demonio, al hombre se lo describe como «sentado, vestido y en su sano juicio» (Marcos 5:15). La posesión demoníaca de ese hombre bien pudo haber sido una enfermedad mental extrema. A veces la posesión demoníaca producía mudez, ceguera o convulsiones (Mateo 9:32; 12:22; Marcos 9:20). Sería una especulación decir que hoy podríamos considerar a dichas enfermedades como puramente físicas.

Resulta interesante notar que los demonios se mencionan solo dos veces en el Antiguo Testamento (en Deuteronomio 32:17 y en Salmo 106:37), pero son más de setenta las referencias en el Nuevo Testamento, y casi todas en los evangelios. Quizá el ministerio de Jesús hacia los enfermos marcó una exposición de la actividad demoníaca como nunca antes. O tal vez Satanás haya dirigido una gran cantidad de energía y poder hacia la tierra de Israel mientras Jesús caminaba y sanaba allí.

Cuando Jesús dejó la tierra, envió al Espíritu Santo para que morara en su pueblo. La vida de Cristo dentro de nosotros, los creyentes, es nuestra defensa contra las fuerzas del mal. Podemos sufrir enfermedades físicas, emocionales o mentales que nos parezcan una operación de demonios en nuestro interior, pero Dios a menudo utiliza el poder de los tratamientos médicos para sanarnos de esas dolencias; sin embargo, no debemos desvalorizar el poder que tenemos dentro por ser hijos de Dios. Dicho poder forma una valla de protección alrededor de nosotros, y adentro también, en la medida en que mantenemos una relación cercana con Dios el Padre, Cristo el Hijo y el Espíritu Santo, nuestra fortaleza y consuelo.

Miércoles
SU LEGADO EN LAS ESCRITURAS

Léase Mateo 15:21–28.

1. ¿Por qué supone que Jesús primero ignoró a esta mujer?

2. ¿Por qué cree que ella no se dio por vencida, a pesar del aparente rechazo?

3. ¿Por qué hizo Jesús una excepción a su política de enfocar su ministerio hacia los judíos?

4. ¿Tiene una tendencia a darse rápidamente por vencida o a ser persistente? ¿Qué le requiere su situación actual?

5. Cuando se le acerca una persona necesitada, ¿cuál es su típica respuesta? ¿Qué pasa si la persona tiene necesidades *emocionales* y continuamente se mantiene cerca de usted, interrumpe sus conversaciones con otros, hace preguntas a las que no puede responder y generalmente quiere más de lo que usted desea darle?

Jueves

LA PROMESA QUE RECIBE

¿*Q*ué posible promesa podríamos encontrar en una mujer pagana cuya niña estaba poseída por un espíritu maligno? La mujer cananea no habría sabido qué hacer con su hija si no hubiera escuchado de Jesús. De alguna manera, se le dio la fe necesaria para creer que él podía salvar a su hija.

Lamentablemente, los espíritus no son criaturas de una época pasada. Nosotros también tenemos que luchar contra los poderes del mal en nuestra propia vida. La diferencia es que ahora Jesús obtuvo la victoria final en la cruz. Como creyentes, compartimos su victoria. Él nos ha dado autoridad sobre las fuerzas del mal que nos amenazan. Puede ser que todavía estemos peleando la batalla, pero, por extraño que nos parezca, ¡la victoria ya está ganada!

Promesas en las Escrituras

Por último, fortalézcanse con el gran poder del Señor.

—EFESIOS 6:10

Todo espíritu que confiesa que Jesucristo ha venido en carne, es de Dios; y todo espíritu que no confiesa que Jesucristo ha venido en carne, no es de Dios

—1 JUAN 4:2–3 (RVR 1960)

El que está en ustedes es más poderoso que el que está en el mundo.

—1 JUAN 4:4

Viernes

SU LEGADO DE ORACIÓN

¡Mujer, qué grande es tu fe! —*contestó Jesús*—. *Que se cumpla lo que quieres.*

—MATEO 15:28

REFLEXIONE SOBRE: Mateo 15:21–28

ALABE A DIOS: Por el poder que tiene para librar de toda forma de mal.

DÉ GRACIAS: Por la liberación que ya experimentó.

CONFIESE: Cualquier desesperanza que sienta con respecto a sus hijos o a otros que ama.

PÍDALE A DIOS: Que le dé la misma fe obstinada que tenía la mujer cananea, de modo que nunca deje de orar por la salvación de sus seres queridos.

Eleve el corazón

Aunque la mayoría de nuestros hijos nunca sufrirá una verdadera posesión demoníaca, todos ellos están comprometidos, lo mismo que nosotros, en una batalla espiritual. Como madre, sus oraciones y su vida jugarán un papel importante en la protección espiritual de sus hijos. Esta semana, ore con el Salmo 46 o el Salmo 91 por la protección espiritual de su familia. O tómese unos momentos para orar con estos versículos del Salmo 125:1–2:

> *Los que confían en el Señor son como el monte Sión,*
>   *que jamás será conmovido, que permanecerá para siempre.*
> *Como rodean las colinas a Jerusalén,*
>   *así rodea el Señor a su pueblo,*
>   *desde ahora y para siempre.*

Imagínese a cada miembro de su familia rodeado por Dios, del mismo modo en que las montañas rodean a la ciudad de Jerusalén. Ofrézcale al Señor a cada uno de ellos; entréguelos a su cuidado. Cuando le preocupe algún integrante en particular de su familia, haga una rápida oración pidiéndole a Dios que lo rodee de su protección.

Señor, rodea a mis hijos así como las montañas rodean a Jerusalén. Circunda a nuestra familia con tu poder y tu paz. Líbranos del mal ahora y siempre. Amén.

Marta

SU NOMBRE, LA FORMA FEMENINA DE «SEÑOR», SIGNIFICA

«*Dama*»

Su Carácter:	Activa y pragmática, nunca parecían faltarle palabras. Aunque Jesús le llamó la atención por permitir que las pequeñas cosas la preocuparan y la perturbaran, ella no dejó de ser su amiga cercana y seguidora.
Su Dolor:	Haber esperado, aparentemente en vano, que Jesús regresara a tiempo para sanar a su hermano Lázaro.
Su Gozo:	Ver a Jesús restaurar a su hermano a la vida.

Escrituras Clave: Lucas 10:38–42; Juan 11:1—12:3

Lunes

SU HISTORIA

*M*arta, María y su hermano Lázaro vivían juntos en Betania, un pueblito que quedaba a poco más de tres kilómetros de Jerusalén, en la cuesta oriental del monte de los Olivos. Los tres hermanos eran amigos íntimos de Jesús.

Durante una de sus frecuentes estadías en el hogar de ellos, Marta se molestó con María, y su indignación se desbordó como agua hirviente de un recipiente. En lugar de ayudar con la tremenda tarea de alimentar y hospedar a Jesús y a su séquito de discípulos, María había pasado su tiempo sentada, muy contenta, a los pies del Señor. Al sentirse ignorada y poco apreciada, Marta se dirigió hacia Jesús y le reclamó:

—Señor, ¿no te importa que mi hermana me haya dejado sirviendo sola? ¡Dile que me ayude!

Pero Jesús no se sintió obligado a hacerlo. En lugar de eso, la reprendió:

—Marta, Marta, estás inquieta y preocupada por muchas cosas, pero solo una es necesaria. María ha escogido la mejor, y nadie se la quitará.

La tierna reprimenda de Jesús seguramente le causó vergüenza y la sorprendió, ya que fue dada con la intención de quebrar esa autocompasión que la dominaba y revelarle lo que realmente sucedía bajo su propio techo y en su corazón. Quizá esa mujer tan competente se dio cuenta por primera vez cuánto se perdía. Compenetrada con la necesidad de atender a Jesús, no se había tomado el tiempo para disfrutar de él, para escucharlo y aprender. Su enojo contra María puede haber radicado más en la envidia que en la preocupación de estar sobrecargada, pues su hermana se había abierto camino dentro del círculo de los hombres para sentarse a los pies del Maestro y aprender de él.

La historia de Marta, por supuesto, apunta a mostrar qué es lo realmente importante en la vida. Ella parecía confundida y distraída, engañada por la idea de que su incesante actividad produciría algo de importancia duradera. Pero Marta no solo nos enseñó a través de sus errores. Ella nos mostró lo que significaba tener una relación tan sólida y cercana con Jesús que no le era preciso ocultar nada ni adoptar pose alguna. Marta se sentía libre para ser ella misma en su presencia. Después de todo, ¿a quién más podía haberle llevado su frustración y su ira sino a Jesús?

Marta parecía haber forjado su fe directa y activamente, cuestionando, desafiando y pidiéndole a Jesús que rectificara lo que no había salido bien. Su espiritualidad era como la de Jacob, que luchó toda la noche con un ángel, o como la de Job, que cuestionó a Dios en medio de sus sufrimientos, o como la de Pedro, que avanzó hacia la fe con ímpetu y a los tropezones, a pesar de sus errores.

En una escena posterior, luego de la muerte de su hermano, vemos que Marta corre para encontrarse con Jesús tan pronto como supo que estaba cerca. Su saludo al Señor reveló un tinte de queja:

—Señor, si hubieras estado aquí, mi hermano no habría muerto». Pero también de fe: «Pero yo sé que aun ahora Dios te dará todo lo que le pidas.

—Tu hermano resucitará —le aseguró Jesús.

—Yo sé que resucitará en la resurrección en el día final —le respondió Marta.

Jesús le dijo:

—Yo soy la resurrección y la vida. El que cree en mí vivirá aunque muera; y todo el que vive y cree en mí no morirá jamás. ¿Crees esto?

—Si, Señor; yo creo que tú eres el Cristo, el Hijo de Dios, el que había de venir al mundo.

Pero inmediatamente después de su tremenda expresión de fe, el lado práctico de Marta se reafirmó. Cuando Jesús pidió que se quitara la piedra que tapaba la tumba de Lázaro, ella objetó, expresando la preocupación que estaba en la mente de todos:

—Señor, ya debe oler mal, pues lleva cuatro días allí.

¡Qué sorprendida habrá quedado cuando en lugar del hedor de la muerte lo que emergió de la tumba fue Lázaro mismo!

Cuanto más hurgamos en la historia de Marta, más conocida nos resulta, tan conocida como el rostro que nos devuelve el espejo del baño cuando nos miramos. Era una mujer que le daba demasiada importancia a su propia actividad y no la suficiente a sentarse en silencio delante de Jesús. Clamó por justicia sin darse cuenta de que lo que en su interpretación parecía justo, era en sí mismo injusto. Su enfoque de la vida, marcado por el sentido común, hacía que la fe le resultara difícil. Pero ella también amaba a Jesús y tenía confianza en que él la amaba. ¿De qué otra manera podía haber encontrado el valor para seguir presionándolo a fin de que les diera respuesta a sus muchas preguntas? Marta transmitió una imagen humana cálida que ilustraba lo que significaba tener a Jesús por amigo, al permitirle que ensanchara su fe, la reprendiera por su reducida visión del mundo, y le mostrara todo lo que el poder de Dios era capaz de hacer.

Martes

SU VIDA Y SU ÉPOCA

TRABAJO DE LAS MUJERES

*E*l trabajo que se esperaba que realizara una mujer en los tiempos bíblicos estaba mucho más claramente definido de lo que está en nuestra cultura. Había cosas que las mujeres hacían y cosas que hacían los hombres; cosas que las niñas hacían y cosas que hacían los varoncitos.

Marta simplemente se dedicaba a lo que pensaba que se esperaba de ella. Había sido criada y enseñada a ocuparse de sus huéspedes, a velar por la gente de su casa. María en cambio se había apartado de las expectativas culturales de su tiempo, sentándose a los pies de Jesús, junto con los hombres, en lugar de trabajar con Marta en la cocina. Cuando Marta se quejó, Jesús le respondió con su agudeza habitual, ignorando lo que dictaba la época e instando a Marta a detenerse y considerar la elección que María había realizado.

Las mujeres de ese tiempo se mantenían ocupadas de la ma ana a la noche con una cantidad impresionante de tareas en el hogar:

- Moler granos para hacer harina, luego mezclarla, amasarla y hornear los panes.
- Comprar carne en un mercado, o preparar algún animal del propio reba o para usar su carne en la comida, y luego cocinarla.
- Cardar, retorcer el hilo, y realizar tejidos con hebras de distintos tipos y después confeccionar con ellos las prendas de vestir, la ropa de cama, y otros elementos para la casa.
- Coser la ropa para los miembros de la familia.
- Extraer agua del pozo para cubrir los requerimientos diarios.
- Limpiar la casa.
- Lavar los utensilios y platos utilizados en la preparación de las comidas y en el servicio de la mesa.
- Lavar la ropa de la familia.
- Enseñar, disciplinar y amar a los niños de la casa.

La lista podría continuar indefinidamente, pero notamos que no se diferencia mucho de las listas que hoy podrían redactar muchas mujeres en cuanto a sus responsabilidades de esposa y madre. Las tareas pueden resultar abrumadoras. Tal vez nos parezcan tediosas y agotadoras. Pero nunca resultan intrascendentes.

Las palabras de Jesús a Marta no tienen que interpretarse como que el «trabajo de las mujeres» debe dejarse de lado y quedar sin hacer. Esa sería una solución poco realista. Sin embargo, el trabajo nunca debería ocupar el lugar del contacto diario e íntimo con los miembros de nuestra familia y con el Señor de nuestra vida.

Miércoles
SU LEGADO EN LAS ESCRITURAS

Léase Lucas 10:38–42.

1. ¿Qué piensa que hubiera sucedido si Marta se hubiera sentado a los pies de Jesús junto con María?

2. ¿Cuáles eran las características positivas de María?

3. Marta fue muy franca con Jesús. Si usted fuera sincera con Jesús, más sincera de lo que ha sido hasta aquí, ¿qué le diría?

4. ¿Qué trataba de decirle Jesús a María?

Léase Juan 11:17–27.

5. ¿Qué le dice este pasaje con respecto a las cualidades de Marta?

6. ¿Se parece usted más a Marta o a María? ¿En qué sentido? ¿De cuál de las dos necesita más actualmente en su vida?

Jueves

LA PROMESA QUE RECIBE

$\mathcal{M}$árta se encuentra con Jesús otra vez en Juan 11, luego de la muerte de su hermano Lázaro. Con su característica franqueza, ella le dice a Jesús que si él hubiera venido antes, Lázaro no habría muerto. Su afirmación abre la puerta para que Jesús declare delante de todos (incluyéndonos a nosotros hoy) que solo él es la resurrección y la vida. Si creemos en él, aunque estemos muertos, viviremos. ¡Qué promesa! ¡Cuánto consuelo! A través de Jesús, la muerte ya no tiene poder sobre nosotros.

Promesas en las Escrituras

Entonces Jesús le dijo: «Yo soy la resurrección y la vida. El que cree en mí vivirá, aunque muera; y todo el que vive y cree en mí no morirá jamás».

—JUAN 11:25–26

Cuando lo corruptible se revista de lo incorruptible, y lo mortal, de inmortalidad, entonces se cumplirá lo que está escrito: «La muerte ha sido devorada por la victoria».

«¿Dónde está, oh muerte, tu victoria?

¿Dónde está, oh muerte, tu aguijón?»

El aguijón de la muerte es el pecado, y el poder del pecado es la ley. ¡Pero gracias a Dios, que nos da la victoria por medio de nuestro Señor Jesucristo!

—1 CORINTIOS 15:54–57

¡Alabado sea Dios, Padre de nuestro Señor Jesucristo! Por su gran misericordia, nos ha hecho nacer de nuevo mediante la resurrección de Jesucristo.

—1 PEDRO 1:3

Viernes

SU LEGADO DE ORACIÓN

Señor, ¿no te importa que mi hermana me haya dejado sirviendo sola?
¡Dile que me ayude!

—LUCAS 10:40

REFLEXIONE SOBRE: Lucas 10:38–41

ALABE A DIOS: Por su paciencia.

DÉ GRACIAS: Porque Dios se encuentra con nosotros en el lugar en el que estamos, más bien que en el lugar en el que «deberíamos estar».

CONFIESE: Toda tendencia que tenga a resentirse con otras mujeres cercanas.

PÍDALE A DIOS: La gracia de ser plenamente sincera con él.

Eleve el corazón

Marta le presentó directo a Jesús sus quejas con respecto a su hermana. ¿Hay alguien que le está causando inconvenientes en la vida: su hija, su madre, una compañera de trabajo, su hermana en la fe, o tal vez una rival? Más que expresarle sus quejas y lamentos a alguien que quiera escucharla, lléveselas directo a Dios. Dígale todo lo que le molesta. Pídale que le dé entendimiento para poder reaccionar adecuadamente ante dicha persona, aun cuando implique que sea usted y no ella la que deba cambiar.

Padre, tú sabes lo difícil que me resulta relacionarme con_____. Por favor, ayúdame a saber qué es lo que piensas acerca de nuestras dificultades. Te pido la gracia de abandonar mi actitud de persona sufriente y agraviada. Si quieres que haga algo para tratar de mejorar la situación, por favor, muéstramelo con claridad. Te pido que me ayudes a ser sensible y obediente a tu guía.

María de Betania

SU NOMBRE PUEDE SIGNIFICAR

«Amargura»

Su Carácter: María parece haber sido una mujer soltera, totalmente entregada a Jesús. El evangelio la describe como una mujer de pocas palabras, en contraste con su hermana Marta. Cuando Jesús se aproximaba al tiempo de su entrada triunfal en Jerusalén, antes de la Pascua, ella llevó a cabo una acción de gran significado profético, que molestó a Judas Iscariote, el discípulo que traicionó a Jesús.

Su Dolor: Haber llorado ante la tumba de su hermano Lázaro, y seguramente haber experimentado gran sufrimiento por la muerte de Jesús.

Su Gozo: Haber hecho algo hermoso por Cristo.

Escrituras Clave: Mateo 26:6–13; Marcos 14:3–9; Lucas 10:38–42; Juan 11:1—12:11

Lunes
SU HISTORIA

Jerusalén desbordaba a causa de los cien mil adoradores peregrinos que habían llegado a celebrar la fiesta anual de la Pascua. Cada uno de ellos, según parecía, había escuchado historias acerca del rabí Jesús.

—¡No lo hubiera creído de no haber estado presente! —exclamó un hombre—. Les aseguro que Lázaro exhaló su último suspiro cuatro días antes de que el Nazareno llegara.

—Mi prima lo vio todo —dijo otro—. De acuerdo con lo que ella contó, Jesús simplemente llamó a Lázaro en voz alta y él salió de la tumba, todavía envuelto en sus vendas mortuorias.

—Entiendo que el rabí viene a Jerusalén para ser coronado rey durante la Pascua —mencionó el primer hombre.

—Sería mejor que se quedara en casa —dijo otro—. Los sacerdotes principales dicen que toda esa historia es una tontería, y que Jesús es un demagogo que solo logrará que muy pronto los romanos tomen sus armas en contra de nosotros.

Los rumores se esparcían rápidamente, como las aguas crecidas de un río que desbordan de su cauce sobre las orillas. Los curiosos seguían persiguiendo a María para preguntarle acerca de su hermano. ¿Realmente había estado muerto por cuatro días? ¿No hedía cuando salió tambaleando fuera de la tumba? ¿Cómo era convivir en la misma casa con un fantasma? ¿Él comía y bebía? ¿Se podía ver a través de su carne? ¿Simplemente flotaba en el aire al trasladarse?

Ella no podía culparlos por las locas preguntas que hacían. ¿Cómo no sentirían curiosidad con respecto al suceso sorprendente que había acontecido hacía apenas una semana en Betania? ¿Cómo podrían saber que Lázaro era ahora tan normal como cualquier otro hombre viviente? Después de todo, el ver levantarse gente de entre los muertos no era un tipo de milagro que se diese todos los días. En este tiempo ella sentía que un torrente de alegría corría por su interior, como el vino que desborda una copa, cada vez que miraba a Lázaro. Su propia carne y sangre habían sido llamados de la oscuridad por un hombre lleno de luz. ¡Cómo ansiaba poder ver a Jesús otra vez!

Pero algunas sombras enmarcaban los bordes de su felicidad. Por más que celebrara lo acontecido, no podía borrar el recuerdo de Jesús llorando aquel día afuera de la tumba de su hermano. Aun cuando otros celebraran el más espectacular de los milagros que pudieran imaginar, se lo notaba extrañamente callado. *¿En qué pensaba cuando observaba a los que lo rodeaban?*, se preguntaba ella. Deseaba que se lo hubiera dicho y poder así sondear los secretos de su corazón.

Cuando Jesús finalmente regresó a Betania antes de la Pascua, Marta preparó un banquete en su honor. Y mientras Jesús estaba reclinado a la mesa junto con los otros invitados, María entró a la sala y ungió su cabeza con medio litro de un costoso perfume. Su fragancia llenó toda la casa.

El discípulo Judas Iscariote, no pudiendo apreciar debidamente su gesto; lo objetó con vehemencia: «¿Por qué no se vendió este perfume, que vale muchísimo dinero, para dárselo a los pobres?» Equivalía al salario de un año. Aunque, en realidad, a él no le importaban para nada los indigentes; pero tenía a su cargo la bolsa del dinero, y era un hombre que siempre procuraba oportunidades para engrosar su propio bolsillo.

Sin embargo, en lugar de reprender a María por su extravagancia, Jesús la alabó, diciendo en su favor:

—¿Por qué molestan a esta mujer? Ella ha hecho una obra hermosa conmigo. A los pobres siempre los tendrán con ustedes, pero a mí no me van a tener siempre. Al derramar ella este perfume sobre mi cuerpo, lo hizo a fin de prepararme para la sepultura. Les aseguro que en cualquier parte del mundo donde se predique este evangelio, se contará también, en memoria de esta mujer, lo que ella hizo.

Desde su primer encuentro con Cristo, María parece haber perseguido una cosa por sobre todas las demás: lograr una relación muy profunda con él. Ella absorbió sus enseñanzas, tomó en serio sus promesas, estuvo atenta a cada cambio de inflexión en su voz que pudiera ofrecerle más claves con respecto a él. El amor le dio perspectivas que a otros les pasaban inadvertidas. De alguna manera comprendió que Jesús no entraría a Jerusalén para recibir aclamaciones duraderas sino para sufrir la muerte y el deshonor. Por un tiempo, la luz parecería ser eclipsada por las tinieblas. Mientras todos celebraban con entusiasmo el triunfo de Jesús al haber resucitado a Lázaro, María permanecía en silencio cerca de él, compartiendo su angustia.

Cristo consideró ese exagerado acto de adoración de María como algo muy bello, y afirmó delante de todos que ella sería recordada para siempre por la forma en que se había prodigado a él. María de Betania fue una mujer que no temió expresar su amor, y se decidió a buscar el corazón de Dios; fue una profetisa cuya acción aún hoy, a dos mil años de distancia, habla con elocuencia.

Martes

SU VIDA Y SU ÉPOCA

PASCUA

A todos los hombres judíos físicamente aptos y ritualmente limpios se les requería que asistieran a la celebración de la Pascua en Jerusalén, lo mismo que a las otras dos fiestas religiosas anuales importantes, Pentecostés y la Fiesta de los Tabernáculos (Éxodo 23:17). Generalmente asistían acompañados por sus familias. En tiempos del Nuevo Testamento, época en que los judíos vivían por todo el mundo conocido, la mayoría de los hombres devotos asistía a estas fiestas siempre que les resultaba posible; sin embargo, esto ocurría solo de vez en cuando.

La festividad de la Pascua se llevaba a cabo en el mes de Nisán, el primero del antiguo año judío, o sea, nuestro abril. La Pascua era la fiesta más importante de las que celebraban los judíos, y conmemoraba su liberación de la esclavitud de Egipto. En aquella época, Moisés había ordenado a cada familia que matara un cordero sin mancha de un año. Les había instruido que tomaran la sangre del cordero y, utilizando un pincel hecho de ramas de hisopo, extendieran la sangre por los costados del marco de la puerta de la casa y encima de ella. Cuando la décima y última plaga llegó a Egipto, el ángel de la muerte entró solo a las casas en las que no se habían pintado con sangre las jambas de la puerta, y mató a los primogénitos de cada familia. Cada hogar cuyas puertas estaban pintadas con la sangre fue «pasado por alto».

Las familias judías comían la carne del cordero en la cena de Pascua, compartiendo con sus vecinos si la familia era demasiado pequeña como para poder consumirlo todo. La comida también incluía una ensalada de hierbas amargas y pan sin levadura (o sea un pan chato, por no haberse leudado). Antes de la fiesta de Pascua se revisaba a fondo la casa y se la limpiaba a fin de asegurarse de que no quedara en ella levadura que pudiera echar a perder el pan sin levadura. Ese pan les recordaba a los judíos la premura con que habían tenido que ingerir su última comida en Egipto, antes de dejar la esclavitud atrás. Los Salmos 113 al 118, conocidos como los salmos «*Hallel* de Egipto» (o sea de *alabanza*), se cantaban antes y después de cada comida.

A menudo, a lo largo de su historia, los judíos descuidaron la celebración de la Pascua, lo mismo que muchas de las otras fiestas religiosas que Dios había instituido. Las épocas en que la Pascua fue reinstituida se mencionan específicamente en el Antiguo Testamento, y la ignorancia de la gente con respecto a la naturaleza sagrada de la fiesta resultaba evidente. Con frecuencia la restauración de la fiesta se producía como resultado de un avivamiento religioso (2 Reyes 23:21–23; 2 Crónicas 30:1; 35:1–19; Esdras 6:19–22).

La última Cena, que Jesús comió con sus discípulos en la noche en que fue traicionado, era la comida anual de la Pascua. Jesús les dio instrucciones específicas a varios de sus discípulos para que prepararan esa importante comida. Mientras él y sus discípulos se reclinaban junto a la mesa, Jesús les reveló que uno de los doce lo iba a traicionar y que sería crucificado. Con las palabras «este es mi cuerpo» y «esta es mi sangre» él les dio una nueva comprensión, y le confirió nuevo significado al cordero pascual. Cuando fue crucificado al siguiente día, él mismo se convirtió en el Cordero pascual, el Cordero de Dios que murió en lugar de los pecadores condenados a muerte.

Miércoles

SU LEGADO EN LAS ESCRITURAS

Léase Juan 11:28–44.

1. ¿Cómo le suena el versículo 32? ¿Como acusación, como afirmación de un hecho o como qué? ¿Por qué?

2. Póngase en el lugar de María. Su hermano, que vive con usted y la mantiene, ha muerto. Luego Jesús lo resucita. ¿Cómo reacciona?

Léase Juan 11:45—12:8.

3. ¿Por qué cree que María llevó a cabo una acción tan exagerada, derramando un perfume cuyo precio representaba un año de salario para un trabajador?

4. ¿Podía prever María, o cualquier otro de los que cenaban, que Jesús sería arrestado en menos de una semana? ¿Por qué le parece así?

5. ¿De qué modo puede expresar su amor por Jesús? ¿Qué lugar ocupa el dinero, si es que lo ocupa?

Jueves

LA PROMESA QUE RECIBE

*E*l cordero pascual en el Antiguo Testamento era solo una sombra de lo que habría de venir. Como nuestro Cordero pascual, Jesús ha llevado a cabo completa y absoluta redención de nuestros pecados. Tal como moría el pequeño cordero para que los primogénitos de las familias hebreas no murieran y pudieran ser liberados de Egipto, asimismo Jesús, nuestro Cordero pascual, murió para que nosotros quedemos libres de la esclavitud al pecado.

Promesas en las Escrituras

Juan vio a Jesús que se acercaba a él y dijo: «¡Aquí tienen al Cordero de Dios, que quita el pecado del mundo!»

—JUAN 1:29

Pero gracias a Dios que, aunque antes eran esclavos del pecado... habiendo sido liberados del pecado, ahora son ustedes esclavos de la justicia.

—ROMANOS 6:17–18

Cristo, nuestro Cordero pascual, ya ha sido sacrificado. Así que celebremos nuestra Pascua no con la vieja levadura, que es la malicia y la perversidad, sino con pan sin levadura, que es la sinceridad y la verdad.

—1 CORINTIOS 5:7–8

Viernes

SU LEGADO DE ORACIÓN

¿Por qué molestan a esta mujer? Ella ha hecho una obra hermosa conmigo.

—MATEO 26:10

REFLEXIONE SOBRE: Mateo 26:6–13

ALABE A DIOS: Por darnos la capacidad de agradarlo.

DÉ GRACIAS: Por todas las cosas hermosas que Dios ha hecho por usted.

CONFIESE: Cualquier mala predisposición que tenga a abrazar los aspectos difíciles del evangelio de la misma manera que abraza las partes felices.

PÍDALE A DIOS: Que le dé una gran hambre de vivir en su presencia y buscar su rostro.

Eleve el corazón

A los enamorados nada les gusta más que agradar a su amado. La Madre Teresa de Calcuta fue una mujer que amó a Dios de una manera exagerada. Reconocida por el trabajo que realizó entre los más pobres de los pobres, en la India y en todo el mundo, ella siempre buscaba la oportunidad de hacer «algo hermoso para Dios». Qué fácil nos resulta descuidar a nuestro divino Amado, pidiéndole siempre que haga cosas hermosas por nosotros en lugar de desarrollar nuestra propia capacidad de agradar y deleitarlo.

No necesita viajar a la otra punta del mundo para encontrar oportunidades de hacer algo por Dios. Cuide en su nombre a los más pobres de los pobres en su propia comunidad, los que han sido empobrecidos emocionalmente, que se encuentran aislados y enfermos. Encuentre una manera de introducir la luz del amor de Dios en medio de su oscuridad. Dedique tiempo simplemente a alabar a Dios por lo que él es y por la forma en que se ha revelado a usted. Ríndale honra entregándole algo precioso de su propia vida. Aun el más pequeño gesto puede resultar un hermoso regalo para Dios.

Señor, has hecho tantas cosas hermosas por mí, buscándome cuando no me importaba nada de ti, restaurándome la esperanza, dándome un futuro por el que valga la pena vivir. Quiero ofrecerme a ti generosamente, no como una mísera limosna por tus favores, con la esperanza de que me devuelvas algo en pago, sino como una mujer completamente enamorada de su Hacedor. Haz de mi vida una fragancia de olor suave que te agrade.

Salomé

La madre de los hijos de Zebedeo

SU NOMBRE SIGNIFICA

«Paz»

Su Carácter: Era una devota seguidora de Jesús cuyo marido estaba en el negocio de la pesca. Compartía un concepto erróneo y generalizado acerca de que el Mesías arrojaría fuera a los romanos y literalmente establecería un reino en Palestina. Probablemente su nombre fuera Salomé.

Su Dolor: Haber estado junto con las otras mujeres ante la cruz, siendo testigo de la muerte de Jesús de Nazaret.

Su Gozo: Haber visto un ángel en la tumba de Cristo que proclamaba su resurrección.

Escrituras Clave: Mateo 20:20–24; 27:56; Marcos 15:40–41; 16:1–2

Lunes

SU HISTORIA

𝒮alomé amaba a Jesús casi tanto como amaba a sus propios hijos, Santiago y Juan. Nunca iba a olvidar el día en que ellos dejaron a su padre y las redes de pesca para seguirlo. Después de un tiempo, también ella había llegado a creer que Jesús era el Mesías de Dios.

Se había sonreído al enterarse de que Jesús había apodado a sus muchachos «los hijos del trueno». Seguramente había reconocido una semilla de grandeza en esos dos arrojados hermanos de Capernaúm. ¿Por qué otra razón podía haberlos invitado a pertenecer a su círculo íntimo, junto con Simón Pedro? Había oído que Jesús los había llevado a los tres a la cima de una montaña alta. Cuando descendieron de allí, sus hijos, siempre locuaces, no podían articular palabra. Pero luego pudieron contar la historia.

—El rostro de Jesús tenía un brillo enceguecedor, como el del sol...

—Aparecieron Moisés y Elías, y estuvieron hablando con él...

—De pronto una nube nos rodeo y una voz del cielo dijo: «Este es mi Hijo, mi escogido; escúchenlo».

Salomé había escuchado. Había visto la gloria y el poder que irradiaba de ese hombre. Y aunque habían corrido nefastos rumores acerca de que los hombres poderosos de Jerusalén aborrecían a Jesús, también sabía que el gran rey David había tenido que enfrentar su propia cuota de enemigos antes de establecer su reino. Además, ¿no les había prometido Jesús a sus discípulos que en su reinado se sentarían en doce tronos? Y les había dicho: «Todo el que por mi causa haya dejado casas, hermanos, hermanas, padre, madre, hijos o terrenos, recibirá cien veces más y heredará la vida eterna». ¿Cómo podía dudar de él? Aun con una fe tan pequeña como un grano de mostaza, se podían mover montañas.

Salomé había dejado tras ella un confortable hogar en la costa norte de Galilea para unirse a sus hijos. Ahora, mientras viajaban hacia Jerusalén, recordaba algunas otras palabras que Jesús había hablado: «Pidan, y se les dará; busquen, y encontrarán; llamen, y se les abrirá». Ya no se iba a privar de solicitarle el favor que deseaba su corazón. Se postró delante del Señor y le rogó:

—Ordena que en tu reino uno de estos dos hijos míos se siente a tu derecha y el otro a tu izquierda.

Pero en lugar de responderle, Jesús se volvió a Santiago y a Juan y les dijo:

—No saben lo que están pidiendo. ¿Pueden acaso beber el trago amargo de la copa que yo voy a beber?

—Sí, podemos —le respondieron.

Jesús les dijo:

—Ciertamente beberán de mi copa, pero el sentarse a mi derecha o a mi izquierda no me corresponde concederlo. Eso ya lo ha decidido mi Padre.

Jesús, que conocía a los hijos de Zebedeo mejor que cualquier otra persona, se dio cuenta de que Salomé era solo la portavoz de las crecientes ambiciones de ellos. Como madre amorosa, simplemente había pedido lo que pensaba que haría felices a sus hijos. La respuesta de Jesús y los acontecimientos subsiguientes prueban que la madre ni siquiera tenía una somera idea de lo que pedía. Muy pronto ese hombre, al que se había acercado por considerarlo rey, moriría en una cruz, y ella sería una de las mujeres que presenciarían su muerte.

Luego de que todo pasara, es probable que Salomé recordara los rostros angustiados de los hombres que habían sido crucificados con Jesús, uno a su derecha y el otro a su izquierda: tal vez constituía un irónico recordatorio del pedido que le había hecho camino a Jerusalén. Tal recuerdo solo aumentaría el terror al pensar lo que podía sucederles ahora a sus hijos.

Junto con otras mujeres fieles que estuvieron al lado de la cruz, Salomé también se hizo presente la mañana de la resurrección de Cristo. Seguramente las palabras del ángel: «No está aquí, ¡ha resucitado!» la reconfortarían más adelante en su vida cuando su hijo Santiago se convirtiera en el primero de los apóstoles en sufrir el martirio, muriendo a manos de Herodes Agripa.

En lugar de preguntarle a Jesús qué era lo que él quería para sus hijos, Salomé actuó como si ella supiera exactamente lo que se debía hacer en su favor. Seguramente olvidó que Jesús había exhortado a sus seguidores a abandonar no solo sus casas, hermanos y hermanas, padres y madres por amor a él, sino también los hijos. En el caso de Salomé, no implicaba darles las espaldas a sus hijos sino entregárselos a Dios. Significaba poner a Jesús por encima de cualquier cosa y de cualquier persona y amarlo más que a sus propios hijos. Solo entonces entendería el significado de lo que ellos tendrían que sufrir como seguidores de Cristo. Solo entonces realmente sabría ella cómo orar.

Martes

SU VIDA Y SU ÉPOCA

MATERNIDAD

*E*n los tiempos bíblicos, cuando un hombre se casaba, simplemente adquiría otra posesión. Cada esposa estaba debajo de la autoridad absoluta de su marido. Cuando un hombre determinaba «casarse con una mujer» el significado de esa frase se acercaba mucho al sentido de «convertirse en el amo de su esposa». Sin embargo, aun cuando la posición de una mujer dentro de su casa era de subordinada a su marido, de todos modos ocupaba una posición más alta que cualquier otra persona de ese hogar.

La principal obligación de una mujer era formar una familia, preferiblemente teniendo hijos varones que pudieran asegurar el futuro físico y económico de la familia. Las madres, en general, amamantaban a sus pequeños hasta que tenían cerca de los tres años. Durante dicho tiempo, marido y mujer generalmente no mantenían relaciones sexuales, lo que constituía una forma natural de control de la natalidad que le daba a la madre el tiempo necesario para dedicarse enteramente a su hijo más pequeño.

Las madres asumían el cuidado total de sus hijos, tanto varones como mujeres, hasta que tenían alrededor de seis años. Los niños ayudaban a su madre con las tareas de la casa, y ella les enseñaba lecciones básicas sobre la vida dentro de su cultura. Luego de los seis años de edad, la mayoría de los varones se convertían en pastores del rebaño de la familia o pasaban el día con su padre, aprendiendo sobre el negocio familiar. David, siendo el hijo menor, cuidaba de las ovejas y cabras de la familia (1 Samuel 16:11), y Jesús probablemente pasara su tiempo con su padre José, aprendiendo su oficio de carpintero (Marcos 6:3). Las hijas permanecían con su madre mientras continuaban creciendo. La mamá les enseñaban a hilar, tejer y cocinar y, además, el modo de comportarse y qué esperar en cuanto a su futuro papel de esposa y madre.

Gradualmente, el papel materno comenzó a incluir actividades como las descritas en Proverbios 31. A lo largo de las Escrituras, al papel de la maternidad se le reconoce dignidad y significado. A tal punto que Dios describe su amor por nosotros en términos maternales: «Como madre que consuela a su hijo, así yo los consolaré a ustedes» (Isaías 66:13). Pablo define su preocupación por los tesalonicenses como el cuidado que una madre les brinda a sus hijos: «Los tratamos con delicadeza. Como una madre que amamanta y cuida a sus hijos» (1 Tesalonicenses 2:7).

Cuando usted se sienta perdida dentro del caos y el desorden que implica cuidar niños pequeños, recuerde el papel importante que cumple en lo que hace a mantener el mundo de ellos seguro y feliz. Cuando se encuentre rodeada de complicaciones y embrollos al realizar la tarea de criar niños que están en la escuela primaria, recuerde que ellos dependen de usted para sentirse seguros. Cuando se halle luchando con los desastres y desarreglos que incluye el criar adolescentes, no se olvide de cuánto los ama y de lo mucho que necesitan que crea en ellos. Nunca olvide esto: Si tiene hijos, ellos constituyen uno de sus mayores legados.

Miércoles
SU LEGADO EN LAS ESCRITURAS

Léase Mateo 20:20–27

1. Al hacerle ese pedido a Jesús (versículos 20–21) ¿qué cree que esperaba Salomé para sí misma?

2. ¿De qué «copa» hablaba Jesús en el versículo 22?

3. ¿Qué es lo que Salomé no entendía con respecto a Jesús y su reino?

4. ¿Hace cosas para lograr cierta posición o reconocimiento para sí? ¿Y para sus hijos?

5. ¿Dónde cree que Jesús establece el límite con respecto a lo que ambicionamos para nosotras o nuestros hijos?

Jueves

LA PROMESA QUE RECIBE

*A*únque la típica mujer de los tiempos bíblicos cumplía un papel subordinado, las Escrituras exaltan su posición como madre. Dios el Padre reconoció desde el mismo principio el papel tan importante que una madre desempeña en la vida de sus hijos, y él ha prometido bendecirla. Esas mismas promesas se aplican hoy a usted.

Promesas en las Escrituras

También le dijo Dios a Abraham: «A Saray, tu esposa, ya no la llamarás Saray, sino que su nombre será Sara. Yo la bendeciré, y por medio de ella te daré un hijo. Tanto la bendeciré, que será madre de naciones, y de ella surgirán reyes de pueblos.

—GÉNESIS 17:15–16

A la mujer estéril le da un hogar y le concede la dicha de ser madre.

—SALMO 113:9

Sus hijos se levantan y la felicitan; también su esposo la alaba: «Muchas mujeres han realizado proezas, pero tú las superas a todas».

—PROVERBIOS 31:28–29

¿Puede una madre olvidar a su niño de pecho, y dejar de amar al hijo que ha dado a luz?

—ISAÍAS 49:15

Viernes

SU LEGADO DE ORACIÓN

Ordena que en tu reino uno de estos dos hijos míos se siente a tu derecha y el otro a tu izquierda.

—MATEO 20:21

REFLEXIONE SOBRE: Mateo 20:20–28

ALABE A DIOS: Porque su Hijo nos ha mostrado el verdadero sentido de la grandeza.

DÉ GRACIAS: Por todas las formas, grandes y pequeñas, en que Dios le ha servido.

CONFIESE: Cualquier orgullo o ambición mal enfocada que detecte.

PÍDALE A DIOS: La gracia de poder hacer esta conexión: el camino hacia abajo es el que conduce al camino hacia arriba. La mujer humilde es la que será considerada grande en el reino.

Eleve el corazón

Muchas mujeres han oído el mensaje referido a ser siervas y no lo han incorporado de una manera sana. En vez de descubrir la dignidad inherente que tienen como mujeres, han definido su valor principalmente en términos de comparación con otros. Pero tanto los hombres como las mujeres somos llamados a ser modelados en semejanza a Cristo, que como persona no sufrió de baja autoestima. Su humildad no fue una manera de cubrir un sentimiento de indignidad.

Si ha cometido el error de vivir su vida a través de su marido o de sus hijos, pídale a Dios la gracia de cambiar. Admita que es un ser humano que necesita cuidados, consideración y atención. Pídale al Señor que restaure el equilibrio en su vida. Pero al pasar por el proceso de lograr equilibrio, no elimine la palabra *humildad* de su vocabulario para abrazar una vida egoísta. Esta semana pida cada día que Dios le dé ojos para ver la necesidad de los demás. Luego pídale gracia para servir de una manera que realmente ejemplifique la humildad de Jesús.

Señor, perdóname por todo orgullo que te ha sacado fuera de mi corazón. Cada vez que me sienta tentada a pensar o actuar por ambiciones egoístas, pon un freno en mi espíritu. Y dame en cambio el valor de ser una sierva. Haz lugar en mi corazón para tu amor. Te lo pido en el nombre de Jesús. Amén.

La viuda de las dos monedas

SU CARÁCTER:	Aunque extremadamente pobre, fue una de las mujeres más generosas de la Biblia. Justo después de advertir a sus discípulos que debían tener cuidado con los maestros de la ley que devoraban las casas de las viudas, Jesús alcanzó a ver a esta mujer en el templo. Puede ser que él les llamara la atención sobre ella por tratarse de un caso pertinente.
SU DOLOR:	Estar sola sin tener un marido que proveyera para ella.
SU GOZO:	Rendirse enteramente a Dios, confiando que él actuaría a favor de ella.

ESCRITURAS CLAVE: Marcos 12:41–44; Lucas 21:1–4

Lunes
SU HISTORIA

*D*ado que se aproximaba la Pascua, el templo estaba lleno de adoradores procedentes de todos los rincones de Israel. El domingo anterior Jesús había causado sensación al bajar del Monte de los Olivos y entrar en Jerusalén montado en un burro. Se había reunido una gran multitud que cubría el camino con ramas de palma y gritaba: «¡Hosanna al hijo de David! ¡Bendito el que viene en el nombre del Señor! ¡Hosanna en las alturas!»

Algunos de los fariseos, escandalizados de que Jesús fuese aclamado como el Mesías, le reclamaron a Jesús:

—¡Maestro, reprende a tus discípulos!

—Les aseguro que si ellos se callan, gritarán las piedras —les respondió.

Aguijoneados por sus palabras, los maestros de la ley comenzaron a tramar un modo de quebrantar la ley y asesinarlo en la primera oportunidad que encontraran.

Días más tarde, luego de advertirles a sus discípulos que tuvieran cuidado con los maestros de la ley que hacían presa de las viudas para quedarse con su dinero, Jesús se sentó frente al tesoro del templo, en el atrio de las mujeres. El lugar estaba lleno de gente que colocaba sus ofrendas en uno de los trece receptáculos con forma de trompeta que estaban colgados en la pared. Pero Jesús solo tenía ojos para una de esas personas. Observaba cómo una viuda depositaba dos pequeñas monedas de cobre, que equivalía a menos que el salario de un día.

Rápidamente, llamó a sus discípulos:

—Les aseguro que esta viuda pobre ha echado en el tesoro más que todos los demás. Estos dieron de lo que les sobraba; pero ella, de su pobreza, echó todo lo que tenía, todo su sustento.

Nadie más hubiera notado a esa mujer. Pero Jesús, con ojos que penetraban no solo sus circunstancias sino su corazón, pudo reconocer la sorprendente naturaleza de su dádiva. Su gesto constituía una señal de completa entrega a Dios.

Sin fe, ella no hubiera ofrendado sus últimas monedas, creyendo que Dios iba a cuidar de ella mejor de lo que ella podría cuidarse por sí misma. Pero aun hay un aspecto más sutil en esta historia. Le hubiera sido muy fácil a esta mujer llegar a la conclusión de que su ofrenda era simplemente demasiado escasa como para que valiera la pena. Además, ¿qué necesidad podría tener Dios de dos monedas de cobre? Con seguridad, a ella le significaban mucho más que a él. Pero de alguna manera debe haber recibido la gracia de creer en el valor de su pequeña ofrenda.

Tal vez Dios, por así decirlo, sí necesitaba lo que ella tenía para ofrendar. Quizá su actitud consoló a Jesús poco tiempo antes de su pasión y muerte. Ella le había dado todo lo que tenía para vivir; muy pronto el daría la propia vida.

La historia de la viuda y sus dos monedas de cobre nos recuerda que el reino de Dios funciona sobre principios completamente diferentes de los del reino de este mundo. En la economía divina, el tamaño de la ofrenda no tiene importancia; lo que sí importa es el tamaño del corazón del dador.

Martes

SU VIDA Y SU ÉPOCA

DINERO

*D*os pequeñas monedas. Marcos las identifica como dos *lepton* griegas, pequeñas monedas de cobre que valían menos que un centavo de dólar.

Las monedas romanas (denarios), las griegas (dracmas y cuadrantes) y las judías (pim, siclo, mina y talento) aparecen mencionadas en el Nuevo Testamento. Los israelitas corrientemente usaban las monedas de la nación que dominaba sobre ellos, pero también desarrollaron su propio sistema local de monedas.

El uso de monedas no se implementó en Israel hasta después de que el pueblo regresó del exilio, entre el 500 y el 400 a.C. Antes de ese tiempo, la gente hacía trueques intercambiando productos alimenticios, animales y metales preciosos por bienes y servicios. Una mujer podría trocar una botella de aceite por un nuevo vestido, o la lana de una oveja por una nueva lámpara.

Los israelitas probablemente llevaron de regreso a Israel monedas de Persia y Babilonia cuando regresaron del exilio en dichos países. Esas monedas tenían una hechura tosca. Cada una se acuñaba individualmente en oro o plata, o en cualquier otro metal, y luego se tallaba con algún dibujo en cada cara. Las monedas griegas con mucha frecuencia llevaban imágenes de la naturaleza, de animales o de los dioses estampadas en ellas. Más adelante, las monedas romanas mostraban la imagen del emperador del momento y llevaban impreso su nombre. Se han hallado monedas con la imagen de los doce emperadores romanos.

En tiempos de Jesús, circulaba una gran variedad de monedas en Palestina. Los judíos del Nuevo Testamento usaban monedas de Roma y Grecia, así como las suyas propias, acuñadas en Judea. El impuesto del templo debía pagarse con dinero judío, en siclos. Los cambistas de dinero establecieron su negocio para cambiarles a los que venían a adorar al templo las distintas monedas por siclos, además, insultando, agraviando y engañando a sus clientes. Jesús no se oponía al funcionamiento de este negocio, sino a su deshonestidad y a que realizaran sus operaciones dentro del mismo templo. Los dispersó con furia, declarando que la casa de su Padre era una casa de oración y no un lugar de negocios (Mateo 21:12–13).

En tanto que el dinero resulta necesario para desenvolverse en la vida en la mayoría de las culturas, la Biblia nos advierte que no le asignemos mayor importancia de la que le corresponde. La viuda que ofrendó todo lo que tenía nos presenta el mejor ejemplo en cuanto a reconocer la necesidad que tenemos del dinero (ella tenía dinero, aunque muy poco), pero también la necesidad de manejarlo con libertad (con toda disposición y amor lo entregó). Pedro nos advierte que no tengamos «ambición de dinero» (1 Pedro 5:2), y el escritor de Hebreos nos amonesta: «Manténganse libres del amor al dinero, y conténtense con lo que tienen» (Hebreos 13:5). Cuando le escribía a Timoteo, Pablo incluyó aquellas famosas palabras sobre el dinero, que a menudo se citan equivocadamente: «Porque el amor al dinero es la raíz de toda clase de males. Por codiciarlo, algunos se han desviado de la fe y se han causado muchísimos sinsabores» (1 Timoteo 6:10).

La fuerte seducción del dinero, y de las cosas que nos puede proporcionar (o sea, la necesidad de tener más, hacer más y conseguir más), tal vez esté más generalizada dentro de nuestra cultura que en cualquier otra a lo largo de la historia. Los cristianos son tan susceptibles a su atracción como cualquier otra persona. El dinero mete una cuña eficaz y fuertemente entre nosotros y nuestro Salvador. Jesús lo sabía, y puntualmente nos lo recordó con estas palabras: «Ningún sirviente puede servir a dos patrones. Menospreciará a uno y amará al otro, o querrá mucho a uno y despreciará al otro. Ustedes no pueden servir a la vez a Dios y a las riquezas» (Lucas 16:13).

Miércoles

SU LEGADO EN LAS ESCRITURAS

Léase Marcos 12:41–44

1. ¿Por qué se habrá quedado Jesús mirando a la gente que ponía dinero en la caja de las ofrendas?

2. ¿Por qué le parece que él les señaló a sus discípulos lo que hizo la viuda? ¿Qué quería que comprendieran con respecto a ella y con respecto a los maestros de la ley que abusaban de las mujeres viudas?

3. ¿Por qué razón daría alguien todo lo que tiene para su sustento?

4. ¿El dar hasta su último centavo le parecería fe o un disparate? ¿Por qué?

5. Describa su relación con el dinero. ¿En qué medida es gastadora, ahorrativa, generosa o desesperada por el dinero?

Jueves

LA PROMESA QUE RECIBE

*L*á promesa en cuanto a la provisión de Dios no resulta tan evidente en ningún otro lugar como en esta historia de la viuda que dio todo lo que tenía. Ella no podía confiar en nadie más que en Dios. Eso también es cierto con respecto a nosotros, ¿no es verdad? Independientemente de la situación económica en la que estemos, sea que tengamos holgura financiera o que constantemente estemos tocando fondo, no contamos con ningún otro en el que confiar. Nuestra verdadera seguridad no radica en nuestras pertenencias ni en la cuenta del banco sino solamente en Dios. Y él ha prometido proveernos lo que necesitemos.

Promesas en las Escrituras

El Señor mismo marchará al frente de ti y estará contigo; nunca te dejará ni te abandonará. No temas ni te desanimes.

—Deuteronomio 31:8

En ti confían los que conocen tu nombre,
porque tú, Señor, jamás abandonas a los que te buscan.

—Salmo 9:10

Estos confían en sus carros de guerra,
aquellos confían en sus corceles,
pero nosotros confiamos en el nombre del Señor nuestro Dios.

—Salmo 20:7

Por eso les digo: No se preocupen por su vida, qué comerán o beberán; ni por su cuerpo, cómo se vestirán. ¿No tiene la vida más valor que la comida, y el cuerpo más que la ropa? Fíjense en las aves del cielo: no siembran ni cosechan ni almacenan en graneros; sin embargo, el Padre celestial las alimenta. ¿No valen ustedes mucho más que ellas?

—Mateo 6:25–26

Viernes

SU LEGADO DE ORACIÓN

Jesús llamó a sus discípulos y les dijo: «Les aseguro que esta viuda pobre ha echado en el tesoro más que todos los demás. Estos dieron de lo que les sobraba; pero ella, de su pobreza, echó todo lo que tenía, todo su sustento».

—Marcos 12:43–44

Reflexione Sobre: Marcos 12:41–44

Alabe a Dios: Porque él no juzga por las apariencias exteriores sino que mira el corazón.

Dé Gracias: Por sus bendiciones en cuanto a dinero, tiempo, energía y recursos emocionales.

Confiese: Cualquier tendencia que tenga a actuar como si su seguridad dependiera más de sí que de Dios.

Pídale a Dios: Que la convierta en una mujer generosa con la fe suficiente como para creer que incluso vale la pena dar pequeñas ofrendas.

Eleve su corazón

Esta semana piense en una esfera de su vida que le parezca particularmente vacía o empobrecida. Puede sentirse sola, muy ajustada económicamente, o tal vez preocupada con respecto al futuro. Sea lo que fuere, ore al respecto. Trate de escuchar la voz del Espíritu Santo. ¿Le está invitando Dios a hacer algo que exprese su confianza? ¿Qué clase de ofrenda le agradaría más a él? Una vez que escuche su voz, siga adelante y dele lo que el corazón de él anhela.

Padre, eres la fuente de toda bendición. Esta semana, ayúdame a dar no solo de mi abundancia sino aun de mi pobreza. Recuérdame que te pertenezco, en cuerpo y alma, en mente y corazón, tanto en el pasado como en el presente y en el futuro.

María Magdalena

SU NOMBRE PUEDE SIGNIFICAR

«*Amargura*»

Su Carácter: Aunque erróneamente considerada una prostituta en muchos escritos populares, la Biblia solo dice que María estaba poseída por siete demonios. Probablemente sufriera una seria enfermedad mental o física, de la cual Jesús la liberó. Constituye un hermoso ejemplo de mujer cuya vida brotó como respuesta a la exuberante gracia de Dios.

Su Dolor: Presenciar la agonía de Jesús en el Calvario.

Su Gozo: Haber sido la primer testigo de la resurrección de Cristo.

Escrituras Clave: Mateo 27:56, 61; 28:1; Marcos 15:40, 47; 16:1–19; Lucas 8:2; 24:10; Juan 19:25; 20:1–18

Lunes

SU HISTORIA

A través de las sombras se abrió camino hasta la tumba que estaba en el jardín, agradecida de que la oscuridad ocultara sus lágrimas. *¿Cómo puede el mundo continuar como si nada hubiera sucedido?*, se preguntaba. ¿Cómo es que las montañas no se derrumban y el cielo consigue no caerse? ¿Todos, a excepción de ella misma, habían perdido la razón? ¿Nadie había notado que el mundo acababa de colapsarse dos días atrás?

Durante los últimos tres años ella había seguido al rabí a través de Galilea y Judea, proveyendo para sus necesidades de su propio, escaso, bolsillo. A ella le encantaba su risa franca y la sonrisa que le iluminaba el rostro cada vez que la veía. Dondequiera que iban, se sentía privilegiada por poder contar su historia, y agradecida por estar entre el creciente número de sus seguidores.

Había crecido en Magdala, un pueblo próspero en la orilla occidental del Mar de Galilea. Pero no había prosperado. ¿Cómo podía prosperar una mujer cuando estaba llena de demonios que controlaban su mente? Aunque había rogado misericordia, no se le había concedido ninguna misericordia. En lugar de eso, las decepciones la encerraban en un mundo de pesadillas, aislándola aun de los pequeños placeres y de las amabilidades más simples.

Pero entonces apareció Jesús. A diferencia de todos los otros rabíes con los que se había encontrado, no parecía sentir temor ni repulsión por su enfermedad. «María», la había llamado, como si la hubiese conocido de toda la vida. A pesar del calor, tembló al acercarse, y sintió como náuseas en el estómago. Aunque retrocedió un poco, pudo percibir que una extraordinaria luz avanzaba hacia ella, obligando a las tinieblas a dispersarse. De pronto, los que habían sido sus conocidos compañeros comenzaban a pedir misericordia, pero no hubo misericordia para ellos.

María Magdalena, una mujer poseída por siete demonios, ya había sido restaurada a su sano juicio, y sus ataduras eran cosa del pasado. Sus ojos, que alguna vez habían sido agujeros que se tragaban la luz, ahora brillaban como espejos de agua que reflejaban el sol.

Desde aquel entonces, todos en Magdala se habían maravillado por el cambio producido en ella. ¿Cómo no iba a amar María a ese hombre? ¿Cómo podría no desear hacer todo lo que estaba a su alcance por él? Pensó que el estar cerca de Jesús era como vivir en el cielo; poder presenciar sanidad tras sanidad; sentirse conmovida, sorprendida y renovada por sus enseñanzas. Eso, verdaderamente, era un gozo para una mujer desacostumbrada a la alegría.

Pero Jesús tenía su cuota de enemigos, según ella sabía. Los líderes religiosos de Jerusalén habían quedado tocados por las verdades que les había dicho, y ofendidos por su irritante falta de diplomacia. Sin embargo, cada trampa tendida en contra de él había fallado... hasta ahora.

Habían dado su golpe muy repentinamente, a pesar de que Jerusalén estaba llena de peregrinos que llegaban para la Pascua. La guardia del templo lo había arrestado de noche y luego entregado a las autoridades romanas, que se burlaron de él y lo azotaron casi hasta la muerte. El rabí de Galilea, que había prometido que los pobres en espíritu con toda seguridad heredarían el reino de los cielos, estaba ahora en cadenas. Su hambre y su sed de justicia no lo había dejado satisfecho, sino por el contrario, vacío y quebrado. En lugar de bendición, se había convertido en maldición, y su cuerpo colgaba desnudo de una cruz romana.

María había hecho todo lo posible para alejar las sombras que se amontonaban a su alrededor otra vez mientras esperaba durante esas horribles horas de su agonía, incapaz de seguir observando el espectáculo que tenía delante de ella y, sin embargo, incapaz también de volverse y alejarse. Cualesquiera fueran sus sufrimientos, ella tenía que estar cerca de él.

Cuando todo acabó, vio a Nicodemo y a José de Arimatea quitar su cuerpo de la cruz. Con todo cuidado ellos lo envolvieron con mirra y áloe suficientes como para el entierro de un rey. Finalmente, cuando se hizo rodar la piedra delante de la tumba, para sellarla, ella se marchó.

Luego de que pasó el sábado, al siguiente día María consiguió aun más especias. Antes de que se levantara el sol el domingo, se acercó hasta la tumba. ¿De qué modo, se preguntaba, lograría hacer rodar esa enorme piedra maciza? Pero, para su sorpresa, la entrada de la tumba estaba completamente abierta. Vendas de lino se hallaban esparcidas por el suelo y el paño que habían colocado alrededor de la cabeza de Jesús estaba doblado cuidadosamente a un costado. *¿Qué habrán hecho con su cuerpo?*, se preguntaba. Haber sido privada de esta última oportunidad de tocarlo y ocuparse de él era más de lo que podía soportar.

Se quedó fuera de la tumba llorando. Luego, se inclinó y miró hacia dentro. Dos criaturas de blanco estaban sentadas en la cornisa de piedra en la que se había puesto el cuerpo.

—¿Por qué lloras, mujer? —le preguntaron.

—Es que se han llevado a mi Señor, y no sé dónde lo han puesto —respondió. Entonces se dio vuelta y vio a un hombre observándola.

—¿Por qué lloras, mujer? ¿A quién buscas?

Confundiéndolo con el jardinero, ella le rogó:

—Señor, si usted se lo ha llevado, dígame dónde lo ha puesto, y yo iré por él.

—María —le dijo.

Sorprendida, ella exclamó:

—¡Raboni! —(que significa Maestro).

El sol ya había salido. Con su luz huyeron las tinieblas que la habían perseguido desde que había oído las noticias de su arresto. Jesús, el que la había sacado de una muerte en vida, también se había levantado de entre los muertos.

María cayó al piso en estupor, recordando las palabras del profeta Isaías: «El pueblo que andaba en la oscuridad ha visto una gran luz; sobre los que vivían en densas tinieblas la luz ha resplandecido». El jardín apenas un momento atrás había sido un lugar de sombras y tristeza y ahora se veía verde brillante, como si el paraíso se hubiese abierto paso.

El Jesús resucitado no se le había aparecido primero a los reyes y gobernantes, y ni siquiera a sus discípulos varones, sino a una mujer cuyo amor la había mantenido junto a la cruz y la había conducido hacia la tumba. María Magdalena, una persona que fue afligida por los demonios, y cuyo testimonio no hubiera sido considerado en una corte a causa de ser mujer, fue la primer testigo de la resurrección. Una vez más, Dios se había revelado a los más humildes; y sería solo a los humildes cuyos oídos fueran lo suficientemente agudos como para percibir el mensaje de su amor.

Martes

SU VIDA Y SU ÉPOCA

MUJERES EN LA VIDA Y MINISTERIO DE JESÚS

*C*ocinar, atender a los miembros de su familia, hilar, tejer, coser, hornear pan, limpiar: todas esas eran las tareas habituales de las mujeres en la época del Nuevo Testamento. Muchas mujeres dedicaban la mayor parte de su tiempo y energía a su hogar, ocupándose de sus familias. Pero varias mujeres se salieron de las expectativas culturales de su tiempo para desarrollar un papel significativo en el ministerio de Jesús. Solo los doce discípulos se mencionan con mayor frecuencia que algunas mujeres, y María Magdalena es una de ellas.

Marcos nos dice que una cantidad de mujeres «lo habían seguido y atendido» (Marcos 15:41). Durante los años de ministerio de Jesús sobre la tierra, cuando él y sus discípulos no tenían entradas económicas, varias mujeres dieron un paso adelante para ocuparse de ellos. Utilizaron sus propios recursos económicos para apoyar a Jesús y a sus discípulos (Lucas 8:3). Mientras Jesús enseñaba y sanaba, dichas mujeres probablemente dedicaban su tiempo a comprar comida, prepararla y servirla. Quizá también buscaban los hogares que hospedaran a Jesús y sus discípulos durante sus viajes. Estas mujeres especiales probablemente no tuvieran hijos, o quizá los tendrían ya adultos, de modo que sus responsabilidades en el hogar habrían disminuido permitiendo que se dedicaran a proveer para las necesidades de Jesús y los discípulos.

Dos mujeres de Betania, María y Marta, siempre abrieron generosamente su hogar a Jesús cuando él iba a su pueblo, y le brindaban comida y un lugar donde descansar (Lucas 10:38). Jesús era tan cercano a estas mujeres y a su hermano Lázaro, que él los llamaba amigos (Juan 11:11).

Claro que la mujer que mayor importancia tuvo en la vida de Jesús fue María, su madre. Ella se mantuvo en un segundo plano durante los años de su ministerio público. El tierno cuidado que mostró Jesús hacia ella cuando estaba clavado en la cruz, nos revela el verdadero amor de un hijo por su madre.

Las mujeres vieron a Jesús sufrir en la cruz, y permanecieron allí hasta que exhaló el último suspiro y fue enterrado. Las mujeres fueron las primeras en presentarse a la tumba el domingo por la mañana y las primeras en ser testigos de la resurrección.

El Evangelio de Lucas en particular describe a Jesús como alguien que amaba y respetaba a las mujeres, y les confería una categoría que la mayoría de ellas no había disfrutado anteriormente. El trato que Jesús tuvo con las mujeres a lo largo de los evangelios nos da a todos nosotros, tanto hombres como mujeres, un modelo a seguir al considerar el prestigio y el trato debido a las mujeres con las que nos relacionamos todos los días.

Miércoles

SU LEGADO EN LAS ESCRITURAS

Léase Marcos 15:33–41.

1. ¿Qué cree que María Magdalena pensó y sintió al oír a Jesús clamar a Dios (versículo 34)?

2. ¿Cómo habrá reaccionado cuando lo vio muerto?

3. ¿Por qué cree que fue a la cruz a verlo morir? ¿Por qué no evitarse ese sufrimiento?

Léase Juan 20:1–16.

4. ¿Por qué supone que María no reconoció a Jesús hasta que él la llamó por su nombre?

5. ¿Hasta qué punto está segura de que Jesús conoce su nombre? (Isaías 43:1)

6. ¿De qué modo compararía el amor que tiene usted por Jesús con el que le tenía María? ¿Qué cosa alimenta su amor por él y qué cosa lo apaga?

Jueves
LA PROMESA QUE RECIBE

Jesús no solo conocía el nombre de María, sino que sabía todo sobre ella. Recordaba el día en que le había echado fuera los demonios. Tenía presentes sus muchas acciones amables. Sabía cuánto había sufrido ella al verlo morir en la cruz.

Así como Jesús conocía los detalles íntimos de la vida de María, también los conoce con respecto a usted. Cuando se siente tentada a perder la esperanza, cuando la vida le parece demasiado vacía como para continuar, cuando las aflicciones la desbordan, Jesús se preocupa por usted. Cuando los que ama la decepcionan, cuando piensa que no puede seguir adelante ni un solo minuto más, cuando los problemas la aplastan, Jesús se ocupa. Él la llama por su nombre, así como llamó a María. Y usted también puede continuar adelante en el camino como las mujeres que se fueron de la tumba quizá todavía un poco asustadas pero, a la vez, «muy alegres» (Mateo 28:8).

Promesas en las Escrituras

No temas, que yo te he redimido;
te he llamado por tu nombre; tú eres mío.

—ISAÍAS 43:1

¿No se venden dos gorriones por una monedita? Sin embargo, ni uno de ellos caerá a tierra sin que lo permita el Padre; y él les tiene contados a ustedes aun los cabellos de la cabeza. Así que no tengan miedo; ustedes valen más que muchos gorriones.

—MATEO 10:29-31

Ni lo alto ni lo profundo, ni cosa alguna en toda la creación podrá apartarnos del amor que Dios nos ha manifestado en Cristo Jesús nuestro Señor.

—ROMANOS 8:39

Depositen en él toda ansiedad, porque él cuida de ustedes.

—1 PEDRO 5:7

Viernes

SU LEGADO DE ORACIÓN

«María», le dijo Jesús. Ella se volvió y exclamó: ¡Raboni! (que en arameo significa: Maestro).

—JUAN 20:16

REFLEXIONE SOBRE: Juan 20:1–18

ALABE A DIOS: Porque el Padre ha revelado su amor de un modo muy poderoso en Jesús.

DÉ GRACIAS: Por la muerte y resurrección de Jesús, su Hijo y nuestro Salvador.

CONFIESE: Las dudas que tiene con respecto al poder de Dios o a su disposición de librarle de algún mal en la vida.

PÍDALE A DIOS: La gracia de la liberación.

Eleve el corazón

Un día de esta semana programe su reloj despertador para levantarse media hora antes del amanecer. Encuentre un lugar desde donde pueda ver la salida del sol. En las penumbras del amanecer cuéntele a Dios acerca de alguna esfera de oscuridad en su vida o en la vida de alguien a quien ama. Quizá sea una enfermedad, un pecado que persiste, soledad, un matrimonio complicado, una adicción, o un hijo desobediente o caprichoso. Lo que sea, entréguelo, imaginando que lo coloca en la tumba del jardín, cerca del cuerpo de Jesús. Cuando el sol comience a dejarse ver, medite acerca de esa primera mañana de Pascua y recuerde que cuando Jesús salió de la tumba, usted también salió con él. Pídale a Dios la fe para aguardar y estar atento al poder de su liberación.

Señor, hazme una mujer como María Magdalena, que no te siguió por una comprensión legalista de su fe, sino por un sentido de gratitud inmenso y de amor por tu excesiva gracia. Ayúdame a entregar mis zonas oscuras a ti e inúndame con la luz de tu presencia.

Dorcas

SU NOMBRE SIGNIFICA

«Gacela»; el equivalente hebreo es «Tabita»

Su Carácter: Habitante de Jope, una ciudad sobre la costa del Mediterráneo, unos cincuenta y seis kilómetros al noroeste de Jerusalén, pertenecía a una de las primeras congregaciones cristianas. Era una discípula conocida por sus obras prácticas de misericordia.

Su Dolor: Haber sufrido una grave enfermedad.

Su Gozo: Servir a Jesús a través de servir a los pobres.

Escritura Clave: Hechos 9:36–43

Lunes
SU HISTORIA

*E*l viento rugía sobre las costas, juntando agua en ruidosas olas a lo largo de las playas rocosas. Pero aunque estaba acostada en silencio en un aposento alto de su casa cercana al mar, Dorcas no las oía. Tampoco notaba las olas de aflicción que se volcaban al cuarto desde el corazón de cada mujer presente. Por primera vez ella no tenía nada que ofrecer, ni una palabra de consuelo, ni un acto de bondad que suavizara los sufrimientos de ellas. Solo seguía acostada muy quieta mientras otras mujeres la servían, limpiando su cuerpo con una esponja para prepararla para el entierro.

Cuando Pedro se acercó a la casa, podía oír el murmullo de los lamentos, un sonido más desolador que el aullido del viento. Dos hombres lo habían llamado para que viniera desde Lida, donde acababa de sanar a un paralítico. Le insistían que se apresurara a ir a Jope porque una de las discípulas acababa de morir. Él llegó tan pronto como pudo, esperando encontrar a Dorcas antes de que la sepultaran.

Tan pronto como entró en el cuarto en el que yacía su cuerpo, las viudas lo rodearon mostrándole evidencias de las obras de aquella mujer a la que amaban, y llorando mientras les presentaban las túnicas y otras cosas que Dorcas había cosido para vestir a los pobres. Rápidamente Pedro las despachó fuera del cuarto, como para despejar la atmósfera de desesperación. A continuación se arrodilló junto a su cuerpo.

Mientras Pedro oraba, recordó una promesa que Jesús había hecho: «Ciertamente les aseguro que el que cree en mí las obras que yo hago también él las hará, y aun las hará mayores, porque yo vuelvo al Padre». Su fe comenzó a levantarse como el viento afuera, y Pedro se dirigió a la mujer que había muerto, diciéndole: «Tabita, levántate». La tomó por la mano y la ayudó a ponerse de pie.

Al día siguiente Dorcas se paró sola en la terraza de su casa. La playa estaba llena de basura, con trozos de madera y bagatelas arrastradas por la tormenta del día anterior. Respiró profundamente, inhalando el sabor salado del mar, y se sintió tranquilizada por el sonido de las olas que lamían las rocas más abajo. Era extraño que la vista tuviera cierta calidad de transparencia, como si otro mundo aguardara justo detrás de la cortina de este. Dorcas se protegió los ojos con la mano a fin de escrutar el mar. Pero no vio nada más que la acostumbrada colección de barcos pesqueros que se bamboleaban sobre las olas.

Con un suspiro dio la media vuelta y entró a la casa. Tenía cosas que hacer: ropa que coser y pan que hornear; los pobres esperaban ser alimentados y vestidos. Pero aun en medio de sus ajetreados preparativos, su anhelo por ese otro mundo iba en aumento, como las punzadas de hambre que se sienten antes de un banquete. Ella calmó esos anhelos con sus muchos actos de amor práctico.

———————————

Aunque no sabemos qué pasaba por la mente de Pedro mientras oraba arrodillado junto a la cama de Dorcas, sí sabemos que Dios obró de una manera extraordinaria a través de él. Y a pesar de que las Escrituras no nos dicen de qué modo respondió Dorcas a esa increíble experiencia, no nos cuesta mucho imaginar su gozo. La historia de su milagro se extendió por todo Jope, y llevó a muchos a la fe.

Martes

SU VIDA Y SU ÉPOCA

DISCÍPULOS

*E*n Jope había una discípula llamada Tabita (que traducido al griego es Dorcas), según Hechos 9:36. Ella fue la única mujer de las Escrituras honrada con la designación de «discípula». La presencia de mujeres en los grupos de discípulos está implícita a veces, pero Dorcas es la única mujer a la que, específicamente, se la llama discípula.

La palabra *discípulo*, tanto en griego como en español, tiene sus raíces en verbos que significan «aprender». Dichos verbos describen la actividad o actitud del discípulo del Nuevo Testamento. La palabra *discípulo* se usa más de doscientas noventa veces en la Biblia en español. Dos de esas veces aparecen en Isaías y en Cantar de los cantares, y todo el resto se encuentra en los evangelios y en el libro de los Hechos. Las Escrituras utilizan la palabra casi exclusivamente para mencionar a alguien que es seguidor de Jesús.

Un discípulo es, en primer lugar, alguien que aprende, un alumno. Los discípulos de Jesús se sentaban a sus pies, y él les enseñaba. Ellos escuchaban y se empapaban del conocimiento y la sabiduría de Cristo mientras les hablaba a ellos y a las multitudes que inevitablemente se reunían alrededor de él. Jesús les enseñaba muchas cosas, pero todas sus enseñanzas se podrían resumir en el mandamiento de amar a Dios y amar a los demás (Marcos 12:31). Al ser discípulos, ellos aceptaban lo que Jesús les enseñaba como la verdad, confiaban en él como maestro y voluntariamente ponían en práctica todas sus enseñanzas.

En segundo lugar, un discípulo es un seguidor. Los discípulos seguían a Jesús dondequiera que fuera. Las primeras palabras de Jesús a Pedro y a su hermano Andrés fueron: «Vengan, síganme». Cuando Jesús llamó a Jacobo y a Juan, que estaban en su barca, ellos rápidamente abandonaron el barco y a su padre y siguieron a Jesús (Mateo 4:18–22). La palabra *seguir* aquí no significa simplemente tener la disposición a caminar junto con el maestro; implica tener la disposición a adoptar los puntos de vista y la forma de vida del maestro. Los doce discípulos dejaron sus familias, sus ingresos y su anterior estilo de vida para seguir a Jesús.

Una verdadera discípula, Dorcas había sabido de Jesús y había decidido seguirlo. Ella había adoptado sus puntos de vista y su estilo de vida, así que vivía sus mandamientos en amor al servir a los pobres que la rodeaban. No cabía la posibilidad de error al respecto, ni sutilezas, ni incertidumbres: todo el que conocía a Dorcas sabía quién era ella y a quién seguía. Su devoción se registró para todas las generaciones futuras con estas palabras, simples pero profundas: «Había en Jope una discípula llamada Tabita (que traducido es Dorcas)».

Miércoles

SU LEGADO EN LAS ESCRITURAS

Léase Hechos 9:36–43.

1. ¿Qué tipo de cosas le parece que hacía Dorcas?

2. Describa la forma en que cree que se desarrolló la escena cuando Pedro llevó de regreso a Dorcas ante sus amigas y vecinas.

3. Dorcas era conocida por hacer el bien y ayudar a los pobres. ¿Dónde caben esas actividades en su vida?

4. ¿Por qué supone que Dios eligió a Dorcas para resucitarla y no a cualquiera de los otros discípulos que presumiblemente hubieran muerto ese año y en años sucesivos?

5. Dios fue decididamente glorificado a través de la vida, muerte y resurrección de Dorcas. ¿Qué hubiera pasado si Dorcas no hubiera resucitado? ¿Dios hubiera sido glorificado? ¿De qué manera?

Jueves

LA PROMESA QUE RECIBE

*D*ios fue glorificado en la historia de Dorcas, no solo porque ella resucitó de los muertos, sino a través de sus acciones de bondad, de su generosidad y su disposición a salir de su propio camino para ofrecerles ayuda a otros. No crea que necesita hacer grandes, nobles y notables acciones para que su vida glorifique a Dios. Él será glorificado a través de sus simples actos de amor y obediencia, cualesquiera sean estos, y dondequiera esté.

Promesas en las Escrituras

Sean, pues, aceptables ante ti mis palabras y mis pensamientos,
    oh Señor, roca mía y redentor mío.

—Salmo 19:14

El que oprime al pobre ofende a su Creador,
    pero honra a Dios quien se apiada del necesitado.

—Proverbios 14:31

«Defendía la causa del pobre y del necesitado, y por eso le fue bien. ¿Acaso no es esto conocerme?» afirma el Señor.

—Jeremías 22:16

Más bien, cuando des a los necesitados, que no se entere tu mano izquierda de lo que hace la derecha, para que tu limosna sea en secreto. Así tu Padre, que ve lo que se hace en secreto, te recompensará.

—Mateo 6:3–4

Viernes

SU LEGADO DE ORACIÓN

Pedro se fue con ellos, y cuando llegó lo llevaron al cuarto de arriba. Todas las viudas se presentaron, llorando y mostrándole las túnicas y otros vestidos que Dorcas había hecho cuando aún estaba con ellas.

—HECHOS 9:39

REFLEXIONE SOBRE: Hechos 9:36–43

ALABE A DIOS: Por su poder sobre la muerte.

DÉ GRACIAS: Por las oraciones que le ha respondido.

CONFIESE: Toda costumbre que tenga de limitar el poder de la oración.

PÍDALE A DIOS: Que le haga una mujer cuyo amor por Dios tenga ramificaciones prácticas para los que le rodean.

Eleve el corazón

¿Hay alguna Dorcas en su vida? ¿Una buena mujer o quizá un buen hombre? Tal vez esa persona haya sido un gran apoyo para usted. Resista la tentación de dejarse deprimir por las cosas que le sucedan, y dedíquese esta semana a orar a la luz de la historia de Dorcas. Que el milagro que ella recibió aumente su fe y dé forma a sus oraciones. Si tiene una fotografía de esa persona, adhiérala al tablero de instrumentos de su automóvil o a su refrigeradora o a su computadora para que le recuerde de orar. Pídale a Dios que traiga luz a esa persona a partir de la oscuridad de sus circunstancias presentes.

Señor, muéstrame cómo orar con mayor fe, consciente de que tu Espíritu no es menos poderoso hoy de lo que fue hace dos mil años. Actúa en favor de tu sierva y glorifica tu nombre mediante lo que hagas.

Lidia

SU NOMBRE SIGNIFICA

que era una mujer de Lidia, una región del Asia Menor

Su Carácter: Se trataba de una mujer gentil, simpatizante del judaísmo; una comerciante exitosa que vendía un tipo de tela muy apreciado por su color púrpura. Como era cabeza de su hogar, es posible que haya sido soltera o viuda. Tan fuerte fue su fe que todos los miembros de su hogar siguieron su ejemplo y se bautizaron. Ella brindó hospitalidad a Pablo y a sus compañeros, aun después de que salieran de la prisión.

Su Dolor: Ver a Pablo y Silas golpeados y arrojados en prisión por amor al evangelio que ella había abrazado.

Su Gozo: Que el Espíritu de Dios condujera a Pablo y a sus compañeros a Macedonia, permitiendo que ella y otros en Filipos pudieran oír el evangelio por primera vez.

Escritura Clave: Hechos 16:6–40

Lunes

SU HISTORIA

El viento hacía susurrar las ramas hasta convertirlas en una bóveda oscilante cuya sombra danzaba sobre el círculo de mujeres que se inclinaban en oración. No importaba que Filipos tuviera muy pocos judíos como para sostener una sinagoga; la ribera del río se había convertido en su lugar de adoración, un santuario verde en el que se reunían cada sábado a orar.

Lidia escuchaba mientras un extraño proveniente de Tarso invocaba las palabras familiares de la *Shemá*: «Escucha, Israel: El Señor nuestro Dios es el único Señor. Ama al Señor tu Dios con todo tu corazón y con toda tu alma y con todas tus fuerzas». Oraciones como esta eran como una ráfaga de viento que avivaban sus anhelos. Lidia, una gentil llegada a Filipos desde el Asia Menor, era una prominente mujer de negocios que vendía géneros finos a los que podían afrontar su costo. Aunque no era judía, deseaba conocer a ese Dios tan poderoso como para partir en dos el mar y a la vez tan tierno como para añorar el amor de su pueblo.

Pablo no se detuvo en la tradicional Shemá; continuó hablando de un Dios cuyo Hijo, Jesús, había sido asesinado por amor. Este Jesús se había levantado de la tumba luego de sufrir la más terrible muerte que uno pudiera imaginarse. Era el Mesías, el misericordioso y santo que había venido a salvar al pueblo de Dios.

Las mujeres permanecían sentadas en silencio mientras Pablo les contaba la historia. Aun las ramas encima de sus cabezas detuvieron sus ruidosos susurros. Pero en medio de la calma, Lidia percibía un fuerte viento que la atravesaba. Le rodaron lágrimas por las mejillas, aunque sentía deseos de cantar. Poco después, ella y toda su casa se bautizaron en el río Gangites, cerca de Filipos. Lidia insistió en que Pablo y Silas (y probablemente también Timoteo y Lucas) aceptaran su hospitalidad. Su hogar puede haberse convertido en el mismo centro de la iglesia en Filipos.

Filipos parecía un lugar inapropiado para plantar el evangelio. Había recibido su nombre de Filipo II, el padre de Alejando Magno, que había sido atraído hacia dicha región a causa de que las montañas que estaban al norte de la ciudad tenían oro. Ahora era una próspera colonia romana asentada sobre la principal ruta que unía las provincias orientales con Roma, y entre sus ciudadanos se contaba una gran cantidad de soldados romanos retirados. Sin embargo, a pesar de su tamaño, Filipos no contaba con suficientes judíos como para cubrir el quórum requerido de diez hombres confiables para formar una sinagoga, y Pablo siempre había tenido la costumbre de predicar primero en la sinagoga. Aún así, Filipos tenía un grupo de mujeres que oraban, tanto judías como gentiles.

Resulta interesante que Pablo no hubiera planeado visitar Filipos, sino que estaba de camino a Asia cuando se sintió compelido por el Espíritu Santo a desviarse de su ruta. Muy pronto después tuvo una visión en la que un hombre de Macedonia le rogaba: «Pasa a Macedonia y ayúdanos». Luego de unos días, se encontró junto al río, predicando a las mujeres que se habían reunido allí para la oración.

Poco tiempo después de su conversión, Lidia escuchó la noticia de que sus huéspedes Pablo y Silas habían sido azotados y arrojados en prisión. El delito de Pablo había sido echar fuera un espíritu maligno de una muchacha esclava que los molestaba. Enojados por haber perdido las ganancias que obtenía la muchacha adivinando la suerte, sus dueños arrastraron a Pablo y Silas delante de los magistrados de la ciudad, acusándolos así: «Estos hombres son judíos y están alborotando a nuestra ciudad, enseñando costumbres que a los romanos se nos prohíbe admitir o practicar».

Esa noche, con sus pies en el cepo, Pablo y Silas oraban y cantaban himnos a Dios mientras los demás prisioneros escuchaban. Cerca de la medianoche un terremoto sacudió los cimientos de la prisión con tanta violencia que las puertas se abrieron solas y se les cayeron las cadenas a los presos. Como resultado, el carcelero y toda su casa se convirtieron. Luego de ser liberado, Pablo regresó a la casa de Lidia por un corto tiempo.

Cuando Lidia se despidió del apóstol y de sus compañeros, que continuaban con su viaje misionero, ella seguramente recordó las palabras de los que los acusaban: «Estos hombres... están alborotando nuestra ciudad». Realmente Dios había producido un alboroto en toda la región del que nunca se recuperaría.

Lidia recibió la distinción de ser la primera convertida de Pablo en Europa, y la primera integrante de la iglesia de Filipos, una comunidad que luego se convirtió en una fuente de gran consolación para el apóstol cuando fue encarcelado. Quizá sus oraciones, junto con las de las otras mujeres reunidas a la orilla del río, fueron las que ayudaron a preparar el camino para que el evangelio se plantara en Europa.

Martes

SU VIDA Y SU ÉPOCA

TEJIDOS Y TINTURAS

El éxito de Lidia como mujer de negocios en la ciudad de Filipos provino de comerciar con géneros teñidos en una particular tonalidad de púrpura. Original de Tiatira, Lidia probablemente estuviera enterada de alguna fórmula secreta de las tinturas que se realizaban allí. Solo los que pertenecían al gremio del teñido podían trabajar con las tinturas. Hechas a partir de la secreción de un molusco que se encontraba en el área, dichas tinturas especiales coloreaban las ropas de la gente próspera. Las tonalidades de este púrpura cubrían una gama que iba de un rojizo escarlata a un tono de púrpura profundo.

Las telas teñidas de diversos colores se mencionan en una época tan temprana como la del éxodo de Egipto, cuando el Señor instruyó a Moisés para que recibiera donaciones del pueblo de Israel para confeccionar el tabernáculo. «Como ofrenda se les aceptará lo siguiente: oro, plata, bronce, lana teñida de púrpura, carmesí y escarlata; lino fino, pelo de cabra, pieles de carnero teñidas de rojo» (Éxodo 25:3–5).

Las mejores tinturas rojas y escarlatas eran las hechas de una larva que se alimentaba del roble y de otras plantas. Una forma menos cara de tintura roja podía hacerse de las raíces de la planta de rubia. La cáscara de la granada constituía la base de las tintas de matices azules. Los tintes amarillos se hacían de cártamo y cúrcuma.

Las vestimentas más comunes de los tiempos bíblicos estaban hechas de lana, que naturalmente ya venían en una variedad de colores, desde blancos y amarillos a tostados y marrones. La lana también se podía teñir fácilmente a otros colores. Los géneros de lino resultaban más difíciles de teñir, pero se hallaban en el antiguo Egipto (Génesis 41:42) y se usaron para las cortinas del tabernáculo (Éxodo 26). El cuero para los cinturones, escudos, sandalias, carteras y morrales también se podía teñir de diversos colores.

Por lo tanto, la ocupación de Lidia tenía que ver con un importante comercio. Ella debe de haber alcanzado por lo menos cierto éxito, porque las Escrituras registran el hecho de que tenía su propia casa y sirvientes. Su singular posición de mujer de negocios le brindaba la oportunidad de viajar, de aprender acerca de Cristo, y de ofrecer su hogar y su hospitalidad a Pablo y sus compañeros, ministros del evangelio.

Miércoles
SU LEGADO EN LAS ESCRITURAS

Léase Hechos 16:11–40.

1. ¿Cómo cree que describiría Lidia su primer encuentro con Pablo y su equipo junto al río?

2. ¿Cómo le parece que los sucesos registrados en los versículos 16–37 afectaron a Lidia?

3. ¿Por qué necesitaban aliento Lidia y los otros creyentes de Filipos (versículo 40) cuando Pablo se fue?

4. Piense acerca de las palabras: «El Señor le abrió el corazón para que respondiera al mensaje» (versículo 14). Si esto le ha sucedido, ¿cómo fueron las circunstancias, y cuál fue su respuesta?

5. Lidia respondió al Señor dentro de una ciudad profundamente hostil a las buenas nuevas de Cristo. ¿Qué respuesta le pide el Señor hoy, a pesar de los obstáculos que pueda enfrentar?

Jueves

LA PROMESA QUE RECIBE

*L*a vida de Lidia revela a un Dios que anhela relacionarse con su pueblo. La apertura de Lidia a las verdades que Pablo predicaba no fue por obra de ella; Dios, que vio el hambre que tenía de él, satisfizo su necesidad más profunda, su necesidad de Dios. Aun hoy él toca los corazones. Las ansias que usted siente de intimidad con él, el vacío que experimenta luego de intentarlo todo y continuar con hambre, la ardiente necesidad que tiene de integridad, solo pueden satisfacerse cuando comienza con el Alfa y termina con la Omega, es decir, Jesucristo, su principio y su fin.

Promesas en las Escrituras

> *Sácianos de tu amor por la mañana,*
> *y toda nuestra vida cantaremos de alegría.*
>
> —SALMO 90:14

> *¿Por qué gastan dinero en lo que no es pan,*
> *y su salario en lo que no satisface?*
> *Escúchenme bien, y comerán lo que es bueno,*
> *y se deleitarán con manjares deliciosos...*
> *Busquen al SEÑOR mientras se deja encontrar,*
> *llámenlo mientras esté cercano.*
>
> —ISAÍAS 55:2, 6

> *Pero el que beba del agua que yo le daré no volverá a tener sed jamás, sino que dentro de él esa agua se convertirá en un manantial del que brotará vida eterna.*
>
> —JUAN 4:4

> *También me dijo: «Ya todo está hecho. Yo soy el Alfa y la Omega, el Principio y el Fin. Al que tenga sed le daré a beber gratuitamente de la fuente del agua de la vida».*
>
> —APOCALIPSIS 21:6

Viernes

SU LEGADO DE ORACIÓN

El sábado salimos a las afueras de la ciudad, y fuimos por la orilla del río, donde esperábamos encontrar un lugar de oración. Nos sentamos y nos pusimos a conversar con las mujeres que se habían reunido.

—HECHOS 16:13

REFLEXIONE SOBRE: Hechos 16:6–14

ALABE A DIOS: Por enviar mensajeros del evangelio.

DÉ GRACIAS: Porque Dios nos capacita para creer abriendo primero nuestro corazón a la fe.

CONFIESE: Todas las formas en que ha descuidado la oración, en especial en comunidad con otros creyentes.

PÍDALE A DIOS: Que la ayude a hacer de la oración una mayor prioridad en su vida.

Eleve el corazón

Resulta interesante notar que el Espíritu Santo dirigió a Pablo hacia Macedonia, y finalmente a un grupo de mujeres que ya estaban reunidas para orar. Casi parece que la fidelidad de las mujeres en cuanto a la oración fue un imán que atrajo al Espíritu de Dios. Esta semana, invite a algunas amigas a orar con usted. Reúnanse en su casa, o busquen su propio «santuario verde» al aire libre. Canten himnos y pídanle a Dios un nuevo derramamiento de su Espíritu en sus iglesias, hogares, vecindarios y aun en la nación. Oren por una mayor apertura al evangelio. Quizá Dios produzca un «alboroto» en su ciudad como resultado de sus oraciones.

Señor, las Escrituras dicen que habitas en medio de las alabanzas de tu pueblo. Ven ahora y mora con nosotros mientras buscamos tu rostro. Que el fresco viento del Espíritu Santo sople sobre nosotros. Que nuestras iglesias, hogares y vecindarios se conviertan en lugares de oración que sacudan el mundo que nos rodea de una manera que te traiga gloria.

Priscila

SU NOMBRE, EL DIMINUTIVO DE «PRISCA»,
SIGNIFICA

«Digna» o «Venerable»

Su Carácter: Junto con su esposo Aquila, fue una de las primeras misioneras y líder de la iglesia primitiva, y arriesgó su vida por el apóstol Pablo. Priscila era una mujer cuya madurez espiritual y comprensión de la fe ayudó a construir la iglesia primitiva.

Su Dolor: Experimentar la oposición al evangelio tanto de parte de los judíos como de los gentiles.

Su Gozo: Extender el evangelio y nutrir a la iglesia.

Escrituras Clave: Hechos 18—19; Romanos 16:3–4; 1 Corintios 16:19; 2 Timoteo 4:19

Lunes

SU HISTORIA

¡Qué bueno es tenerlo a Pablo de regreso otra vez!, pensaba ella. Éfeso estaba inflamado con el evangelio, y la joven iglesia crecía y se hacía más fuerte cada día. La predicación y los milagros de Pablo habían conducido a muchos a la fe. Aun el toque de su pañuelo había sanado de enfermedades y librado a las personas de espíritus malignos.

Priscila no pudo evitar reírse al escuchar la historia de los siete hijos de Esceva, exorcistas judíos que intentaron imitar milagros tales como echar fuera espíritus malignos con un conjuro mágico: «¡En el nombre de Jesús, a quien Pablo predica, les ordeno que salgan!»

Pero el espíritu se burló de ellos, diciéndoles: «Conozco a Jesús, y sé quién es Pablo, pero ustedes ¿quiénes son?» Luego el hombre al que intentaban liberar los golpeó con tanta fuerza que salieron corriendo de esa casa, sangrando y desnudos.

Los efesios quedaron tan impresionados por lo que había sucedido, que una cantidad de hechiceros hicieron una fogata pública para destruir sus rollos de pergamino. Sus fórmulas mágicas y sus encantamientos les parecían bagatelas inútiles a la luz del gran poder de Jesús.

Pero, a pesar del progreso del evangelio, Priscila era consciente de que la oposición crecía. Un día ella escuchó el sonido de una multitud que se iba congregando en las calles. Un platero les gritaba a otros artesanos, que también se ganaban la vida vendiendo imágenes en miniatura de la diosa Artemisa:

—Compañeros, ustedes saben que obtenemos buenos ingresos de este oficio. Les consta además que el tal Pablo ha logrado persuadir a mucha gente, no sólo en Efeso sino en casi toda la provincia de Asia. Él sostiene que no son dioses los que se hacen con las manos. Ahora bien, no sólo hay el peligro de que se desprestigie nuestro oficio, sino también de que el templo de la gran diosa Artemisa sea menospreciado, y que la diosa misma, a quien adora toda la provincia de Asia y el mundo entero, sea despojada de su divina majestad.

La multitud irrumpió en una revuelta, tomando a dos de los compañeros de Pablo. Priscila se afligió mucho cuando Pablo insistió en dirigirse a la turba. Ella estaba segura de que semejante osadía solo podía acabar en una violencia mayor. Con la ayuda de su marido, logró evitarlo hasta que un funcionario de la ciudad calmó a la multitud y esta se dispersó. Poco después Pablo salió a extender el evangelio en Macedonia.

Aunque el libro de los Hechos describe la revuelta en Éfeso, no nos dice si Priscila y Aquila estaban en realidad presentes, sino solo que algunos discípulos evitaron que Pablo entrara en la riña, y al hacerlo posiblemente le salvaron la vida. Dado que Priscila y su marido eran líderes de la iglesia en Éfeso, es muy posible que ellos estuvieran entre los que intervinieron a favor de Pablo.

La fe de Priscila había sido plantada años atrás en una atmósfera de conflictos y controversias, primero en Roma y luego en Corinto. Este último era un centro comercial famoso por su apetito por el vicio, y no constituía para nada un lugar favorable para que se alimentara la fe de un creyente nuevo. Sin embargo, allí fue donde Dios la transplantó a ella junto con su marido Aquila, luego de que Claudio expulsara a los judíos de Roma en el año 49 dC, cansado de sus constantes peleas con respecto a Crestus (una probable referencia a Cristo).

A pesar de que se adoraba a diferentes dioses en Corinto, ninguno era más popular que Afrodita, la diosa griega del amor, cuyo templo en una época alardeaba de tener más de mil prostitutas. A través de todo el imperio, la frase «muchacha de Corinto» era simplemente otra manera de decir «prostituta».

Luego de que esta pareja vivió en Corinto aproximadamente durante un año, se encontró allí con el hombre que los comprometería en aun mayores controversias: Pablo, de Tarso, un judío que había perseguido despiadadamente a los seguidores de Jesús hasta el día de su propia conversión radical. Últimamente viajaba por el Asia Menor y Macedonia, predicando el evangelio dondequiera que iba. Cuando llegó a Corinto, probablemente se haya encontrado con este matrimonio a través de su oficio de coser tiendas. Priscila y Aquila invitaron a Pablo a quedarse en su casa y a trabajar con ellos.

Como siempre, Pablo predicó el evangelio primero en la sinagoga local y luego a los gentiles. Y, como siempre, sus predicaciones generaron fe por un lado y oposición por el otro. Luego de dieciocho meses, los judíos principales de Corinto lo llevaron delante del procónsul para acusarlo de difundir una religión ilícita. Luego de que los cargos se retiraran, Pablo navegó hacia Éfeso, llevando a Priscila y Aquila con él.

Los tres misioneros seguramente tenían ansias de ver una ciudad cuya clasificación equivalía en importancia a la de Roma, Corinto, Antioquía y Alejandría. Éfeso, la capital de la provincia de Asia, alardeaba de tener un templo de Artemisa (también conocida como Diana) tan enorme que era considerado una de las siete maravillas del mundo antiguo. Tras un breve tiempo, Pablo navegó hacia otros puertos, dejando detrás a la pareja a fin de que dirigieran la iglesia que se reunía en el hogar de ellos.

Antes de que pasara mucho tiempo, llegó otro judío que predicaba con elocuencia sobre Jesús a los judíos de Éfeso. Pero Apolos, natural de Alejandría, había logrado captar solo la sombra del evangelio, más emparentado con el mensaje de Juan el Bautista que con el de Jesús. En lugar de denunciar su inadecuada presentación, Priscila y Aquila se lo llevaron aparte y lo instruyeron en la fe. Realizaron tan bien su tarea que, de hecho, con el tiempo los creyentes de Éfeso enviaron al dotado predicador a Corinto, donde él extendió la obra que había iniciado Pablo.

Con seguridad Priscila fue una mujer de madurez espiritual, cuyos dones la equiparon para el liderazgo. Su nombre en realidad precede al de Aquila cuatro de las seis veces en que se los menciona en el Nuevo Testamento, lo cual probablemente da a entender sus mayores habilidades como líder, o el hecho de que su familia quizá procedía de un estrato social más alto que el de él. Sea cual fuere el caso, el papel que desempeñó Priscila al instruir a Apolos y liderar la iglesia primitiva resulta notable.

Junto con Aquila, era la mejor amiga que Pablo pudo tener; pues lo ayudó a establecer la iglesia y arriesgó su vida por él. Pablo menciona el valor de esta pareja en una de sus cartas, pero no menciona cuáles fueron las circunstancias.

En lugar de marchitarse en el terreno de las controversias, al parecer la fe de Priscila floreció. Ella ayudó a establecer la iglesia primitiva en medio de una atmósfera de gran hostilidad, arriesgando su propia vida por el bien del evangelio al que amaba.

Martes

SU VIDA Y SU ÉPOCA

CONFECCIÓN DE TIENDAS

*A*pesar de que las tiendas se mencionan a menudo en la Biblia, al oficio de confección de tiendas solo se alude una vez, aquí en Hechos 18. Pablo se quedó con Aquila y Priscila y trabajó con ellos en su negocio de confección de tiendas.

En tiempos del Nuevo Testamento, los israelitas se habían establecido en pueblos y ciudades. Ya no llevaban un estilo de vida nómada, trasladando sus tiendas de un lugar a otro. Sin embargo, los comerciantes y los viajeros todavía usaban dichas tiendas, y algunos de los pueblos del desierto del Cercano Oriente todavía vivían en ellas. Es más, algunos pueblos del desierto todavía viven en tiendas hoy.

Las tiendas de la época estaban hechas de una rústica tela tejida de pelo de cabra. Los extremos del género se unían con costuras para formar tiendas redondas e inclinadas y a veces oblongas. Algunos postes sostenían la tienda, junto con las sogas que se estiraban hasta las estacas enterradas en el piso a fin de fijar los postes y el género con firmeza en su lugar. Esteras de papiro o de pelo de cabra formaban las cortinas laterales y las paredes interiores para separar a los moradores unos de los otros y de los animales.

Pablo era oriundo de Tarso, una gran ciudad de Cilicia, provincia conocida por su producción de un paño superior hecho de pelo de cabra. Los padres judíos tomaban en serio la responsabilidad de enseñarles a sus hijos un oficio, y los padres de Pablo no habían constituido la excepción. Pablo había aprendido dicho oficio y hubo momentos en que lo usó a fin de sustentarse durante sus años de ministerio.

Al ser un confeccionista de tiendas, Pablo puede haber usado su habilidad para hacer otras cosas, además de tiendas. En la cultura establecida de la época, el mercado de tiendas era pequeño. Podía bien elaborar igualmente productos de cuero o de vestimenta.

Por lo general, pensamos en Pablo en términos de sus grandes aventuras misioneras. Raramente pensamos en él en términos de un oficio que le exigía trabajar no tanto con su mente rápida y capaz, sino con sus manos. Más que nada, el trabajo de Pablo nos revela la índole sagrada de todo trabajo, ya sea que nuestra cultura lo valore o no. Todo trabajo es valioso y digno ante los ojos de Dios, y vale la pena realizar todo trabajo «de buena gana, como para el Señor y no como para nadie en este mundo... Ustedes sirven a Cristo» (Colosenses 3:23-24).

Miércoles
SU LEGADO EN LAS ESCRITURAS

Léase Hechos 18:1–28.

1. ¿Qué le dice el versículo 2 en cuanto a lo que se vivía al ser una mujer judía dentro del Imperio Romano?

2. Haga una lista de todo lo que dice este capítulo que hizo Priscila para lograr la extensión del evangelio.

3. ¿Qué impresión le causa Priscila como persona?

Léase Romanos 16:3–5.

4. ¿Qué más se puede aprender aquí con respecto al servicio de Priscila?

5. ¿Qué papel cree que Dios desea que usted ocupe en la extensión del evangelio?

Jueves
LA PROMESA QUE RECIBE

*L*as Escrituras no nos cuentan con exactitud el papel que le cupo a Priscila en las circunstancias descritas en el Nuevo Testamento. ¿Su actividad era como maestra? ¿O trabajaba desde un segundo plano? Pero el mismo hecho de que su nombre aparezca junto con el de su marido cada vez nos dice algo: era una discípula valiosa, alguien que produjo un impacto en la vida de Pablo y en su mundo.

Cualquiera sea el papel que desempeñe usted como mujer dentro de la iglesia, sea en labores de apoyo o en una posición de liderazgo, puede estar segura de que lo que hace importa. Cada tarea, sea grande o pequeña, resulta importante para la extensión del evangelio. Usted es una parte integrante de la comunidad de su iglesia, y Dios promete usarla.

Promesas en las Escrituras

Al oírlo [a Apolos] *Priscila y Aquila, lo tomaron a su cargo y le explicaron con mayor precisión el camino de Dios.*

—HECHOS 18:26

Saluden a Trifena y a Trifosa, las cuales se esfuerzan trabajando por el Señor. Saluden a mi querida hermana Pérsida, que ha trabajado muchísimo en el Señor. Saluden a Rufo, distinguido creyente, y a su madre, que ha sido también como una madre para mí.

—ROMANOS 16:12–13

Te pido que ayudes a estas mujeres [Evodia y Síntique] *que han luchado a mi lado en la obra del evangelio.*

—FILIPENSES 4:3

Viernes

SU LEGADO DE ORACIÓN

Saluden a Priscila y a Aquila, mis compañeros de trabajo en Cristo Jesús. Por salvarme la vida, ellos arriesgaron la suya. Tanto yo como todas las iglesias de los gentiles les estamos agradecidos.

—ROMANOS 16:3–4

REFLEXIONE SOBRE: Hechos 18:18–28

ALABE A DIOS: Por hacer que tanto los hombres como las mujeres resulten centrales para su plan de salvación.

DÉ GRACIAS: Por mujeres cuya fe haya alimentado la suya.

CONFIESE: Cualquier tendencia que tenga a vivir su propia fe a media máquina, limitando la manera en que Dios desea usarla.

PÍDALE A DIOS: Que le quite el temor a la controversia que genera una vida de fidelidad.

Eleve el corazón

It's a Wonderful Life [Es una vida maravillosa] es una película que cuenta una historia que entusiasma el corazón acerca de la visita de un ángel a George Bailey en Nochebuena, en la que lo cura de su depresión suicida mostrándole lo valiosa que ha sido su vida. La verdad es que la mayoría de nosotros hemos influido sobre otros de una manera positiva más veces de lo que nos hemos dado cuenta, en especial cuando pertenecemos a Cristo. Aunque la mayoría de nosotros no se va a encontrar con un ángel que nos cuente la historia de nuestra vida desde el punto de vista del cielo, podemos pedirle a Dios que nos aliente al recordar que cualquier bien que hayamos hecho se ha realizado a través de su gracia.

Aquí sugiero una cosa simple que puede hacer para que la ayude a visualizar los buenos efectos que tiene su fe. Considere que los creyentes son como piedras arrojadas a un estanque: nuestra vida está destinada a lograr un efecto de onda que se expande, de modo que los demás puedan sentir la influencia de nuestros dones y fe. Esta semana, tómese un momento de quietud de rodillas o en su sillón favorito y cierre los ojos. Imagínese que es una piedra en las manos de Dios. Observe cómo él la arroja al agua. ¿Qué clase de ondas ve? ¿Son grandes o pequeñas? Quizá su hermano sea cristiano porque usted le transmitió la fe. Tal vez una niña haya respondido al perdón de Dios porque primero experimentó el suyo. Quizá Dios le haya usado para traer justicia a una situación de gran injusticia.

Agradezca a Dios por todas las ondas que su vida ya ha creado, aun si el círculo de su influencia todavía le parece pequeño. A diferencia de las ondas creadas por una piedra común y corriente, la onda expansiva de la fe no tiene por qué detenerse mientras vivamos. Pídale a Dios que genere una onda expansiva con su fe que aun pueda mecer algunos barquitos en el camino.

Padre, no quiero acomodarme al statu quo, profesando creer en ti y luego actuando como si todas las cosas buenas de la vida provinieran del mundo que me rodea. Capacítame para ser como Priscila, cuya fe creció a pesar de su entorno. Permite que la onda expansiva de mi fe edifique a la iglesia.

APÉNDICES

Todas las Mujeres de la Biblia

CRONOGRAMA DE LAS MUJERES DE LA BIBLIA

a.C.	2000	1500	1000	500	1 d.C	500

Eva
  La mujer de Noé
    Sara
   La mujer de Lot
  Agar
    Rebeca
     Lea
    Raquel
      Las madres de Moisés
      Miriam
       Rajab
        Débora (1225)
         Ana
          La madre de Sansón
         Dalila
         Noemí
        Rut
         Mical
         Abigaíl
        Betsabé
          La reina de Sabá
         Jezabel
          La viuda de Sarepta
         Atalía
          La sunamita
        Gómer
          Vasti
         Ester
           Ana
           Elizabet
           María
            María Magdalena
            María de Betania
            Marta
             La mujer en el pozo
             La mujer adúltera
            Safira
            Dorcas
            Rode
             Lidia
             Priscila
            Loida
             Eunice

LAS MUJERES EN EL ÁRBOL GENEALÓGICO DE JESÚS

Abraham (Sara)
Isaac (Rebeca)
Jacob (Lea)
Judá (Tamar)
Fares (desconocida)
Jezrón (desconocida)
Aram (deconocida)
Amindab (desconocida)
Naasón (desconocida)
Salmón (Rajab)
Booz (Rut)
Obed (desconocida)
Isaí (desconocida)
David (Betsabé)
Salomón (Noamá)
Roboán (Macá)
Abías (desconocida)
Asá (Azuba)
Josafat (desconocida)
Jorán (Atalía)
Uzías (Jerusa)
Jotán (desconocida)
Acaz (Abijaíl)
Ezequías (Hepsiba)
Manasés (desconocida)
Amón (Jedidá)
Josías (Zebudá)
Joacim (desconocida)
Salatiel (desconocida)
Zorobabel (desconocida)
Abiud (desconocida)
Eliaquín (desconocida)
Azor (desconocida)
Sadoc (desconocida)
Aquín (desconocida)
Eliud (desconocida)
Eleazar (desconocida)
Matán (desconocida)
Jacob (desconocida)
José (María)

JESÚS

MUJERES RELACIONADAS CON
LA VIDA Y EL MINISTERIO DE JESÚS

Jesús se encuentra con...	¿Qué sucede?	Escritura
María, su madre	Lo ama como hijo y Salvador	Mt 1–2; 12:46–50
		Mr 3:31–35
		Lc 1–2; 8:19–21
		Jn 2:1–11; 19:25
		Hch 1:14
Elizabet	Da a luz a su precursor	Lc 1:5–80
Ana	Alaba a Dios por el niño Jesús	Lc 2:36–38
La mujer junto al pozo	Cree que Jesús es el Mesías	Jn 4:1–42
La suegra de Pedro	Jesús la sana	Mt 8:14–15
		Mr 1:29–31
		Lc 4:38–39
La viuda de Naín	Jesús resucita a su hijo de los muertos	Lc 7:11–17
La mujer pecadora de la casa de Simón	Lava los pies de Jesús con sus lágrimas	Lc 7:36–50
Juana	Apoya a Jesús económicamente	Lc 8:1–3; 23:55; 24:10
Susana	Ayuda a Jesús en su ministerio	Lc 8:1–3
La mujer con hemorragias	Es sanada cuando toca a Jesús	Mt 9:20–22
		Mr 5:25–34
		Lc 8:43–48
La hija de Jairo	Jesús la resucita de los muertos	Mt 9:18–26
		Mr 5:21–43
		Lc 8:41–56
La mujer cananea	Jesús responde a sus ruegos	Mt 15:21–28
		Mr 7:24–30
La mujer tomada en adulterio	Jesús la salva y le dice que no peque más	Jn 8:1–11
María de Betania	Se sienta a los pies de Jesús	Lc 10:38–42
		Jn 11; 12:1–8
Marta	Jesús endereza sus prioridades	Lc 10:38–42
		Jn 11; 12:1–2
Una mujer de la multitud	Bendice en voz alta a la madre de Jesús	Lc 11:27–28
La mujer encorvada	Jesús la sana	Lc 13:10–13
La madre de Jacobo y Juan	Le pide a Jesús un favor, y él la reprende	Mt 20:20–28; 27:56
		Mr 15:40–41; 16:1–2
La viuda de las dos monedas	Se convierte en un ejemplo para los discípulos en cuanto a dar	Mr 12:41–44
		Lc 21:1–4
Las hijas de Jerusalén	Lloran mientras Jesús se dirige a la cruz	Lc 23:27–31
Las mujeres en el Calvario	Lloran cuando Jesús muere	Mr 27:55
María, madre de Jacobo/ José	Ayuda a atender el cuerpo de Jesús	Mt 27:56, 61; 28:1;
		Mr 15:40–41, 47; 16:1
		Lc 24:10; Jn 19:25
María Magdalena	Sigue a Jesús con fidelidad	Mt 27:56, 61; 28:1
		Mr 15:40–47; 16:1–11
		Lc 8:1–10; 24:10
		Jn 19:25; 20:1–18

DISFRUTE DE OTRAS PUBLICACIONES DE EDITORIAL VIDA

Desde 1946, Editorial Vida es fiel amiga del pueblo hispano a través de la mejor literatura evangélica. Editorial Vida publica libros prácticos y de sólidas doctrinas que enriquecen el caudal de conocimiento de sus lectores.

Nuestras Biblias de Estudio poseen características que ayudan al lector a crecer en el conocimiento de las Sagradas Escrituras y a comprenderlas mejor. Vida Nueva es el más completo y actualizado plan de estudio de Escuela Dominical y el mejor recurso educativo en español. Además, nuestra serie de grabaciones de alabanzas y adoración, Vida Music renueva su espíritu y llena su alma de gratitud a Dios.

En las siguientes páginas se describen otras excelentes publicaciones producidas especialmente para usted. Adquiera productos de Editorial Vida en su librería cristiana más cercana.

MUJERES MARGINADAS DE LA BIBLIA

0-8297-4705-2

Con frecuencia, las mujeres cristianas se sienten perdidas entre las oportunidades y exigencias del presente y las enseñanzas bíblicas del pasado. Este libro proporciona una mirada fresca a las mujeres de la Biblia, que pone al descubierto novedosas claves para la comprensión y un mensaje impactante que hará que las lectoras se sientan desafiadas, animadas y valoradas. Redescubra y reciba inspiración de mujeres como Eva, Sara, Agar, Tamar, Ana, Ester, María y otras.